CAN'T HURT ME

掌控心智、力克万难的奇迹人生

我，刀枪不入

[美] 大卫·戈金斯————著   嘉嘉————译

DAVID GOGGINS

Master Your Mind and Defy the Odds

中国友谊出版公司

献给我脑海中那不屈不挠、
永不允许我停下脚步的声音。

目录

预备！预备！

任务时间跨度：每周 7 天，每天 24 小时

任务组织结构：单人任务

1. **境况：**因为生活得过于舒适惬意，你面临着在意识到自己真正潜力前死去的危险。

2. **任务：**解放自己的心态。**永远抛弃受害者心理。完全掌控自己的生活。**为人生打下坚不可摧的基石。

3. **执行：** a) 从头至尾阅读本书。学习其中的技能，接受全部 10 个挑战。重复练习。重复会磨砺你的头脑，使其更习惯挑战。b) 如果在能力范围内将工作做到极致，你会受伤。本任务并不致力于改善个人感受，而致力于提升自我并更好地影响世界。c) 筋疲力尽也别停下。直到做完，才能停下。

4. **任务分类：这是一个英雄诞生的故事。这个英雄就是你。**

指令官：大卫·戈金斯

签名：

军衔及服役状况：美国海豹突击队前军士长，已退役

序

你了解真正的自己吗？你知道自己能做什么吗？

你的答案想必是肯定的。但仅仅相信某事，并不能保证此事一定能成真。**逃避是终极的舒适区。**

别担心，你不是一个人。在世界上的每一个国家，数以百万计的人正在街上游手好闲，如行尸走肉，怀抱着受害者心态沉溺在舒适区中，对自己真正的潜能一无所知。我知道这一点，因为我总能遇到、听说这样的人，更因为正如你一样，我也曾经属于他们之列。

我也为自己找过该死的好借口。

生活给了我一副烂牌。我出生在糟糕的家庭，从小习惯了挨揍，在学校受尽折磨，还无数次被人叫作"黑鬼"。

我们曾经穷困潦倒，靠福利救济勉强过活，住在政府补贴房里，深陷抑郁之中，喘不过气。**我曾是活在底层的人，见不到哪怕一丝希望之光。**

很多人不知道活在底层是什么感觉，但我知道。那就像是流沙，它会抓住你，让你陷进去，再也无法脱身。面对这样的生活，你很容易放弃挣扎，会一遍又一遍地重复那些正在毁掉你的舒适选择。

但事实上，我们都会习惯做出自限性的选择。这就像日落般稀松平常，像重力般难以打破。我们的大脑就是这样设置的，这也解释了为什么动力一文不值。

就连最鼓舞士气的讲话或自助自励的文字，也不过只是暂时性的修复。它们不会重新设定你的大脑，也不会放大你的声音、改善你的生活。动力其实改变不了任何人。**生活给我的烂牌，需要自己来把牌打好。**

所以我追求痛苦，热爱折磨，最终将自己从世上最一无是处的弱者变成了上帝创造过的最坚毅的人，或者说，我坚信如此。

你的童年或许远比我的幸福，甚至你如今还过着那种体面生活，但无论你是谁，无论你父母是谁，**无论你住在哪里、做什么工作、有多少钱，你很可能只活出了自己 40% 的真正潜能。**

真是耻辱。

我们所有人都有潜能去开拓远超现状的自我。

多年前，我受邀参加麻省理工学院的一次讨论会。我从未以学生身份踏入过大学讲堂，就连高中也是勉强毕业，但仍能来到全美最负盛名的机构之一，与其他参会者一同讨论心理韧性。在讨论进程中，一位受人尊敬的麻省理工学院教授说，我们人人都有基因上的局限性，那是难以打破的天花板；无论我们的内心多么坚韧，都存在着能力之外的事。他说，当我们碰到自己的基因天花板时，心理韧性不会给我们带来更多帮助。

房间里的每个人似乎都认同他关于现实的观点，因为这位高级终身教授正是以研究心理韧性著称的。那是他毕生研究的课题。那也是一堆废话；对我而言，他是在用科学让我们所有人逃出困境。

在此之前，我一直没有说话。置身在这群聪明人中，我感觉自己有些愚蠢。有位观众注意到了我脸上的表情，便问我是否同意教授的观点。如果被直接提问，我是不会怯场的。

"关于实际经历和学术研究之间的差别，我有话想说。"我说着转向那位教授，"您说的内容对绝大部分人而言没有错，但并不绝对。我们中总有那么 1% 的人愿意付出努力、力克万难。"

我继续解释自己从过往经历中学到的东西。任何人都可以完成彻底的自我革新，取得像他这样的所谓专家口中"不可能"取得的成就，但想实现这一目标，就需要付出难以想象的心力、意志，还需要一个全副武装的头脑。

赫拉克利特，一位公元前 5 世纪出生于波斯帝国的哲学家，对于战场上的人有这样的评价："每 100 个人中，有 10 人就不该上战场，80 人只是活靶子，还有 9 个人是真正的斗士，能让他们战斗是我们的幸运，因为是他们让战争成为战争。啊，最后剩下的那一个人，那是真正的战士……"

从第一次呼吸开始，你就注定要走向死亡。你也注定要发掘自己的长处，成为那个真正的战士。但在战斗到来之前，如何武装自己，取决于你。只有你能主宰自己的头脑，而这才能让你成为生活的勇者，取得常人预想中难以企及的成就。

　　我不是一个麻省理工学院教授那样的天才，但我是真正的战士。而你接下来要读到的故事——关于我的人生的故事，将为你照亮一条我已经走过的路，一条通向自我主宰、自我赋能的路，它能让你直面现实，对自我负责，披荆斩棘，学会爱上你曾恐惧的事，学会享受失败，最终突破极限，发掘真正的自我。

　　人会通过学习、习惯和各种故事发生改变。听完我的故事，你会发现身体和头脑能够被最大限度地开发出潜能，还能学到如何去做。因为当你自我驱使时，不管哪种阻碍——无论是种族歧视、性别歧视、伤痛、离婚、抑郁、肥胖、重大变故还是贫穷，它们都会变成你蜕变的燃料。

　　接下来列出的这些步骤，如同一个进化程式，它可以破除阻碍，闪耀着荣光，也传递着源源不断的平和。

　　希望你已经做好准备。是时候去与自己战斗了。

Chapter 1
我本可能死于非命

我心里有个念头，希望他能扣动扳机，但在生命中的那一刻，我再也不在乎自己是死是活。我只是个精疲力竭的 8 岁孩子，受够了父亲带来的恐惧，也受够了旱冰场。

地狱就藏在美丽的街区里。1981 年，威廉斯维尔是纽约州布法罗市顶级的住宅区。这里绿树成荫，氛围和谐融洽，优美考究的住宅散布在治安良好的街道上，居民都是模范市民。这里住着医生、律师、钢铁厂主管、牙医、职业足球运动员和深爱他们的妻子，每家都有两三个孩子。在威廉斯维尔，车辆崭新，道路整洁，处处充满无限可能，如同一个鲜活而触手可及的美国梦。但地狱就在天堂街的转角上。

我们家住在一座带有 4 个卧室的双层木质白房中，4 根方形柱构成的前廊通向威廉斯维尔最宽阔葱茏的草坪。我们的后院有一块菜园，双车位车库里停着一辆 1962 年劳斯莱斯"银云"和一辆 1980 年梅赛德斯奔驰 450 SLC，私人车道上还停着一辆 1981 年新款黑色科尔维特。天堂街的居民都属于站在社会顶层的人，从光鲜的外表上看，我们的邻居大都觉得我们——所谓"幸福"

的戈金斯一家，是社区的一分子，也是这里的顶尖家庭之一。但这闪亮的外表下，却隐藏着不为人知的丑恶。

人们常会在工作日早晨 7 点看到我们一家出现在私人车道上。我父亲特伦尼斯·戈金斯虽然不高，却仪表堂堂，身材健硕，像个拳击手。他衣着考究，笑容充满温暖和善意，看上去活脱脱是个正要出门上班的成功商人。我母亲杰姐比我父亲小 17 岁，身材苗条，楚楚动人；我哥哥和我也收拾得很爽利，穿着优质牛仔裤和浅色的艾索德衬衫，背着书包，跟其他小孩无异——那些白人小孩。在这幅美国富人阶级的图景中，每条车道都是父母和孩子在临上班和上学前点头致意、挥手问候的舞台。邻居们只看得到他们所想到的一切，事实如何无人深究。

多好啊。但事实上，戈金斯一家才刚刚结束在别处贫民区中的通宵工作回家。如果天堂路是地狱，那么我就是在与魔鬼本人共同生活。只要我们的邻居一关上门或一走过街角，父亲的笑容便立即转为怒容。他会向我们大声下命令，然后进屋再睡一觉，但我们还要继续干活。至于哥哥小特伦尼斯和我要去哪里干活，就要看我们彻夜未眠的母亲送我们去哪里了。

1981 年，我正在读一年级。老实说，我常常在学校发呆。这不是因为课业太难——至少当时还不是——而是因为我总打瞌睡。老师那起伏的声音就像我的摇篮曲，我在课桌上交叉的双臂就是舒服的枕头，而她那尖锐的措辞——只要她抓到我在睡觉——就像讨人厌的闹钟一样响个不停。小孩子是可以无限吸收的海绵，他们能以惊人的速度吸收语言和想法，为未来的发展打下基础，多数人会在这一基础上习得阅读、拼写、基础数学等受用一生的技能。但通宵工作的我在早晨几乎无法专注学习，只能竭力保持清醒。

课间和体育课则是完全不同的另一种雷区。在室外的操场上保持清醒是最简单的事，难的是藏好身上的伤痕。不能让衬衫滑落、不能穿短裤，伤痕是无法示人的危险标志，如果暴露在人前，我就会挨更多揍。尽管如此，我依然明白，操场和教室是安全的，至少能安全一小会儿。在这些地方我父亲没法够到我，至少在身体上不能。我哥哥在读六年级，也就是中学的第一年，他的处境与我相似——他也会遮掩自己的伤痕，抓紧时间睡觉。因为放学铃声一响，现实生活就开始了。

从威廉斯维尔前往东布法罗市马斯顿区，需要约半小时车程。但那里仿佛是另一个世界。和东布法罗市的其他多数地区一样，马斯顿区是内城中一个以黑人工人为主的混乱街区，尽管在20世纪80年代早期，它还没有完全沦为不堪的贫民区。当时的伯利恒钢铁厂还在隆隆运作，布法罗市还是美国最后一个伟大的钢铁之都。城里的多数人，无论白人还是黑人，都有一份受工会保护的稳定工作，挣的薪水足够生活，这意味着马斯顿区的生意很好。对我父亲来说，一直如此。

我父亲在20岁时，就拥有了可口可乐布法罗市的地区分销特许权和4条配送路线。对一个年轻人来说，这已经相当于一大笔钱，但他野心勃勃，很有远见。他的未来应该飞驰在车轮之上，响动着迪斯科放克音乐。在当地的一家面包店倒闭后，他租下了那栋楼，开了布法罗市第一家室内旱冰场。

10年飞逝，旱冰场已经搬入新楼，坐落在马斯顿区中心足足横跨一整个街区的渡船街上。我父亲在旱冰场上开了一家名叫"红屋"的酒吧。在20世纪70年代，那里算是东布法罗最火的去处，也是在那里，36岁的他遇到了当时只有19岁的我母亲杰姬。那是她第一次离家在外。杰姬在信奉天主教的家庭中长大，我父亲特伦尼斯则是牧师的儿子，对杰姬的信仰和想法了如指掌，并假装自己是一名虔诚的教徒，以此深深吸引了她。但更可信的情况是，她被他英俊的脸俘获了。

我哥哥小特伦尼斯出生于1971年，我出生于1975年。在我6岁时，滑轮迪斯科的风潮达到了绝对鼎盛时期。旱冰场不眠不休，彻夜狂欢。我们通常在下午5点到那里，哥哥负责在货摊上卖爆米花、烤热狗、装冷饮、做比萨，我则要按尺码和款式分类整理旱冰鞋。每天下午，我都要站在脚凳上给旱冰鞋喷气溶胶除臭剂，并给它们换橡胶塞。气溶胶除臭剂那刺鼻的气味盘桓在我四周，直冲我的鼻腔。我的眼睛看上去总在充血。长达好几个小时里，我只闻得到那种气味。但我不能被这些事干扰，只能一心一意拼命干活。因为在DJ台工作的父亲一直在盯着，如果弄丢了哪怕一只旱冰鞋，我都会被揍个半死。在开门营业之前，我还要用有两个我那么高的拖把，把旱冰场的地面拖到发亮。

下午6点左右，母亲会叫我们到后勤办公室吃晚饭。她一直活在拒绝接受现实的状态中，但她的母性本能也是真切的，她想竭力抓住一丝"正常的生活"，为此会做出滑稽可笑的举动。每天

在旱冰场，六岁的我

晚上，在那个办公室里，她都会往地上摆两个电炉，蜷腿坐着，准备一顿丰盛的晚饭——烤肉、土豆、青豆、小圆面包，而我的父亲则在看书、打电话。

晚饭很美味。但即便只有六七岁，我也知道我们的"家庭晚饭"和大多数家庭相比而言，什么都算不上。而且，我们还吃得很快，没时间享用美食，因为等旱冰场下午 7 点开门以后，就到了表演时间，我们必须各就各位，做好准备。父亲是主管，一走上 DJ 台就开始盯我们三人的工作。他像开了全知视角一样监视全场，如果出了岔子，就能听到他的吼声——除非你比他先发现。

在刺眼的顶灯照射下，房间看起来并没有多大；但当父亲调暗顶灯，表演灯就会让整片旱冰场都笼罩在红光之中。在旋转镜面球的映照下，这里会幻化出一片旱冰迪斯科的梦境。在周末或是工作日晚上，成百上千来溜冰的人拥进这里，很多人是一家子一起来的，花上 3 美元门票和 50 美分租鞋费，就能踏上旱冰场了。

我既要负责出租溜冰鞋，还要一个人管整个场。我像带着拐杖一样带着脚凳，否则顾客甚至都看不到我。大码溜冰鞋在柜台下方，而小码则放得太高，我总要爬上架子去取，惹得顾客哈哈大笑。母亲是唯一的收银员，收取每个顾客的服务费。对特伦尼斯来说，钱就是一切。父亲会在人们进店时计数，计算实时收入，这样才能在我们打烊后、他到收银台算钱时做到心中有数。钱最好一分不少地全在那里。

所有钱都是他的。我们的辛勤工作从没换得过一分钱。事实上，我母亲从未有过自己能支配的钱。她没有自己名下的银行账户或信用卡。父亲掌控着一切，我们都知道如果母亲的收银台里少了钱会发生什么。

当然，没有一个顾客知道这些。对他们来说，旱冰场就是一家由家庭经营的梦幻乐园。我父亲播放着褪色的黑胶唱片，迪斯科、放克乐和早期嘻哈乐在室内不绝于耳。贝斯声在红墙间回荡，音乐来自"布法罗之子"瑞克·詹姆斯，乔治·克林顿的迷幻放克，还有嘻哈革新者 Run-DMC 乐队发行的首张唱片。一些孩子在旱冰场上速滑。我也喜欢速滑，但如果我们也下场溜冰，那就完了。

营业的头两个小时，家长们还会待在楼下溜冰或看他们的孩子绕圈；但最后，他们都会溜到楼上属于自己的地方去喝酒。等人走得差不多了，特伦尼斯就会溜出 DJ 台加入他们。在大家眼里，我父亲是马斯顿区的非官方市长，但其实不过是个彻头彻尾的冒牌政客。顾客是父亲的政绩，他们不知道，无论父亲倒了多少杯酒，给了多少人兄弟般的热情拥抱，他都不在意。对父亲而言，一切都是为了钱。如果他请了你一杯酒，那是因为他知道你还会买第二杯、第三杯，甚至更多。

虽然我们要在旱冰场通宵工作，有 24 小时的旱冰马拉松，但旱冰场一般会在晚上 10 点关门。那时候，母亲、哥哥和我就又要干活了。我们要把带血的卫生棉条从满是粪便的马桶里捞出来，要给两个浴室通风、让残存的大麻味消散，要打扫货摊的厨房，还要做盘点。午夜降临时，我们会拖着累得半死的身子回到办公室。母亲会让哥哥和我躺在办公室沙发上，为我们盖好毛毯。我们头挨着头，而上方的天花板仍在随着放克乐低沉的贝斯声震动。

母亲的工作还没有结束。

她一走进酒吧，特伦尼斯就会让她在门口干活，或是像头卖酒的骡子一样匆匆下楼去地下室取几箱酒。她总有各种卑贱的杂活要做，一刻也不停歇，而父亲则在酒吧的角落里看着，在那里，整个酒吧都在他的监视之下。那段时间，父亲最好的朋友之一、布法罗本地人瑞克·詹姆斯每次进城都会过来，把他的"圣剑"停在我们门前的人行道上。他的车就是块广告牌，让周围人都知道超级大咖来了。他不是这里唯一的明星客人。辛普森是美国国家橄榄球联盟最伟大的明星之一，他和他的布法罗比尔队队友是这里的常客，泰迪·潘德葛拉斯和斯莱兹姐妹也一样。如果你不知道这些名字，就去查一下。

如果当时我年纪再大一点，如果我父亲是个好人，我或许会以有幸经历这一文化时刻为傲。但在小孩子的眼里，那种生活没那么好。不管我们的父母是谁，不管他们从事什么职业，我们似乎都有种与生俱来、已被妥善设定好的道德评判标准。当你只有6—8岁时，直觉会告诉你什么是对的，什么错得离谱。如果你降生在恐惧与痛苦的旋涡里，你会知道生活不该只有这一条路，而这个真相会在你破碎的头脑中像碎片一样盘桓。你可以选择无视它，但这种若隐若现的抽痛会一直存在着，随着日夜流转，它们最终会成为一片混沌的记忆。

不过，有几个片段让我记忆犹新。我想起了其中一次经历，它至今仍在我的脑中挥之不去。那天夜里，我母亲没跟我父亲打过招呼就走进酒吧，发现他正和一个小他大概10岁的女人调情。特伦尼斯发现我母亲正看着他，却只是耸了耸肩。我母亲紧紧盯着他，一口气灌了自己两小杯尊尼获加红牌酒来压抑满腔怒火。父亲注意到了母亲的反应，却对此非常厌恶。

她知道是怎么回事。特伦尼斯在国境线那边加拿大的伊利堡经营着一座临时妓院。妓院设在一栋避暑别墅里，别墅的主人是布法罗一家大银行的行长。当特伦尼斯需要期限更长的信用额度时，他就会把妓院的女孩介绍给布法罗市的银行家们，而他的借贷总能顺利通过。我母亲知道她眼前这个年轻女人就是父亲手底下的妓女之一。她之前见过这个年轻女人。有一次，她进来时正好撞见他们在旱冰场办公室沙发上"办事"，真是该死，那可是她每晚安置两个孩子睡觉的地方。母亲发现他们在一起时，年轻女人朝她微微一笑，特伦尼斯则耸了耸肩。没错，母亲是没有被蒙在鼓里，但亲眼所见还是会让她怒火中烧。

午夜时分，母亲和一名保安一起开车去银行存款。就在那个夜里，他恳求她离开我的父亲。或许他知道将来会发生什么。母亲也知道，但她无法逃离，因为她没有任何独立的经济来源，也不能将哥哥和我留在父亲身边。而且，她无权要求分割共同财产，因为特伦尼斯一直拒绝和她结婚——直到那时她才明白他这样做的原因。我母亲出身于一个殷实的中产阶级家庭，是个贤妻良母。父亲对此深恶痛绝，对待他的妓女都比对他儿子们的母亲要好，最后还将母亲困住了。她只能百分之百地依赖他，如果想走，她只能净身出户。

哥哥和我在旱冰场一向睡得不好。天花板总是震得那么厉害，因为办公室就位于舞池正下方。那天夜里，母亲走进来时，我已经醒了。她笑着，但我发现她眼中含着泪，也记得她极尽温柔地抱起我时呼出来的酒气。父亲跟着她走进来，胡乱披着衣服，有些恼火。他从我睡的垫子下抽出一把手枪（是的，你没有看错，6岁的我睡觉的垫子下面放着一把上膛的手枪！），朝我晃了晃枪，笑了笑，把枪藏进了他裤腿下脚踝处的枪套中。他另一只手拿着两个褐色购物袋，里面装着近1万美元现金。到目前为止，这个夜晚和平时没什么两样。

在开车回家的路上，尽管空气中酝酿着危险的气息，但他们俩并没有说话。就在早晨 6 点前，母亲将车停在了天堂路的车道上，比平时稍早一些。特伦尼斯跌跌撞撞地下了车，关闭警报器，将现金倒在餐桌上，上了楼。我们跟在他身后，母亲让我们在床上躺好，吻了吻我的额头，关上灯，悄无声息地进了主卧。父亲等在那里，摩挲着他的皮带。他不喜欢被母亲盯着，尤其是在公共场合。

"这根皮带从得克萨斯州千里迢迢过来就是为了抽你。"他平静地说出这句话。接着，他将皮带弯起来，开始抽打母亲。有时母亲会反抗，那天夜里也是如此。她朝他的头扔去一个大理石烛台，他低头避开，烛台砰的一声砸到墙上。她跑进浴室锁上门，缩到马桶上。他把门踹开，反手狠狠将她击倒。母亲的头撞到了墙。当父亲一把抓起她的头发将她拖下楼时，她已几近晕厥。

那时，哥哥和我已经听到了父亲打母亲的动静，看到他一路拖着母亲到了一楼，握着皮带俯身靠近母亲。母亲的鬓角和唇边流着血，那副样子腾一下点燃了我的怒火。那一刻，我的恨意盖过了我的恐惧。我跑下楼跳上他的背，用我小小的拳头狠狠地捶打他，用指甲挠他的眼睛。我打了他个措手不及，他失去平衡单膝着地。我朝他哭喊起来。

"别打我妈妈！"我喊道。他把我摔到地上，拿着皮带走近我，接着又转向我母亲。

"你这是养了个小恶棍啊。"他说着，似笑非笑。

他在我面前抡起皮带，我蜷成一团。我能感觉到背上肿了起来，而母亲则向大门边的控制面板爬去。她按下紧急呼叫按钮，整栋房子警铃大作。父亲怔住了，看向天花板，用袖子擦了擦眉头，深呼吸一下，系好皮带，上楼洗去所有罪恶和憎恶。他知道，警察在来的路上了。

母亲只能稍微喘息片刻。警察到达后，特伦尼斯在大门处见了他们，他们越过他的肩看向我母亲，她就在他身后几步远，鼻青脸肿，脸上还留着干涸的血迹。但那时与现在不同，那时还没有 #metoo 运动[1]。那玩意儿不存在，他们也对她视若无睹。特伦尼斯告诉他们，这完全是大惊小怪，这只是一些必要的家法罢了。

"看看这栋房子。这看着像是我虐待妻子的样子吗？"他问，"我给她穿貂皮、戴钻戒，累死累活给她想要的一切，她却朝我的头扔烛台。真是被宠坏了。"

他送警察们走回车边，说说笑笑。他们连问也没问我母亲一句。那天早上，父亲没有再打母亲。没有必要，他已经给她造成了心理创伤。从那一刻起，我们明白，从特伦尼斯和法律立场上说，没什么大不了，我们只是他的猎物。

那之后的一年，我们的境况并没有发生太大的改变。殴打还在持续，我母亲的反抗无济于事。她知道我想当一名童子军，便给我报名加入了当地的一支童子军队伍。我还记得，在那个周六，

---

1. 美国反性骚扰运动。

我穿上了那身海军蓝的童子军装。我以那身制服为傲，明白至少在那几个小时里，我能假装自己也是个寻常的孩子。我向家门走去，母亲笑望着我。我的自豪、她的笑容，并不仅仅因为这身童子军服。它们源自更深处，我们正在为绝境中的自己采取行动、寻找希望。这件事证明的是，我们也能做些什么，我们并非完全无能为力。

就在这时，父亲从红屋回家了。

"你们俩要去哪里？"他瞪着我。我盯着地板。母亲清了清嗓子。

"我要带大卫去参加他的第一次童子军集会。"她轻声说。

"真该死！"他大笑起来，我抬起头，泪水盈满眼眶，听见他说，"我们要去赛马场！"

不到一个小时，我们来到了巴达维亚唐斯，一座老派的轻型马车赛马场，骑手会驾着轻型马车驱使马匹。我们一走进大门，父亲就抓过了一张赛马表。就这样，整整几个小时，我们三人看着他一场一场地赌着，抽着烟，喝着苏格兰威士忌，在每匹他押的小马让他把钱输个精光的时候暴跳如雷。他大骂老天，言行举止活像个小丑。人来人往中，我试图让自己尽可能缩得更小一点，却依旧很引人注目。我是这儿唯一穿得像个童子军的孩子。我或许是他们见过的唯一的黑人童子军，我的制服就是个谎言。我是个冒牌货。

那天，特伦尼斯输掉了几千美元，开车回家的路上一直骂骂咧咧，抽多了尼古丁的喉咙里只能发出沙哑的嗓音。哥哥和我坐在狭窄的后座上，只要他往车窗外吐痰，痰液就会像回旋镖似的砸到我脸上。他每一滴恶心的唾液都像毒液般灼烧着我的皮肤，滋长着我的恨意。从很久以前起我就知道，想要不挨打，最好的办法就是让自己尽可能隐形，移开视线，置身事外，尽量不要引人注意。多年来，我们一直是这样隐忍过来的，但现在我已经忍无可忍。我再也不会躲避魔鬼。那天下午，当他开上高速公路准备回家时，他嘴里还在骂骂咧咧，我则从后座恶狠狠地盯着他。听说过"信念战胜恐惧"的说法吗？对我来说，这句话应该是"恨意战胜恐惧"。

他从后视镜里看到了我的眼神。

"你有话想说？！"

"不管怎么说，我们都不该去赛马场的。"我说。

哥哥转头看着我，仿佛我失智了一样。妈妈在车座上不自在地动了动。

"你再说一次。"父亲缓缓说道，声音里渗着可怕的怒意。我一言不发，他便开始向驾驶座后伸手，试图扇我耳光。但我个头很小，很容易闪躲。他朝我的方向半转过身，一拳打空，车子开得歪歪扭扭。他差点就能碰到我，这让他越发恼羞成怒。车子静静地开着，没人说话，直到他最后喘了口气。"等我们回到家，你就得把你的衣服脱掉。"他说。

这是他准备结结实实揍我一顿前会说的话，看样子我逃不掉了。我按他说的，走进我的卧室，脱掉衣服，沿着走廊走到他的房间，关上身后的门，关上灯，随后趴在床脚，双腿悬在外面，身子向前伸展，露出屁股。这是他设计好的"规矩"，能让人遭受最大限度的心理和生理伤害。

挨打本身很残酷，但最可怕的还是等待的过程。我看不到自己身后的门，他会按他的时间来，让我的恐惧肆意生长。当听到他打开门时，我便恐惧到了极点。就算在这个时候，房间里也一片漆黑，靠余光根本瞥不见什么，直到他的皮带抽到我，我才猝不及防地挨这第一下打。他从未只打两三下就罢手，打几下没有定数，我们从不知道他何时会停、是否要停。

他不停地打我，时间一分一秒流逝。他先是抽我的屁股，剧痛之下我伸手捂住了屁股，他就开始向下抽我的大腿。当我将手往下伸着去遮大腿的时候，他又朝我近腰部的后背狠狠打去。就这样，他打了我几十下，终于停下手来，气喘吁吁、汗流浃背地咳着。我也上气不接下气，但没有哭。他的罪恶太真切了，我的恨意则给了我勇气。我不会让这个混账如愿的。我站起身，直视这个魔鬼的双眼，一瘸一拐地走回自己的房间，站到镜子前。我从脖子到膝窝满是红肿，会连着好几天上不了学。

当你长期像这样挨打，希望就会变成泡影。你会压抑自己的情感，但心理创伤会在不知不觉中出现。在无数次亲身经历和亲自目睹过暴力后，这一次的殴打让我母亲陷入了长久的恍惚中。她不再是几年前的她，整个人仿佛只剩下了躯壳。在大部分时候，她总是心不在焉、失魂落魄，只在我父亲叫她名字时才有所反应。她会跳起身，就像他的奴隶一样。多年后我才知道，那时的她正在考虑自杀。

哥哥和我会在彼此身上发泄痛苦。我们会面对面坐着或站着，随后哥哥会竭力向我挥拳。一开始我们往往只是闹着玩，但哥哥年长 4 岁，比我强壮得多，打我的时候总使出全身力气。我一摔倒就会爬起来，而他又会拼尽全力打我，并像个武士一样声嘶力竭地朝我吼，怒气冲冲，表情狰狞。

"你完全没伤到我！你难道就这点力气？"我会朝他吼回去。我想让他知道，我能承受的痛比他能带给我的多得多。但每到临睡时，不再需要反抗、没有地方躲藏的我，便会在床上偷偷哭泣。几乎夜夜如此。

我母亲仿佛每天都在学习如何幸存。她总是被频繁灌输她很没价值这件事，直到最后她也开始相信这是真的。她所做的一切都是为了安抚我父亲，好让他不要打她的儿子或是抽她的屁股。但她的生活里总埋着看不见的引线，她从不知道自己会在什么时候、以何种方式踩雷，直到我父亲一巴掌扇到她脸上为止。还有些时候，她已经知道她会被狠狠揍一顿了。

一天，耳朵疼得厉害的我提早离开学校回家，躺在父母床上我母亲睡的那一边，左耳在剧痛中抽搐。每抽动一下，我的恨意就增多一分。我知道自己不会去看医生的，因为父亲不同意把钱花在看医生、找牙医上。我们没有医保，没有儿科医生，也没有牙医。如果受了伤、生了病，我们只能靠硬扛，因为特伦尼斯·戈金斯是不会为无法让自己直接受益的东西买单的。他毫不关心我们的健康，这一点让我深恶痛绝。

过了大约半个小时，母亲上楼查看我的状况。我转过身，露出后背，她能看到我的血正顺着脖子往下流，枕头上的血染得到处都是。

"够了，"她说，"跟我来。"

她扶我下床，为我穿好衣服，搀着我走向她的车。但就在她发动汽车之前，父亲追上了我们。

"你们以为自己能去哪儿？！"

"急诊室。"母亲说着发动了车子。父亲伸手想抓住把手，但母亲快他一步踩下了油门，汽车呼啸而去。他大怒，跺着脚走回房子，砰的一声关上门，朝我哥哥大吼起来。

"儿子，给我拿瓶尊尼获加！"小特伦尼斯从酒柜取来一瓶尊尼获加红牌酒和一只玻璃杯。他倒了一次又一次，父亲喝了一杯又一杯。每一杯酒都点燃了一座地狱的怒火。"你和大卫要长得壮实一点，"他语无伦次地说，"我可不养废物！有点小病小痛就去看医生，你们就会变成废物，知道吗？"哥哥点点头，僵在那里，"你们姓戈金斯，戈金斯家的人就要靠硬扛！"

据当晚给我看病的医生说，母亲带我看急诊非常及时。我的耳部感染过于严重，要是再晚一点，我的左耳将会完全失聪。母亲冒着极大风险救了我，我们都知道，她会为此付出代价。我们在一片死寂中开车回了家。

我们开上天堂路时，父亲还在餐桌边发怒，哥哥还在给他倒酒。小特伦尼斯害怕父亲，但他也很崇拜父亲，受控于父亲的言辞。他是长子，父亲对他更好一些。父亲也会打他，但在父亲扭曲的思想中，小特伦尼斯是他的王子。"等你长大了，我想看你成为自己家的一家之主。"特伦尼斯告诉他,"今晚你会看到我是怎么当一家之主的。"

我们刚进家门不久,特伦尼斯就把母亲打得失去知觉,但哥哥看不到。无论殴打在什么时候猝不及防地开始,他都会躲进房间等待风暴的平息。他假装一切都没有发生,因为事实沉重得令他无法承受。而我总是相当关注一切。

每到夏天,我们就不能在工作日躲开特伦尼斯并得到片刻喘息,但哥哥和我学会了骑自行车,尽最大可能远离他。一天,我回家吃午饭,像往常一样从车库走进房子。父亲通常会睡到下午很晚,所以我以为当时风平浪静。但我错了。父亲多疑又偏执。他做了很多见不得人的事,树了不少敌,还会在我们离开家后设置警报。

当我打开门,警铃大作,我的心提到了嗓子眼。我靠着墙呆呆站着,竖起耳朵听脚步声。听到楼梯嘎吱作响,我知道自己完蛋了。他穿着褐色绒布袍、拿着枪下了楼,从餐厅走进客厅,把枪举到身前。我能看到枪筒从转角慢慢探过来。

他一走过转角就能看到我站在 20 英尺[1]之外。但他没有放下枪,而是用它瞄准了我的眉心。我直直地盯着他,做出尽可能茫然的样子,双脚像被钉在了地板上。房子里没有别人,我心里有个念头,希望他能扣动扳机,**但在生命中的那一刻,我再也不在乎自己是死是活。我只是个精疲力竭的 8 岁孩子,受够了父亲带**

---

1. 1 英尺为 0.3048 米。

来的恐惧，也受够了旱冰场。一两分钟后，他放下枪，回到楼上去了。

现在已经很清楚，有人会死在天堂路上。母亲知道特伦尼斯把他的点三八口径手枪藏在哪里。有一天，她算好时机偷偷跟踪他，并预想事态会如何发展。他们各自开车前往旱冰场，她会在他到达前从办公室的沙发垫下取走他的枪，早早把我们送回家、让我们睡下，然后握着枪在家门前等他。在他停车时，她会走出家门，将他射杀在车道上——让送奶工发现他的尸体。我舅舅，也就是母亲的兄弟们，劝她别这么做，但他们也同意她得用点极端手段，否则死的人就是她了。

是一位从前的邻居告诉了她一个办法。贝蒂过去住在我们家的街对面，她搬走之后，母亲和她还保持着联系。她比我母亲年长 20 岁，有着与年纪相当的智慧。她鼓励母亲提前数周制订逃跑计划。第一步要拿到自己名下的信用卡。这意味着母亲必须重新赢得特伦尼斯的信任，因为她需要他共同签名。贝蒂还提醒母亲，要将她们俩的友谊保密。

几周下来，杰姬在特伦尼斯面前伪装得很好，和她还是个眼中带光的 19 岁美丽少女时一样，待他那样好。母亲让他相信，自己再次开始崇拜他，后来当她把信用卡申请表放到他面前时，他说他很高兴能给她一丁点购买的权利。等卡寄来后，母亲隔着信封抚摩着它坚硬的塑料卡缘，如释重负。她高高举起卡，细细欣赏着它。它如同金奖券一般闪耀。

几天后，母亲听到父亲正跟一个朋友打电话说她的坏话，当时他正和哥哥、我一起在餐桌边吃饭。这让她下定了决心。她走到桌旁，说："我要离开你们的父亲。你们两个可以留下来，也可以跟我走。"

父亲惊呆了，哥哥也是，我却像着了火似的从椅子上蹦起来，一把抓了几个黑色垃圾袋，上楼打包行李。哥哥最终也开始收拾他的东西。在离开前，我们四人坐在餐桌边最后谈了一次。特伦尼斯盯着我母亲，眼里满是震惊和不屑。

"你一无所有，离了我一无是处。"他说，"你没念过书，没有钱也没前途，不出一年就会去当妓女。"他顿了顿，转向哥哥和我，说，"你们俩会长成废物。杰姬，别指望再回来。你走之后5分钟内，我就能找个女人代替你。"

母亲点点头，站起身。她已经把自己的青春和灵魂都给了他，她终于要结束这一切了。她尽力精减了自己的行李，把貂皮大衣和钻戒都留下了。她觉得，父亲可以把它们转送给他的妓女女友。

特伦尼斯看着我们大包小包地上了母亲的沃尔沃（这是辆属于父亲但他不会开的车），车顶还捆着我们的自行车。我们慢慢地开走。起初父亲没有动，但就在母亲转过街角前，我能看到父亲正在向车库走去。母亲猛地一脚踩下了油门。

相信她已经为突发情况做好了准备。她感觉他会跟踪她，因此没有向西开往通向印第安纳州外祖父母家的州际公路，而是开上一条我父亲甚至都不知道的施工土路，去了贝蒂家。我们开到的时候，贝蒂已经打开了车库门。我们停好车，贝蒂把大门猛地拉下来。当我父亲开着他的科尔维特，追着我们在高速公路上呼啸而过时，我们就躲在他的眼皮子底下，直至夜幕降临。我们知道他那会儿会到旱冰场开门营业，不会错过赚钱的机会。无论什么都不会阻止他赚钱。

开出布法罗 90 英里 [1] 后，我们那辆破旧的沃尔沃开始烧油了。大量黑漆漆的尾气从尾气管中排出，母亲开始惊慌失措。已经计划好了一切，深深压抑着恐惧，强装镇定，直到一场意外的发生让她终于崩溃。她泪流满面。

"我该怎么办？"母亲问道，强撑着睁大双眼。哥哥从不想离开，他让母亲回头。我正坐在副驾席上。她满眼期待地看过来："我该怎么办？"

"我们必须走，妈妈，"我说，"妈妈，我们必须走。"

她在途中某个加油站停下，激动地跑向付费电话亭，去给贝蒂打电话。

"贝蒂，我做不到，"她说，"车子坏了。我得回头！"

"你在哪儿？"贝蒂冷静地问。

"我不知道，"母亲重复着，"我不知道我在哪儿！"

贝蒂让她去找一个加油站员工——当时每个加油站都有加油工——让他来接电话。他说我们就在宾夕法尼亚州的伊利，贝蒂跟他说了几句之后，他便让我母亲重新接回电话。

"杰姬，伊利有一家沃尔沃经销商。今晚你们先找一家酒店，

---

1. 1 英里约等于 1.61 千米。

明早再把车开过去。这个加油工会给你的车加够开过去的油。"母亲听着贝蒂的话，没有回应。"杰姬？你在听吗？照我说的做，会没事的。"

"好的，好的，"她嗫嚅着，失魂落魄，"酒店。沃尔沃经销商。知道了。"

我不知道伊利现在是什么样，但在当时，城里只有一家像样的酒店：假日酒店。酒店附近就是沃尔沃经销商门店。哥哥和我跟着母亲走到前台，却听到了更多的坏消息。酒店已经被订满了。母亲的肩垮了下来。哥哥和我站在她的两边，手里提着装有我们衣服的黑色垃圾袋。我们这副绝望的模样，被夜班经理看到了。

"听着，我会安排你们住在会议室的折叠床上。"他说，"从这儿走是浴室，但你们明天要早点出来，因为明早9点我们有个会。"

我们满怀感激地在亮着荧光灯、铺着工业地毯的会议室里安顿下来，这也是我们的炼狱。我们正在逃亡，险象环生，但母亲没有屈服。她躺下来，盯着天花板，直到我们入睡。随后她溜进旁边的一家咖啡店，警惕地盯着我们的自行车和路上的情况，如此过了一整夜。

我们在沃尔沃门口守着他们开门，让机械师有充足的时间拿到我们需要的部件，并在下班前把车修好、让我们重新上路。我们在日落时离开伊利，连夜驱车，终于在8小时后抵达了外祖父母在印第安纳州巴西城的家。黎明前在他们家的旧木房边停好车后，母亲哭了，我懂她。

无论是在当时还是从现在看，我们的抵达都意义重大。我是个年仅 8 岁的孩子，但已然开启了人生的第二阶段。我不知道有什么在等待我——有什么在等待我们——在那座印第安纳州南部的乡下小镇上。我也不在乎。**我只知道，我们从地狱逃了出来，有生以来第一次，我们逃离了魔鬼。**

在接下来 6 个月里，我们和外祖父母待在一起，我也升到了二年级——第二次——在当地一所名叫"天使报喜"的天主教学校。二年级只有我一个 8 岁的孩子，但其他孩子并不知道我重读了一年，毫无疑问我需要重读。我几乎不会认字，但幸好有凯瑟琳修女当我的老师。她身材娇小，60 岁，有一颗金门牙。她是位修女，但不穿修女服。她脾气暴躁，油盐不进，但我相当喜欢她。

天使报喜是一所很小的学校。凯瑟琳修女在一个班里教一年级、二年级的所有孩子。班里一共只有 18 个孩子，她不想推卸自己的责任，不想把我在课业上的挣扎或其他孩子的不良行为归咎于学习障碍或情感问题。她不知道我的故事，也不必知道。对她而言，只要我接受过幼儿园教育就好，她要做的是塑造我的心智。她完全有理由把我扔给某个专家，或者给我贴上问题标签，但这不是她的风格。她开始教书时，给孩子贴标签的行为还不普遍，她那种不给自己找借口的心态，正是想要赶上课业的我所需要的。

在巴西城读二年级的我

凯瑟琳修女让我从此不再轻信一个笑容，也不再反感别人的怒火。我父亲成天满脸笑意，却不会多看我一眼；而臭着脸的凯瑟琳修女关心我们，很在意我。她希望我们能竭力做到最好。我知道这一点，因为她总会在我身上尽可能地多花额外的时间，直到我能记住所学知识。在那年过完之前，我已经能够达到二年级的读写水平了。我哥哥小特伦尼斯却完全无法适应。没过几个月，他就回到了布法罗，重新回到父亲的阴影下，回到旱冰场工作，就像他从未离开过一样。

那时，我们已经搬进了属于自己的家：一座位于公共住宅区

"灯光庄园"里的公寓，它约有 600 平方英尺 [1]，带两个卧室，每月 7 美元房租。我那每晚都有数千美元收入的父亲，则每三到四周寄来 25 美元的孩子抚养费，而母亲靠着自己在百货公司的工作，每月能赚几百美元。在下班时间，她会去印第安纳州立大学学习，但这同样需要钱。关键是，我们要填补各种开销的窟窿，母亲才申请了社会福利救济，每月能收到 123 美元和一些食品券。第一个月，他们给她开了支票，但当发现她拥有一辆汽车后，他们取消了她的资格，说如果她卖掉汽车，他们会很乐意提供帮助。

问题是，我们住在一个只有约 8000 人的乡下小镇，这里并没有大型交通系统。我们需要那辆车送我上学、方便母亲的通勤和夜校上下课。母亲一心要改变她的生活境况，并通过"受抚养儿童援助项目"找到了一个变通的办法。她请外祖母代为签字，以此申请我们的支票，但这并没有多大帮助。123 美元能起多大作用呢？

我还深深地记得那一晚，我们开着油箱几乎空掉的车，疲惫不堪地回到家，冰箱里空空荡荡，还有一张逾期未缴的电费单，银行账户里一分钱也没有。我还记得我们有两个装满了美分等各种零钱的玻璃罐。我把它们从架子上取下来。

"妈妈，我们来数数我们的零钱吧！"

她笑了。从她小时候起，外祖父就教她捡起地上的零钱。经

---

1. 1 平方英尺约等于 0.09 平方米。

济大萧条对他造成了重大打击，他知道穷困潦倒是什么滋味。"你永远不知道自己什么时候会需要它。"他会这么说。先前我们还生活在地狱里，夜入斗金时，有一天会一文不名的想法就像是天方夜谭，但母亲依旧保持着她儿时养成的习惯。特伦尼斯过去常对此不屑一顾，但现在，是时候看看这笔钱能帮我们多大的忙了。

我们把钱全倒在起居室的地板上，数出了足够交电费、给车加油和买生活用品的钱。我们甚至还有钱在回家的路上去哈迪斯汉堡店买汉堡。这是一段黑暗时光，我们几近崩溃，但一直在努力前行。母亲日思夜想着小特伦尼斯，但她很高兴看到我在逐渐适应，并交到了新朋友。这一年我在学校过得很好，从来到印第安纳州的第一晚开始，我就再也没在夜里哭过。**我仿佛正在痊愈，但那些恶魔并没有消失，只是暂时沉寂而已；它们复苏后，还会给我带来重创。**

三年级对我来说是一次重创。不仅仅是因为我在刚熟悉印刷体时就得学手写体，更是因为 D 老师和凯瑟琳修女完全不一样。我们的班级仍然很小，只有包括三四年级在内的大概 20 个孩子，但是她仍然教得很糟糕，而且完全不愿意在课外辅导我。

我的麻烦在最初几周我们要做标准化考试的时候开始了。我考得一塌糊涂，依然落后于其他小孩，要跟上几天前的功课都很吃力，更不用说上个学年的知识了。在面对相似的情形时，凯瑟琳修女会认为她应该花更多时间辅导最差的学生，而且她每天都会考我。D 老师则另有办法。在开课第一个月，她就告诉我母亲，我应该去另一所学校，一所为"特殊学生"开设的学校。

每个孩子都知道"特殊"是什么意思。"特殊"意味着你这辈子都要被打上耻辱烙印，意味着你不正常。这个威胁是个导火索，我几乎一夜之间就变成了口吃。我将想法转换为语言的通路被压力和紧张堵塞了，在学校时状况最糟。

想想看，我是全班甚至是全校唯一的黑人小孩，还要天天遭受作为最笨学生的羞辱。我感觉自己要说或要做的一切都是错的，情况糟糕到无论老师在什么时候叫我的名字，我都不会像被划花的黑胶唱片一样磕磕巴巴地回应，而是选择保持沉默。这全是为了逃避关注，保住脸面。

D 老师甚至没有尝试同情我，而是一生气就向我大吼来发泄。有时她会俯下身子，扶着我的椅背，她的脸离我的脸只有几英寸。她不知道，她正在撕开潘多拉的魔盒。曾经，学校就是一个安全的港湾，一个我知道自己不会受伤的地方，但在印第安纳州，它变成了我的酷刑室。

D 老师想把我赶出她的教室，行政处也支持她，直到母亲为我抗争。校长同意让我继续上学，但需要我母亲按时与一位语言治疗师签协议，并把我送到由他们推荐的一名心理医生那里接受小组治疗。

心理医生办公室就在一家医院旁边，如果想让一个小孩产生自我怀疑，送他到这样一个地方准没错。这就像一部糟糕的电影。

心理医生将 7 张椅子排成一个围绕自己的半圆，但有些孩子不愿或不能乖乖坐着。一个孩子戴着头盔，不停用头撞墙。另一个孩子在医生说到一半时站了起来，走到房间的一个角落，在垃圾桶里撒尿。坐在我身边的孩子是整个小组里最正常的人，但就是他把自家的房子烧了！我还记得我参加治疗的第一天，心里想，我不属于这里。

那段经历让我的社交恐惧症攀升了好几个等级。我的口吃状况失控了，开始掉头发，黑色的皮肤上爆发性地长出了很多白点。医生诊断出我患有多动症，为我开了利他林，但我的问题比这还要复杂。

我正在遭受毒性压力的折磨。

我所遭遇的生理和心理虐待，已经被证明会对年幼的孩子造成一系列的负面影响，因为我们年幼时，大脑正处于迅速生长发育的阶段。如果在那几年里，你的父亲是一个只会摧毁家里每一个人的混账东西，你的压力就会急速增加，当压力频繁增加到一定程度后，你就能将每次的压力峰值连成一条线，这条线就是你新的底线。这会让孩子长期处于一种"要么反抗，要么逃跑"的状态中。这种状态在你身处险境时能帮上大忙，因为它会帮助你要么战胜困难，要么迅速脱身。但在日常生活中，这不是长久之计。

我不是那种事事都要用科学解释的人，但事实就是事实。我读到过，有些儿科医生相信毒性压力给孩子带来的伤害比小儿麻痹症和脑膜炎更大。我的亲身经历告诉我，它会导致学习障碍和社交恐惧，因为根据医生的说法，它会限制语言和记忆力的发展，这甚至会让最有天赋的学生也很难回想起他们已经学过的知识。日积月累之下，像我这样的孩子长大后，更有可能患上抑郁症、心脏病、过度肥胖、癌症，更别提吸烟、酗酒和吸毒成瘾。在虐待式家庭中长大的孩子，在青少年时期被捕入狱的可能性增长了53%，成年后犯下暴力罪行的可能性则会增加38%。我们都听过"问题少年"这个说法，而我就是个典型。养出这个混球儿的人不是我母亲。看看这些数字就会知道，如果有人将我推上了毁灭之路，那他一定是特伦尼斯·戈金斯。

我没有在治疗小组里待太久，也没有吃利他林。第二次治疗结束后，母亲将我接回了家。我坐在副驾席上，目光呆滞。"妈妈，我不会再来了，"我说，"这些男孩都是疯子。"母亲同意了。

但我依旧是个受伤的孩子。尽管现在有了经过验证的最佳干预措施，来教育和管理受有毒压力折磨的孩子，但老实说，D 老师当时并不知道这些。我不会谴责她的无知。20 世纪 80 年代的科学远比不上今天。我只知道，凯瑟琳修女和 D 老师一样要面对棘手的孩子，但她依然辛勤耕耘，抱有很高的期待，不让自己被挫败感冲昏头脑。在她的观念里，每个人都有自己不同的学习方法，要做的就是找出他是用怎样的方式学习的。她推断出，我需要重复。这是我不同于他人的学习方式，需要一遍又一遍地解决同样的问题。她知道，这需要时间。D 老师则只在乎效率。她总是在说，要么跟上来，要么滚出去。同时，我感觉自己又回到了死胡同。我知道，如果没有取得一点可见的进步，我最终会被扫地出门，赶到那个"特殊"学校的黑洞里，再也出不来了。因此，我找到了一个办法。

我开始挖空心思作弊。

学习很难，尤其是用我这个糟糕的头脑学，但我真是个作弊好手。我会抄朋友的作业，考试时会偷看旁边同学的卷子。我甚至还在标准化考试中抄答案，那些考试甚至不会影响我的成绩。这么做有用！我不断进步的考试成绩安抚了 D 老师，母亲也不再接到学校的电话了。我以为自己解决了一个问题，但事实上，我选择了最小阻力的捷径，并因此创造了更多麻烦。我的应对策略导致我在学校里根本学不到东西，我永远都跟不上进度，这只会让我离退学的命运越来越近。

早年在巴西城的好处在于我的年纪太小，还理解不了我在新家乡即将面临的那种偏见。无论何时，只要你是与众不同的，你就会面临被边缘化的危险，会被无知的人们怀疑、漠视、霸凌、虐待。生活就是如此，尤其是在那个时候。等现实狠狠痛击我的时候，我的人生已经变成了一块烤好的幸运饼干。无论何时掰开它，我都会得到同样一个信息：

你生来就是个失败者。

挑战#1

　　我人生的磨难在早年时就来临了，并把我困住了一段时间。但每个人都会在人生的某个节点遇到挑战的。你的困境是什么？你正在面临什么糟糕的事情？是被殴打、被虐待，还是被霸凌？你缺乏安全感吗？也许限制你的因素，只是那个让你一直在支持中成长的舒适圈，而你从没有逼自己一把？

　　目前限制你成长和成功的因素是什么？有人在工作或者学习中阻碍你吗？你是否经常感觉与机会擦肩而过呢？你现在想做某件成功概率渺茫的事吗？你是否在阻碍自己的成功？

　　拿出你的日记本——如果没有的话，就去买一本，或者在你的笔记本电脑、便签本、手机上的笔记应用程序上——把你遇到的这些都详细地记录下来。请不要对这项任务感到乏味，我已经向你坦诚道出自己所有的不堪往事。**如果你曾因某事受到伤害，或者正在受到伤害，更需要完整地将这个故事记录下来。让你的**

痛苦具象化，并从中吸取能量，因为你马上就要苦尽甘来了。

你的这些故事，你的满篇借口，你认为自己无法成功的种种理由，都将成为你最终获得成功的燃料。是不是开始觉得有趣了？但其实也没这么有趣。不过别担心，那都是后面的事，现在，你只需要开始记录。

一旦你列出了自己的清单，就去和你愿意分享的人分享吧。有些人可能会选择在社交媒体上发布图片，并配上几行字去诉说自己在过去或者现在遇到的各种直击灵魂深处的挑战。当然，你也可以不和别人分享，而是选择自己默默承受和消化这些事。你可以选择任何能对你有帮助的方式。我知道这很困难，但是这个行动可以让你渐渐开始具备克服困难的能力。

Chapter 2

残酷现实

DAVID GOGGINS

素不相识的人仅仅因为我的肤色就希望我死——光是想想都令人毛骨悚然。我脑中一直盘旋着同一个问题：究竟是谁这么恨我？我不知道自己的敌人是谁。

威尔莫斯·欧文是一个新的开始。在他遇到母亲，问她要电话号码之前，我一直生活在痛苦和挣扎中。我们不那么缺钱了，但生活却被创伤困扰着。逃离父亲后，我们被创伤后应激障碍和贫困吞没。那时我四年级，母亲遇到了威尔莫斯，一个来自印第安纳波利斯的成功木匠和总承包商。她被他从容的微笑和松弛的姿态所吸引。他内心没有暴力，允许我们自由呼吸。有他在身边，我们感觉有了一些支撑，仿佛生活里终于有好事发生了。

　　他们在一起的时候，母亲总是开怀大笑。她的笑容明媚而真实，腰杆也比从前挺直了些。他给了她尊严，让她眼中的自己重新变得美丽。对我来说，威尔莫斯是我接触过最接近健康父亲形象的人。他不会溺爱我，不会告诉我他爱我，也不会说任何虚伪愚蠢的话，但他一直就在那里。上小学以后，我一度痴迷打篮球。这是我和我最好的朋友约翰尼·尼科尔斯友谊的核心，而威尔莫

和威尔莫斯在一起

斯还打篮球比赛。他和我总在一起打篮球。他给我演示步法，调整我的防守策略，还帮我练习跳投。我们三人会一同庆祝生日和各种节日。在我升入八年级前，他单膝跪地，正式向我母亲求婚。

威尔莫斯住在印第安纳波利斯，我们的计划是在第二年夏天搬去与他同住。他虽不如特伦尼斯那样富有，但也能创造优渥的生活条件，我们都很期待重新回归城市的生活。随后，在1989年，圣诞节的第二天，一切都停滞了。

当时我们还没有完全搬到印第安纳波利斯，他刚和我们在巴西城我外祖父母家过了圣诞。第二天，他的球队有一场男篮比赛，他邀请我去当他队友的替补。我兴奋得提前两天就收拾好了行李，但在那天早晨，他告诉我，我不能去了。

"这次我得让你留在这儿了，小大卫。"他说。我低下头，叹了口气。他能看出我不高兴，并试图安慰我："你妈妈过两天就会开车带你过去，那时我们就能打球了。"

我不情愿地点点头，但我从小就被告知不要对大人的事刨根问底，也知道他们不欠我一个解释或是一次补偿。母亲和我站在前廊上看着他开车倒出车库，微笑着，向我们干脆地一挥手，驱车离开了。

那是我们最后一次看到活着的他。

那天晚上，他如计划的一样在球队打比赛，之后独自开车回到他的"白狮之家"——无论何时给朋友、家人或快递员指路，他都会这样描述自己那栋牧场风格的房子，因为这栋房子的私家车道两边，各有一座高高立于柱上的白狮雕像。他从雕像间开过，驶入直通房子的车库，对身后渐近的危险浑然不觉。他再也没能关上车库门。

那些人已经在外盯了他好几个小时，一直在等待时机。一等他从驾驶室出来，他们就从阴影里冲上前去，近距离向他开枪。他的胸部中了 5 枪。当他倒在车库的地面上时，枪手走上前去，对准他的眉心开了致命一枪。

威尔莫斯的父亲住在几个街区外，当他第二天早晨开车经过这里时，发现儿子的车库门开着，便知道事情不对劲。他走上车道，进入车库，在那里为他死去的儿子痛哭流涕。

威尔莫斯当时只有 43 岁。

当威尔莫斯的母亲事后给我外祖母家打电话时，我还在那里。外祖母挂上电话，示意我到她身边，把事情告诉了我。我想到了母亲。威尔莫斯是她的救赎。她已经从她的保护壳中走了出来，敞开心扉，准备去相信美好的事。为什么要这样对她？上帝就不能饶了她吗？一开始我只是愤愤不平，但瞬息之间，我被怒火吞噬。我挣脱外祖母，狠狠地捶打冰箱，留下了一个凹痕。

我们开车回家找到母亲。因为没有收到威尔莫斯的消息，她已经急疯了。就在我们到家前，她给他家打了电话，是一名警探接的，这让她困惑不已，没想到会发生什么。她怎么能想到呢？我们看到她满脸迷惑，外祖母走上前去，掰开她的手拿走电话，让她坐了下来。

她起初不相信我们。威尔莫斯喜欢恶作剧，这就是那种他可能会开的玩笑。接着她记起他两个月前被枪击的事。那时他告诉她，开枪的人目标不是他，是冲别人去的。因为他只微微破了点皮，母亲后来也就没当回事。直到事发时，母亲都从未猜疑过威尔莫斯是否有什么她一无所知的秘密街头营生，警方也没能找出他被枪杀的确切原因。他们推测他被卷入了一桩黑色生意，或是一次出了岔子的毒品交易。母亲收拾东西时依然不愿接受这一切，但她还是带了一条出席他葬礼的裙子。

我们到达时，威尔莫斯家被黄色的警戒线团团围住，活像个圣诞礼物。这不是恶作剧。母亲停好车，俯身穿过警戒线，我跟着她走进了前门。我记得自己一路上都在向左瞥，想看一看威尔莫斯被杀害的地方。车库地板上还留着他冰冷的血。我当时 14

岁，徘徊在一个刚出过人命的犯罪现场，消化着即将成为我继父的人惨遭谋杀这一沉重事实，但没有人——我母亲，威尔莫斯的家人，甚至是警察——察觉到这样有何不妥。

听起来有些荒唐，警察允许我母亲当晚在威尔莫斯家过夜。她不是一个人，她姐夫也陪着，还带着两把枪，以防杀手再次回来。我被留在威尔莫斯姐姐家一间靠后的卧室里，那是一座几英里外黑暗阴森的房子。我被丢在那里，独自过了一夜。那栋房子里有一台带 13 个频道的模拟信号柜式电视，只有 3 个频道不受静电干扰，我一直放着当地新闻。这个台每 30 分钟就重复播放同一卷带子：我母亲和我穿过警戒线的镜头，随后是看着威尔莫斯被推上救护车的镜头，他的身上盖着布。

这就像是恐怖电影。我独自坐在那里，看着同样的画面循环往复。我的大脑就像一张破碎的唱片，不停跃入黑暗之中。往事荒芜阴郁，我们蔚蓝色的未来如今也已化为泡影。没有空隙喘息，只有我熟悉的现实，湮灭了所有光。我每看一遍，恐惧就多一点，直至它溢满整个房间，我却依旧无法停止。

几天后，我们埋葬了威尔莫斯。就在新年到来之前，我登上了印第安纳州巴西城的校巴。我依然深陷哀恸，大脑也一片混乱，因为母亲和我还没想好我们是要留在巴西城，还是按原计划搬去印第安纳波利斯。我们还没安定下来，母亲仍处在重创之中。她还没有为威尔莫斯的死放声大哭过。相反，她的情感再次被掏空了，仿佛她生命中经历过的一切苦痛重新上演，它们化作一道裂开的伤口，将她吞入了无尽的虚空。与此同时，要开学了，我形单影只，寻找着一丝丝能让我有所寄托的正常生活。

但这很难。大多数时候我都坐校巴上学，返校第一天，我怎么也甩不掉上一年已经埋下的记忆。那天早晨，我像往常一样坐到校巴左后轮上方的座位上，在那里可以俯瞰整个车内的情形。到达学校后，校巴停在路边，我们要等前面的车开走后才能下车。就在这时，一辆汽车靠着我们停下，一个可爱又热情的小男孩带着一大盘曲奇跑向我们的校巴。司机没有看到他。校巴猛地向前开去。

我注意到了他母亲脸上惊恐的表情，紧接着一团血突然溅到了我的窗边。男孩的母亲恐怖地号叫起来。她再也不是个寻常的母亲了，看上去就像一只受了伤的猛兽，生生把自己的头发连根拔起。很快，警笛声呼啸着越来越近。小男孩大约 6 岁。曲奇是给校巴司机的礼物。

我们全被命令下车，走过现场时，不知为什么——可能是出于人类的好奇心，也可能是因为黑暗与黑暗之间的磁场引力——我偷偷看了一眼校巴底下，看到了那个男孩。他的头被压得几乎像纸一样平，车轮下的脑浆和血混在一起，如同废弃的汽油。

我已经整整一年没有再想起过哪怕一次那个场景了，但威尔莫斯的死唤醒了它，现在这就是我能想到的全部。我完全无法接受，对一切都毫不在意。我已经看见过太多，知道世上满是悲剧，就这样一件件持续堆积，最终将我吞没。

我无法在床上入眠，母亲也一样。她睡在扶手椅上，要么大声开着电视，要么拿着书。有一阵子，我夜里试图在床上蜷缩成一团，但醒来总会发现自己保持着胎儿般的姿势躺在地板上。最后我放弃了，直接在地板上铺床睡。或许这是因为我知道，如果能在谷底找到舒服的位置，就不会再摔落了。

我们两人都迫切需要崭新的开始——它曾是那么触手可及。所以即便失去了威尔莫斯，我们还是搬到了印第安纳波利斯。母亲为我报名了大教堂高中的入学考试，这是一所位于城市中心的私立大学预备学院。和往常一样，我作弊了，又变回了那个聪明的浑蛋。当我的录取通知书和课程表在高一开学前的那个夏天寄来时，我正在看一大堆大学预修课程呢！

靠着作弊和抄袭，我一路"披荆斩棘"，还设法加入了新生篮球队，那是整个州最强的新生篮球队之一。我们队里有几名未来的大学篮球选手，而我一开始打的是控球后卫。这是一次信心的提振，但长久不了，因为我知道自己是靠作弊进来的。而且，上这所学校花了母亲太多钱，所以我仅仅在大教堂高中读了一年，她就供不起我读下去了。

我在北部中央高中开始读高二。这是一所拥有 4000 个孩子的公立高中，位于一个以黑人为主的社区里。上学第一天，我穿得像一些读预科的白人男孩一样，牛仔裤紧得过分，带领的衬衫塞进腰线，还扎了一条编织腰带。没被人嘲笑着赶出学校，只是因为我会打球。

我整个高二都在耍酷。我的衣服换得很勤，穿衣风格受嘻哈文化的影响越来越大，还常跟帮派混混和其他问题少年混在一起，也就是说，我常常旷课。一天中午，母亲回到家，发现我正和一群被她叫作"10个混账"的人围坐在餐桌边——她这么称呼他们一点没错。没过几周，她就收拾好行李，我们搬回了印第安纳州的巴西城。

我进入诺斯维尤高中就读，那周正在举行篮球选拔赛。还记得我刚露面时，正值午饭时间，餐厅里坐得满满当当。诺斯维尤有1200个孩子，其中只有5个是黑人，在他们上次见到我时，我还和他们很像。现在再也不像了。

那天，我悠闲地走进学校，身上是比自己大5码的裤子，松松垮垮地拖到地上。我还穿着一件超大号芝加哥公牛队的夹克，反戴着一顶帽子，帽檐转向一侧。一瞬间，所有人都在注视我。老师、学生和行政人员像看外来物种似的看着我。我是他们很多人有生以来见过的第一个野蛮黑人孩子。我才一出现，音乐就停了。我就像是刮着黑胶唱片的一根针，刮出了一种全新的韵律，就像嘻哈乐本身一样，能吸引所有人的注意，却不是人人都喜欢。我大摇大摆地走了一圈，仿佛满不在乎的样子。

但这不是真的。我表现得非常自大，入学时也很傲慢无礼，但回到这里让我感到很不安全。生活在布法罗，就像生活在燃烧的炼狱中。我早年在巴西城的经历，是创伤后应激症完美的孵化器；在离开前，我还遭到了死亡创伤的双倍打击。搬到印第安纳波利斯是一次很好的机会，可以让我摆脱遗憾，将一切抛于脑后。对我而言，课业并不简单，但我已经交到了一些朋友，也开启了新的生活方式。现在，回到这里，我外表上看已经与从前截然不同，很容易造成我已经改变的假象；但要做到真正的改变，就得面对糟糕透顶的生活，迎难而上。可这些艰难的改变，我一点也没能做到；我还是那个没有坚实依靠的笨孩子，篮球选拔赛剥光了我的最后一丝自信。

当我来到体育馆后，他们让我穿上全套制服而不是我更日常的运动服。当时流行的款式变成了松松垮垮的特大号，后来"密歇根五虎"中的克里斯·韦伯和杰伦·罗斯还在密歇根大学将其发扬光大。巴西城的教练们对这一趋势并不敏感。他们让我穿上了白人的紧身篮球短裤，勒得我的裆部十分难受，还把我的大腿箍得紧紧的，我感觉哪里都不对劲。我被困在教练们的理想状态中：拉里·伯德时代的装束里。这也合理，因为拉里传奇简直就是整个巴西城乃至整个印第安纳州的守护神。事实上，他的女儿就在我们学校上学，我们还是朋友。但这不代表我想穿得和他一样！

接下来就是我的礼节问题。在印第安纳波利斯，教练们允许我们在球场上说脏话。如果我走位精彩或者进了一个好球，就会问候对手的妈妈或是女友。在那里，我学到了很多脏话，说起脏话更是一把好手。我就是我们学校的德雷蒙德·格林，这一切都是这座城市篮球文化的一部分。但回到乡下，这一点让我吃尽了苦头。选拔赛开始后，我控了一会儿球，在过人并让他们面色难堪时，我会在球员和教练面前口无遮拦。我的态度让教练们非常尴尬（很明显，他们不知道他们的英雄拉里无时无刻不在骂脏话），很快他们就从我手里拿走了球，把我放到前场，这是我此前从未打过的位置。我很不自在，发挥也有失水准。这让我闭了嘴，与此同时，约翰尼占了上风。

那一周，我唯一的一点安慰就是重新回到了约翰尼·尼科尔斯身边。我不在这里时，我们仍一直保持着联系，而现在，我们马拉松式的一对一对抗又重新火力全开。他虽然个子不高，却是个优秀的球员，也是选拔赛中最优秀的球员之一。他不停地投篮、寻找空当、全场跑动。他毫不意外地入选了校队，但令我们震惊的是，我只勉强进入了初级代表队（jv）。

我崩溃了。不是因为篮球选拔赛。对我来说，那个结果预示着另一件事，一件我已经有所感觉的事。巴西城看上去还是老样子，但这次，我的感觉变了。小学时我只是学得很辛苦，但即便我们只是镇上仅有的几户黑人家庭之一，我也没发觉或感受到任何明显的种族歧视。长成青少年后，我去哪儿都会经历种族歧视，但这并不是因为我变得过于敏感了。赤裸裸的种族歧视一直都存在着。

搬回巴西城后不久，我的表亲达米安和我出城参加一个派对。我们在外边待到了宵禁以后。事实上，我们整晚都在外面，直到破晓之后我们才给外祖母打电话，请她开车带我们回家。

"什么？"她问，"你们没听我的话，那最好还是走回来吧。"

行吧。

外祖母家在 10 英里外，要沿着一条长长的乡间道路才能走到。但我们说说笑笑，自在地漫步起来。达米安住在印第安纳波利斯，我们俩都拖着松松垮垮的牛仔裤，穿着超大码斯迪欧（STARTER）夹克，这种装束在巴西城的乡间小路上并不常见。

几个小时下来，我们已经走了 7 英里，这时一辆皮卡在柏油碎石路上颠簸着朝我们开来。我们靠到路边让它经过，但它慢了下来，缓缓开过我们身边时，我们看到两个青少年坐在车里，还有一个站在车斗上。车里的人指着我们，从开着的车窗里朝我们大喊：

"黑鬼！"

我们没有过度的反应，只是低下头，以原来的速度继续行走，直到我们听到那辆破旧的皮卡呼啸着停了下来，扬起一阵巨大的尘土。这时我转过身，看到那个车里的人，一个衣着破旧的乡下人，拿着枪下了车。他边用枪指着我，边趾高气扬地朝我走来。

"你们到底是从哪儿来的？怎么会来这个镇上？！"

达米安放慢脚步，我死死盯着拿枪的人，一言不发。他走到了离我不到两英尺的地方。暴力的威胁近在咫尺。我身上起了鸡皮疙瘩，但不愿逃跑或是退缩。几秒钟之后，他回到车上，车子扬长而去。

这不是我第一次听到这个词了。不久之前，我、达米安和几个女孩在必胜客闲逛，其中有一个是我喜欢的浅黑肤色女孩，名叫帕姆。她也喜欢我，但我们从未挑明。我们天真地享受着彼此的陪伴，但她父亲来接她回家时看到了我们，等帕姆发现他时，他的脸色已如纸般苍白。

他冲进拥挤的餐厅，怒气冲冲地朝我们走来，所有人都在看他。他从头到尾都没理我，只是紧紧地盯着女儿，说："我再也不想看到你和这个黑鬼坐在一起了。"

帕姆跟着他匆匆离开了餐厅，她的脸羞得通红，而我无力地坐在那里，看着地面。这是我一生中最耻辱的时刻。甚至比枪击带来的伤害更深，因为这发生在大庭广众之下，这个词是被一个混账成年人吐出来的。我不理解他是怎样怀有那么多恨意的，更无法理解这恨意形成的原因。如果他是这么想的，那么巴西城又有多少人在看到我走在街上时，和他抱有一样的想法？这个问题，你不会想知道答案。

　　如果他们看不到我，他们就不会叫我。这就是我在印第安纳州巴西城读高二那年的处事风格。我会躲在后排，在座位上缩着身子，能逃课就逃课。那一年，学校让我们学一门外语，这对我来说十分可笑。并不是我看不到外语的价值，而是因为我只能勉强讲讲英语，更别提要理解西班牙语了。那时我已经作弊了 8 年，无知得可怕。在学校，我的成绩一直在进步，但根本没学到一丁点知识。我自以为自己愚弄了整个系统，但事实上，是我一直在欺骗自己。

　　在学年大约过半时，一天，我走进西班牙语教室，从教室后面的柜子里拿出我的作业本。蒙混过关也需要技巧——你不用真的专注，但必须做出聚精会神的样子。因此我溜到自己的座位上，打开作业本，聚精会神地看着正在教室前方讲课的老师。当我低头看向作业本时，整个教室都静下来了——至少对我来说是这样。

老师的嘴仍然在动，我却听不到一点声音，因为我的注意力全都放到了留给我，也只留给我的信息上。

在这堂课上，我们每个人都有自己专用的作业本，我的名字就用铅笔写在扉页的右上角。他们就这样知道了这是我的作业本。在我的名字下方，有人画了一幅我被套在绞索里的画。画画得很简单，就像我们还是小孩时玩的"上吊小人"猜词游戏一样。画下面还写有字：

黑鬼（误写作"Niger"），我们要杀了你!

他们拼错了，但我不知道。我几乎都不会拼这个词，但他们已经说得很清楚了。我环顾教室，愤怒像台风般聚集，直至我耳中嗡嗡作响。我不该在这里，我心想，我不该回巴西城！

我盘点了我所经历过的所有事，决心不再忍受了。老师还在讲课，而我毫无征兆地站起身。她喊了我的名字，但我没听。我离开教室，手里拿着笔记本，冲到校长办公室。暴怒中的我甚至没在前台停下。我径直走进去，将证据甩到他桌上。

"我受够这种垃圾了。"我说。

柯克·弗里曼是当时的校长，直到今天他都还记得自己那天从桌上抬起头，看到我眼里含泪的样子。这种恶心的事情在巴西城发生的原因并不是秘密。印第安纳州南部一直都是种族歧视的温床，他也知道这一点。4 年后，1995 年，"三 K 党"会在独立日当天，戴着带有徽章的兜帽，沿着巴西城的主干道游行示威。

他们在中心点小镇上尤为活跃，而这个小镇离这里只有 15 分钟路程，很多镇上的孩子在我们学校上学。他们中的一些人在上历史课时就坐在我身后，几乎天天都把那些该死的种族歧视笑话说给我听。我并不指望学校能调查出是谁在我作业本上画的画。在那一刻，我想要的仅仅是一些同情，从弗里曼校长的眼中，我能看出他为我的遭遇感到难过，却不知如何是好。他不知道怎么帮我，只能久久端详着画和字，之后抬眼与我四目相对，想用他智慧的语言来安慰我。

"大卫，这是绝对的无知，"他说，"他们甚至不知道怎么拼写黑鬼（nigger）这个词。"

我受到了死亡威胁，而这就是他能做到的一切。离开他办公室时的孤独感，我这辈子都不会忘记。有那么多恨意在校园里涌动，素不相识的人仅仅因为我的肤色就希望我死——光是想想都令人毛骨悚然。我脑中一直盘旋着同一个问题：究竟是谁这么恨我？我不知道自己的敌人是谁。是历史课上的某个乡下人，还是某个表面上和我关系不错、背地里其实很讨厌我的人？在街上盯着枪筒，或是面对某些种族主义的家长，其实都一样。至少他们都诚实地说出了自己的想法。想知道自己学校里有谁也抱有这种观念，则是另一种我无法摆脱的不安。尽管我有很多朋友，他们全是白人，我还是会无法克制地看到，满墙都是用看不见的墨水涂写下的隐形的种族歧视，要独自承受这一切压力，太难了。

美国绝大多数的少数群体、女性、同性恋群体都深深了解孤立感所带来的压力——那种走进房间，知道自己孤身一人的感觉。

DAILY JOURNAL

KANKAKEE, ILLINOIS | FAMILY OWNED SINCE 1903

Members of the Ku Klux Klan salute a burning cross in the yard of a Center Point, Ind., residence in this Nov. 4, 1995, file photo.

The Associated Press

1995 年，三 K 党在中心点

图注：

日报

伊利诺伊州，坎卡基 | 家族报业，始于 1903 年

三 K 党成员在中心点庭院中向一个燃烧的十字架行礼，摄于印第安纳州，1995 年 11 月 4 日，资料图片

美联社

大多数白人男性并不知道这有多么痛苦。我真希望他们能懂。因为只有这样，他们才能知道这会如何消耗你，才能理解为什么有时候你只想待在家里、自甘堕落，因为外出面对众人就意味着彻底暴露，将脆弱的自己暴露于一个会跟踪你、评判你的世界。至

少，感觉上是这样的。现实是，你无法肯定它会在何时发生，或者它在某个特定的时刻究竟有没有真的发生。但它经常给人这样的感觉，这种精神内耗的感觉。在巴西城，无论走到哪里，我都是孤身一人——在餐厅和约翰尼、和其他朋友们一起优哉吃午饭时，在每一堂我要上的课上，甚至在篮球馆里。

到那一年年底，我满了16岁，外祖父给我买了一辆棕褐色的二手雪佛兰小汽车。我开到学校上课没几天，就有人用油漆在我的驾驶室门上喷上了"黑鬼"这个词。这一次，他们拼对了，而弗里曼校长又没能说什么。那一天，我胸中翻腾的怒火难以言喻，但没有向外爆发。它从内心深处摧毁了我，因为我还没有学会该如何应对又要如何纾解这样的情绪。

我该和所有人对抗吗？我已经因为打架被学校停课3次，现在几乎快麻木了。我放弃了抵抗，滑向了黑人民族主义的深渊。马尔科姆·艾克斯成了我选择的先知。我曾每天放学回家后就一遍遍看同一份他早期演说的录像。我试图从别处寻找慰藉，而他分析历史、将黑人的绝望转化为怒火的方式滋养着我，尽管我听不懂他大部分的政治经济哲学思想。让我产生共鸣的，是他对这个由白人设计、为白人服务的体系的愤怒，因为我就生活在恨意滚滚的迷雾中，被困在自己徒劳的愤怒和无知里。但我不是伊斯兰民族组织的料，他们有纪律，而我没有。

相反，到了高三，我故意惹恼了别人，成了那种白人厌恶、恐惧的典型黑人。我每天都穿着露出半个屁股的裤子，把我的汽车音响和家庭音响组装到一起，塞满了我的雪佛兰。沿着巴西城主干道开车时，我会大声播放史努比的《金酒和果汁》，音乐震天响。我在方向盘上盖了 3 张粗毛毯子，又在后视镜上挂了一对绒毛骰子。每天早上上学前，我都会盯着我们浴室的镜子，想些对付学校里种族歧视者的新点子。

我甚至会剪狂野的发型。有一次，我给自己做了个颠覆性的发型——我把所有的头发都剃掉了，只在左侧头皮上留下了一绺细细的放射线状的头发。我并非不受欢迎。我被认为是镇上很酷的黑人孩子，但如果稍微深究一下，你就会发现我其实并不代表黑人文化，我的可笑行径也并不是真的在对种族主义宣战。我根本什么也不是。

我所做的一切都是为了得到憎恶我的人的回应，因为我很在意大家对我的看法，而这是一种狭隘的生活方式。我满心痛苦，没有真正的目标，长远来看，我像是放弃了所有成功的机会，正在走向毁灭。但我没有放弃全部的希望。我还有一个梦想。

我想加入空军。

我的外祖父曾在空军当了 37 年的厨师。他为自己的服役生涯自豪不已，甚至退役后也会在周日身穿军礼服去教堂，在工作日穿日常制服，仅仅为了在门廊上坐着。这样的自豪感激励着我加入了民间空中巡逻队，这也是空军的民间辅助力量。我们一周聚集一次，列队向空军官员们学习各种不同工作的知识。我开始为伞兵救援队着迷——他们会跳出飞机，去营救那些陷入险境的飞行员。

在大一开始前的夏天，我参加了一个为期一周的课程，名叫跳伞指导课。和往常一样，我是唯一的黑人。一天，一个名叫斯科特·吉伦的伞兵前来讲课，他要讲一个故事。在一次标准训练中，在 13000 英尺的跳伞高度上，吉伦打开了他的降落伞，而另一个伞兵就在他的正上方。这不是什么不寻常的情况。他有先行权，根据他的训练，他已经向另一个伞兵挥手示意了。但那个伞兵没有看见他，这将吉伦推入了极度危险的境况，因为他上方的伞兵还处于自由落体阶段，正以 120 英里每小时[1]的速度在空中呼啸着坠落。他蜷缩成一团，希望能避开吉伦，但没有用。吉伦对将要发生的事毫不知情，而他的队友此时已经穿过了他的伞盖，降落伞被压塌了，吉伦的脸被队友的膝盖狠狠重击。吉伦瞬间被撞至昏迷，摇摇晃晃地也开始自由落体，而他被撞坏的降落伞几乎起不到什么减速的作用。另一个伞兵则能打开自己的降落伞幸存，只会受点轻伤。

吉伦没有真正着地。他像一个瘪掉的篮球一样弹了 3 次，但因为昏迷不醒，他的身体柔软无力，他并没有在以 100 英里的时速砸向地面时摔得四分五裂。在手术台上，他两次陷入濒死状态，但急救医生们将他从死亡线上拉了回来。当他在病床上醒来时，他们说他不可能痊愈，再也当不了伞兵了。18 个月后，他战胜了医学上的困难，成功康复，重新投身到他热爱的事业中。

多年来，我一直为这个故事着迷，因为他超越了不可能，成功幸存——这引发我无限共鸣。在威尔莫斯遭遇谋杀后，我又承

1. 约为 193.2 公里 / 小时。

受着无数种族歧视的恶言与奚落（我不会事无巨细地全部告诉你，你只要知道有很多就好），感觉自己就像是个没有降落伞保护，正在自由下坠的人。但，人是有可能战胜一切杀不死自己的东西的，吉伦就是个活生生的例子。从听到他的故事起，我就知道，我要在毕业后加入空军，这让上学看起来更无关紧要了。

尤其是在高三，我被踢出了校篮球队。这不是因为我打得不好，而且教练知道我是他们拥有的最优秀的球员之一，也明白我热爱篮球。约翰尼和我夜以继日地打篮球，我们的整段友谊都建立在篮球之上。但因为对上一年教练在初级代表队用我的方式很不满，我没有参加夏训，他们便将其视为缺乏团队精神的体现。在开除我时，他们不清楚也不在意，他们已经抹除掉了我只有靠作弊才能做到的事——保持平均绩点进步——的唯一动力。现在，我没理由再去上学了。至少我是这么想的，因为我并不清楚军队对教育的重视程度。我误以为他们什么人都收。但有两件事扭转了我的想法，激励着我做出改变。

第一件事是，高三时我没能通过军队职业倾向测试（简称 ASVAB 考试）。这一测试也就是军队版本的 SAT 考试 [1]，是供军队评估现有知识和未来学习潜能的标准化测试。我打算在考试中做我的老本行：作弊。多年来，我每项测验、每堂课都在作弊，但当我坐进考场时却惊呆了：坐在我身边的人的试卷都和我的不一样。我只得自己写，满分 99 分的卷子只拿到了 20 分。加入空军

---

1. 又称"美国高考"，以笔试形式进行的标准化的高中毕业生学术能力水平考试。

的最低分数线是 36 分，我连边儿都没沾到。

第二件预示着我要做出改变的事，是在学校高三放暑假后带着邮戳出现的。在威尔莫斯遇害后，我母亲依旧沉浸在悲伤的黑洞中，她的应对机制就是尽可能地保持忙碌。她在迪堡大学做全职工作，又在印第安纳州立大学教夜班，因为如果她闲下来，有足够长的时间去思考，就会意识到她人生的真相。她一直在前行，从无他顾，也从不过问我的成绩。在我们高三那年第一学期结束后，我还记得约翰尼和我带着满是 F 和 D 的成绩单回家。我们花了两个小时改成绩，把 F 改成 B，把 D 改成 C，还一直在哈哈大笑。我也真实地记得自己做好了假成绩单等着拿给母亲看时，心里那不正常的自豪感。但母亲甚至没有问我要。她相信了我的谎言。

我们住在同一座房子里，过着互不相干的生活。由于我多多少少算是自己照顾自己长大的，因此也就不再听她的话了。事实上，就在收到信的 10 天前，她还把我赶出了家，因为我拒绝在晚归时间前离开派对回家。母亲告诉我，如果我再不回来，就永远别回来了。

在我看来，我已经独立生活了好几年，自己做吃的，自己洗衣服。我没有生她的气。我很自以为是，觉得自己再也不需要她了。那天晚上，我整晚没有回家，后来的一周半时间里我要么去约翰尼家凑合，要么去其他朋友家。终于，我花光了我的最后一分钱。正巧，那天早上，母亲给约翰尼家打电话找我，说我有一封学校寄来的信。信上说，由于我本学年已有超过 1/4 的时间旷

我的高三成绩单

图注：

000940577	1992-93	大卫·戈金斯
	平均分 -	1.43592
	此前学分 -	21.0000
几何学	D+	1.000 第一学期
英语 1.1	D	1.000 第一学期
美国历史 / 现代	F	第一学期
电子学 I	D+	1.000 第一学期
物理科学	C-	1.000 第一学期
	总学分	25.000
	排名：	211 名（共 255 人）

课，我拿到了 D 的平均分，如果再不取得明显进步并在第四年[1] 老实上课，我将无法毕业。她对此无动于衷，比起恼怒，她更像是

---

1. 美国高中为四年制。

耗尽了感情。

"我会回家拿那个通知的。"我说。

"不用了,"她回答道,"我只想让你知道,你要被退学了。"

当天晚些时候,我饥肠辘辘地回了家。我没有请求她的原谅,她也没要求我向她道歉。她就这样让门开着,转身回屋。我走进厨房,给自己做了个花生酱果冻三明治。她把信递给我,一句话也没有说。我在自己的房中看信,房间里贴满了迈克尔·乔丹和特种部队的海报。两种复杂的情绪从我指尖滑过。

那天晚上冲完澡后,我把水汽从我们斑驳的浴室镜上擦掉,审视着镜中的自己。我不喜欢在镜中回看着我的人。我是个两手空空的浑蛋,没有目标,没有未来。我恶心到想猛地击碎玻璃,捶向那张该死的脸。但我没这么做,而是告诉他,是时候回归现实了。

"看看你,"我说,"你觉得空军为什么会要你这种垃圾?你谁也代表不了,你就是个耻辱。"

我伸手去拿剃须膏,在脸上抹了薄薄一层,拆开一把新的剃须刀,一边刮胡子,一边继续和自己说话:

"你就是个蠢货。你读书就像个三年级小学生,就是个笑话!除了篮球,你这辈子从没有拼命干过什么,你有目标吗?笑死人了。"

刮完脸颊和下巴上的绒毛后,我给自己的头皮打上泡沫。我极度渴望改变:我要成为一个崭新的自我。

"你不会看见军人拖着裤子走路。你不能再像想当混混的人一样说话了。这些破玩意儿都解决不了问题！不要再走捷径了！你必须长大了！"

水汽在我四周翻涌。它掠过我的皮肤，从我灵魂深处倾泻而出。刚开始我只是主动想要发泄，到后来，一切变成了自己与自己的对话。

"全靠你了，"我说，"没错，我知道一切烂透了。我知道你经历过什么。该死，那也是我！去他的圣诞快乐。没有人会来拯救你的！你妈不会，威尔莫斯不会！没有人！全靠自己！"

我说完了，也刮干净了。水滴在我头皮上闪光，有的升腾成我额前的水汽，有的顺着我的鼻梁流下。我看上去不同了，这是第一次，我决心要对自己负责。一个新的仪式诞生了，这个仪式后来一直伴随了我多年。它会帮助我提高成绩，鞭笞着我，让我毕业，让我加入空军。

仪式非常简单。我会每晚刮干净脸颊和头皮，大声对自己说话，让自己面对现实。**我会设置目标，会把它们写在便签上，贴在被我称作"责任之镜"的镜子上，因为每天我都会让自己为自己设定的目标负责。**起初，我的目标包括自觉修饰自己的形象和完成自己全部的家务。

> 每天像在军队一样整理床铺！
> 穿好你的裤子！
> 每天早晨刮头！
> 修整草坪！

洗所有的碟子！

从那时起，"责任之镜"一直让我专注于目标，尽管想到这个方法时我还很小。从那时起，我就发现这对处于人生任何阶段的人都很有帮助。你可能即将退休，想要重新塑造自己。你可能正在经历一次糟糕的分手，或是体重有所增加。或许你有终身残疾，有哪里受了伤，又或者只是在为你已经浪费了多少生命、毫无目标地活着而懊悔不已。在种种境况中，你正在感受到的负面情绪，都是你做出改变的内心渴望。但改变并不轻松，是我的处事风格使得这个仪式在我身上这么有效。

我从不软弱，十分强硬，因为这是唯一能扳正自己的办法。那个高三和高四之间的暑假，我很害怕，也很不安。我不是个聪明的孩子，我已经摒弃了我整个青少年时代的全部责任感，还真实地以为自己已经凌驾于我生命中所有的成年人之上，也凌驾于系统之上。我自欺欺人地陷入了作弊、欺骗的消极反馈循环，表面上看似乎取得了进步，其实不然，直到我撞上了一面名为"现实"的砖墙。在回家读学校来信的那个晚上，我没有否认现实，而是艰难地把它表达了出来。

我没有到处招摇地说："天哪，大卫，你没有好好学。"不，我必须坦诚面对，因为做出改变的唯一办法就是面对真实的自己。如果你一无所知，从没认真学习过，然后说："我很笨！"那就告诉自己，你得发奋用功，因为你在人生路上落后了！

如果你在镜中看到一个胖子，别告诉自己你需要掉几磅[1]体重。说出事实。你太胖了！如果你胖，就承认自己胖。你每天都会照的那面肮脏的镜子，每次都会把现实告诉你，你为什么还对自己撒谎呢？你撒谎就为了好受一小会儿，然后让自己继续无所作为吗？如果你胖，你就需要改变你胖的事实，因为这不健康。我知道，因为我也曾经那样。

如果你已经做了 30 年重复的、让你日日夜夜讨厌的工作，只是因为你害怕停止、害怕冒险，那你活得真是窝囊。停下来吧，干脆一点。**让自己面对现实！ 告诉自己，你已经浪费了足够多的时间，你还有需要勇气才能实现的梦，这样你才不会像个窝囊废一样死去。**

把现实说出来吧！

没人想听残酷的现实。作为个体也好，从文化背景来说也罢，我们都在逃避我们最需要听到的东西。这个世界糟糕透顶，我们的社会存在着大量问题。我们仍在按照种族和文化分割自己，人们都没勇气去直面现实！现实是，种族主义和偏执依旧存在，而有些人脸皮太薄，拒绝承认这一点。时至今日，巴西城依旧有很多人声称他们的小镇上并不存在种族主义。这就是为什么必须支持柯克·弗里曼。当我在 2018 年春天给他打电话时，他还十分清楚地记得我所经历过的一切。他是极少数不怕面对现实的人之一。

---

1. 1 磅约等于 0.45 千克。

但如果你是孤身一人，如果你没有被困在现实世界种族灭绝的边缘地带，你最好也要面对现实。你的生活并没有因为公开的种族歧视或系统中隐形的种族主义而变得一团糟。不管是因为美国、唐纳德·特朗普，还是因为你的祖先是奴隶，因为有人憎恶移民、憎恶犹太人、骚扰女性或觉得同性恋都该去死——你不会因为这些就错过机遇，就赚了钱或是被驱逐。**如果有任何东西阻挠你走向人生的巅峰，那我要告诉你：是你在阻挠自己！**

你选择了放弃，而不是拼命！说出限制你的真实原因，你就能将这一负面的现实变成你的能量。那些堆积在你面前的阻碍，终将变成一条跑道，让你腾飞！

不要再浪费时间了。时间就像沙漠中的涓涓细流，一个小时又一个小时、一天又一天地蒸发殆尽。因此，只要你意识到你正在做的一切是让自己变得更好，就可以对自己残忍一点。我们都需要变得更经得起摔打，才能自我提升。面对镜中的自己，心慈手软无助于激发大规模的改变；而只有靠着这种改变，我们才能改变自己的现状，开创未来。

在第一次面对"责任之镜"的那天早晨，我扔掉了我的绒毛方向盘和绒毛骰子。我将自己的衬衫扎进裤子里，系上腰带，一开学就不再在我的午餐桌边吃东西了。第一次，受欢迎和耍酷成了浪费时间，我不再和所有受欢迎的孩子一块儿用餐，而是自己找了张桌子，独自吃饭。

需要说明的是，我所取得的其他进步，无法被描述成一蹴而就的质变。幸运女神不会突然现身，给我洗个热乎乎的泡泡浴，并像爱人般亲吻我。事实上，我没有死于非命，仅仅是因为我在还能挽回的最后一刻，终于开始努力奋斗。

在高中的最后一年，我开始一心一意地运动（包括打篮球）和学习。是"责任之镜"一直激励着我，推着我不断提升。我在黎明时分起床，大多在清晨5点就开始去基督教青年会举重，之后再去上学。在那段日子里，我一直坚持跑步，通常是在天黑以后绕着当地高尔夫球场跑。有一天夜里，我跑了13英里——那是我当时跑过的最长距离。在那次跑步过程中，我跑到了一个熟悉的十字路口。是那个乡下人拿枪指着我的那条路。我避开它，继续跑，朝相反方向跑了半英里之后，仿佛有个声音在叫我回头。当我第二次来到这个十字路口时，我停下来凝视着它，被它吓个半死，心脏都快跳出了胸腔，于是我突然间开始冲向那条小路。

转瞬间，两条咆哮的狗挣脱束缚朝我追来，两边的树林也向道路中间压去。我拼尽全力，只能领先这两头野兽一步之遥。我一直期盼着那辆皮卡能重新出现，再次把我撞倒，就像大约在1965年的密西西比的某些场景一般。但我一直在跑，越跑越快，直到喘不上气为止。最后，这两条来自地狱的猎犬放弃追赶离开了，只剩下我，我的喘息和呼出的水汽，还有这乡间深沉的寂静。一切都在净化。等我转过身时，恐惧感消失了。我占有了那条街。

从那时起，我给自己洗脑，让自己渴求痛苦。如果天在下雨，我就会去跑步。无论什么时候下雪，我的大脑就会说，快穿上跑鞋。有时我会退缩，不得不面对"责任之镜"。但面对那面镜子、面对自己，会激励着我闯过艰难的境地。结果，我越发坚忍。

而坚韧不拔的品质，则会帮助我实现目标。

对我来说，没什么比学习更难了。厨房成了我全天候的自习室。在我第二次没通过 ASVAB 考试后，母亲发现我对空军是认真的，便给我找了一位家教，帮我发掘我的学习体系。那个体系就是记忆。我不能仅凭写写笔记、背背笔记就学到东西。我必须读教科书，并将每一页都抄写在我的笔记本上，并重复再重复。这才是知识烙印在我脑中的方式，不是通过学，而是通过抄写、记忆和回顾。

我是这样学英语的，也是这样学历史的。我把代数课的公式誊写下来再背。如果我的家教要花一个小时给我上一节课，我就得花 6 个小时回顾这节课的笔记，才能把它记牢。我的个人学习计划和目标被写在便签上，贴在我的"责任之镜"上，你猜怎么着？我开始沉迷学习了。

6 个多月后，我的阅读水平从小学四年级提升到了高中四年级，掌握的词汇量也突飞猛进。我写下了数千张单词卡，一小时一小时、一天天、一周周地反复记忆。数学公式也一样。我这么做，一部分原因是出于生存本能。我当然不可能靠学习成绩上大学，而且，尽管我在高三那年是校篮球队队员，但没有哪个大学球探知道我的名字。我只知道，我必须离开印第安纳州的巴西城，参军对我而言则是最好的机会；而想要参军，我就得通过 ASVAB 考试。在第三次考试之后，我达到了加入空军的最低分数线。

带着目标生活，改变了我的一切——至少短期内如此。在高中四年级那年，学习和锻炼给我的头脑带来了无穷的能量，恨意像蜕掉的蛇皮一样从我灵魂上剥落。我对巴西城种族主义者怀有的恨意，在我内心支配着我、消耗着我的情绪，全都烟消云散了，因为我终于开始正视事情的源头。

我看着那些让我感觉不舒服的人，意识到了他们在皮囊下也同样不适。对待素不相识的人，他们仅凭对方的种族就取笑或恐吓对方，很显然错的是他们而不是我。但当你不自信时，就很容易在意他人的看法，像我总是在乎着所有人的看法，而没有仔细想想这些看法是如何产生的。这听上去很傻，却很容易让人陷进去，尤其是当你对自己孤身一人感到不安的时候。一旦厘清楚这些事，我就知道，生他们的气就是在浪费我的时间。如果我想在生活里狠狠打他们脸的话（我确实要这么做），我就有太多事要做了。每一次侮辱、每一次蔑视都在为我内心飞速运转的发动机增添动力。

到毕业时我终于明白，我想要的自信并不源于一个完美的家庭，也不出自神赐的天赋；它源于个人对自己的责任感，这让我自尊自重，而自尊自重永远能燃起照亮未来道路的炬火。

对我而言，它永远照亮着一条能让我直接走出巴西城的道路。但我没有干脆利落地脱身。**当你战胜了一片曾经真正挑战你的土地时，你会感觉自己赢下了一场战争。别沉迷于那个幻想。你的过去，你最深的恐惧，会以某种方式进入休眠，并带着双倍能量重新苏醒。你必须保持警惕。**对我来说，加入空军的经历表明，我内心依然存在着软弱。我依然并不安全。

我的身体和意志还没有经历过真正的淬炼。

挑战#2

是时候面对自己，让自己变得强大又真实了。这不是一个让你自恋的方法，不要误解它，也不要自我膨胀。抛弃你对自己的过往认知，这是你朝向成为真正的自己所迈出的第一步！

我在我的"责任之镜"上贴了便签，希望你也这么做，因为电子设备起不到什么作用。**将你所有的不安、梦想和目标都写到便签上、贴到镜子上。**如果你需要接受更多的教育，就提醒自己立马开始努力学习，因为你并不聪明——就要这么直截了当。如果你在照镜子时看到了一个明显超重的人，就说明你真的太胖了！承认吧！在这种时候，就该对自己刻薄一点，因为在成长的过程中，我们需要受得住磋磨。

不管是事业目标（辞职、创业）、生活目标（减肥、变得更活跃）还是运动目标（第一次跑 5 千米、10 千米或者马拉松），你都需要诚实地面对自己，每天告诉自己你现在所处的位置，以及需要实现这些目标所需的步骤。**你要将自我提升的每一步、每一个关键点都写在单独的便签上。**这意味着你需要做些研究，然后把问题逐个击破。举个例子，如果你正要减重 40 磅，也许你的第一个便签就是在第一周减掉 2 磅。一旦目标实现，就摘掉这个便签，然后贴上下一个 2 到 5 磅的目标，直至实现你最终的目标。

无论目标是什么，你都应该对能使你实现目标的每一小步负责，自我提升是需要决心和自律的。**你每天看到的那面贴满便签的镜子揭示了现状，不要忽视它，好好利用它。**如果你愿意，请拍一张你看着贴有便签的"责任之镜"的照片，上传到社交媒体。

Chapter 3

不可能的任务

DAVID GOGGINS

我期盼着，我希望着，到我减到 250 磅时，希望加入海豹突击队的愿望已不再是白日做梦。我拥有了一个真正的机会，去完成一个在大多数人——包括自己——看来不可能完成的任务。

刚过午夜，街上一片死寂。我驾驶皮卡拐进另一个空停车场，熄了火。在寂静中，我只能听到路灯诡异的嗡嗡声，和我在检查又一家连锁店的料槽时笔尖发出的沙沙声。在无休无止的快餐供应链和供堂食的工业厨房里，深夜的访客远比你想象的多。这就是像我一样的人会在凌晨出现在这种地方的原因。我把我的活页板塞到扶手下，带上装备，开始装设捕鼠夹。

　　那些绿色小盒到处都是。在大多数餐厅里，只要四下看看，你都能发现它们就藏在人们的眼皮子底下。我的工作就是给它们更换诱饵、移动位置或重新装设。有时我会"收获"颇丰地找到一只死老鼠，但这从不是什么意外发现。气味总能告诉你死亡的信息。

　　这不是我报名加入空军、梦想着加入伞兵队伍时想要的任务。那个时候，我19岁，体重为175磅。到4年后退伍时，我已经膨胀为近 300 磅的胖子，在做的任务也已是另一种类型的巡逻。胖到这个程度，我连弯腰给捕鼠夹装诱饵都很费劲。我简直胖到必须在工装裤的裆部缝上一只运动袜，才能保证它不在我单膝跪下的时候崩开。这不是夸张，我本来就是个碍眼的胖子。

处理好外面的工作后，就该去室内冒险了——室内自有它离谱的地方。在印第安纳波利斯的这片区域，我掌握了几乎所有餐厅的钥匙和报警码。一走进室内，我就会给我的手持银色罐子充满毒气，再给脸部套上一个防毒面罩。戴着这玩意儿，我看起来就像个外星人似的，它的两个过滤器从我嘴部凸起，保护我不被毒气伤害。

保护我。

要说我为什么喜欢这份工作，是因为它需要在深夜工作，需要里里外外穿梭于浓墨般的阴影中，我喜欢这份隐秘潜行的感觉。同样，我也喜欢那个面罩。它至关重要，但不是因为灭鼠剂。我需要它，因为它能让所有人都看不到我的样子——所有人，尤其是我。哪怕是偶然在玻璃门或没有污渍的钢台面上看到自己的倒影，那个倒影都不是我。那是一个口袋空空的蠢货伞兵，那种会带着隔夜的布朗尼蛋糕出门的人。

那不是我。

有时，我会在我开灯给台面和瓷砖地板喷药时看到蟑螂四下逃窜。我会看到之前放好的粘鼠板上粘着死老鼠。我会把它们装好、扔掉。我会查看之前放好用来消灭飞蛾和苍蝇的灭虫灯，并把灯清理干净。不出半小时，我就能办妥离开，马不停蹄赶往下一家餐厅。每晚我都要赶 10 多站，必须赶在天亮前做完。

或许这种事听起来有点恶心。现在回想起来，我也觉得很恶心，但不是恶心这份工作。这是一份诚实且必要的工作。在空军的新兵训练营时，我得罪了我的第一位教官，她就把刷厕所的活儿扔给了我。我得让我们营房的厕所洁净如新。教官说，如果她在任何时候发现厕所里有一丁点污渍，我就得从头再来，重新开始飞行训练。我遵守着我的纪律。能进空军我已经很高兴了，我愿意刷那些该死的厕所。你甚至可以在那地板上吃东西。4 年过去了，那个因为加入空军的机会而充满干劲，甚至兴奋得愿意刷厕所的人已经消失，我彻底麻木了。

大家都说隧道的尽头永远有光，可一旦你的双眼适应了黑暗，就不再能看到光了，我就是这样。我很麻木。我麻木的人生，我不幸的婚姻，一切都是我已经接受的现实。我从一个想成为战士的人，变成了一个上夜班的蟑螂杀手。我成了这世上又一具出卖时间、敷衍了事的行尸走肉。事实上，那段时间我从我工作中看到的唯一意义，就是它确实是当时人生中的一次迈进。

刚刚退伍时，我在圣文森特医院找了份工作。我从晚 11 点到早 7 点给医院当保安，拿着最低的薪水，每个月净赚大约 700 美元。我会时不时看到艺康集团的卡车停下。灭鼠员会在我们的工作时间内进行日常轮班，我的工作就是给他打开医院的门。一天晚上我们正在聊天，他提到艺康正在招人，这份工作能免费开卡车，没有老板盯着，给的钱还比我现在的薪水多 35%。我没考虑过健康风险。我完全没思考，就接受了生活中的一切，毫不抵抗地顺从了生活，让多米诺骨牌砸向我的脑袋，一点一点慢慢杀死我。但麻木和无知是两码事。在黑夜中，没有太多能让我分心的事物，我知道自己已经推倒了第一块多米诺骨牌。我已经开启了将自己推向艺康这份工作的连锁反应。

空军本该是我的出路。第一个教官确实把我赶到了另一个营从头开始。在新的飞行训练中，我成了明星新兵。我身高6英尺2英寸，体重175磅。我动作迅捷，体格强壮，我们营则是整个新兵训练营里最好的队伍，很快我就要为我梦寐以求的工作——空军救援伞兵而接受训练。我们是长着獠牙的守护天使，会受训在敌后空降，救出遇险的飞行员。我是那期训练中的佼佼者，在俯卧撑、仰卧起坐、直腿上抬和跑步项目中都表现得数一数二，只比第一名少一分。但在伞兵训练前的准备阶段，他们没有提过一件事：入水信心。用这个词来给要连续几周把你摁进水里的课程命名，真是再合适不过了。然而，我在水里会难受得要死。

尽管母亲在3年内就让我们摆脱了社会福利救济和补贴住房，但她并没有闲钱让我们去学游泳，我们也不会去泳池。直到12岁时参加了童子军训练营，我才终于开始面对游泳这件事。离开布法罗让我终于能加入童子军，而训练营地则给了我最好的机会，去赢取一切能帮助我成为鹰级童子军的荣誉。一天早晨，该去拿游泳荣誉奖章了，我们要在一个湖中用浮标划出的区域游上一英里。其他孩子全都跳进了湖里，开始追逐奖章，而我如果想要保全脸面，就得假装自己也会游泳。于是，我跟着他们跳进了湖里。我拼尽全力用狗刨式游着，但一直在喝水，于是便仰面朝

童子军时期的我

天，最后用半途临时发挥的半吊子仰泳游完了整整 1 英里。奖章保住了。

等到需要进行游泳测试才能进入伞兵部队的时候，我就得学会真正的游泳了。这是一次计时的 500 米自由泳泳程，但已经 19 岁的我依然不会自由泳。于是，我灰溜溜地去了巴诺书店，买了本《游泳傻瓜教程》，跟着图解每天在泳池里练习。我讨厌把脸埋进水里，但我尽力尝试完成了一次动作、两次动作……很快，我就能完整地游完一圈了。

我的漂浮能力不像大多数泳者那样强。只要一停下动作，哪怕只停片刻，我就会开始下沉，心慌、害怕随之而来，而越紧张只会让情况越糟。最后我通过了游泳测试，但勉强过关和在水中来去自如完全是两回事，来去自如和拥有信心更是隔着一道鸿沟。如果不能像大多数人那样在水中浮动，就无法轻易拥有入水的信心。有时，你甚至可能永远得不到这份自信。

在伞兵训练中，入水信心是 10 周课程的一部分，其中有些特殊的进阶项，用于测试处于压力中的我们能在水中取得多好的表现。对我而言，最糟糕的进阶项之一名为上下浮动。全班被分为 5 组，在浅水区一道一道排好，全副武装。我们背上捆着一对 80 升容量的镀锌氧气罐，腰上还扎着重 16 磅的腰带，负重下水，这本来还好，但在这个进阶项里，我们不准通过氧气罐呼吸。此外，我们还被要求沿水底的斜坡从水深 3 英尺的浅水区倒着走向水深约 10 英尺的深水区。在缓慢移向目的地的过程中，我脑子里装满了怀疑和消极情绪：

你在这儿做什么呢？这不适合你！你不会游泳！你滥竽充数会被他们发现的！

时间慢了下来，短短数秒也仿佛被拉长为好几分钟。我的横膈膜猛地抽搐起来，试图把空气压入肺部。理论上来说，我知道放松才是一切水下活动的关键，但事实上极度惊惧的我完全无法放松。我的下巴绷得和拳头一样紧，头皮抽动着，努力想驱散恐惧。最后，我们全体到达深水区，要开始做上下浮动了——这意味着我们要在不靠鳍片辅助的情况下，从水底浮到水面，深吸一大口空气后再潜回水底。穿戴着全套装备干这个并不轻松，但至少我还能呼吸，第一口呼吸简直是我的救赎。氧气充盈了我的身体，我开始放松下来，直到教官大喊一声："换！"那就是一个口令，要求我们将脚上的鳍片取下换到手上，划动一下手臂，将自己推到水面。我们可以蹬一下池底，但不能猛地蹬腿。我们要如此训练5分钟。

在浅水区和水面出现眼前一黑的现象，在入水信心训练中很常见。它伴随着身体负荷较大和摄入氧气短缺而来。手上戴着鳍片，我很难将头探出水面呼吸，而在这一过程中，我十分费劲，消耗的氧气极多。当你耗氧过快、过多时，大脑就会死机，眼前就会一黑。教官管这叫"撞见巫师"。随着时间的流逝，我能看到自己余光里冒着星星，感觉到巫师正在步步逼近。

我通过了这个进阶项，很快，用手臂或双脚划水对我来说也易如反掌。对我而言，自始至终一直很难的，是我们最简单的任务之一：不依靠手划的踩水。我们必须让双手和下巴高高抬出水面，只用双腿像搅拌机一样地旋动让自己立在水中，保持3分钟。这听上去没有多久，对大多数人而言也很简单。但对我来说，这个任务几乎不可能完成。我的下巴一直在接触水面，这意味着我要重新开始计时。在我周围，我的同学们都相当自如，几乎连腿都不用动；而我的腿尽管在高速旋转，却依然无法让自己达到那些白人男性的高度——看样子，他们仿佛已经摆脱了地心引力。

在泳池里的每一天都代表着新的耻辱。这并不是因为我在大庭广众之下感到尴尬。我通过了全部进阶项，但内心却在煎熬。每天晚上，我心里总惦记着第二天的任务，忧心忡忡，难以入睡。很快，我的恐惧就变成了怨恨，我在心里怨恨那些轻而易举就能完成任务的同学，这样的经历唤醒了我过去的伤痛。

我是我们新兵营里的唯一黑人，这让我想起了我在印第安纳乡间的童年。入水信心训练越难，那些阴暗的水波就越高，直至仿佛要将我全身淹没。在同学们睡觉时，恐惧与愤怒交织在一起，顺着血液流遍我周身，我在夜间的心魔则变成了能自我实现的预言。我无法抑制的恐惧正在释放我无法控制的东西——想要放弃的念头，正因如此，失败才无可避免。

事情发生在练习"共同呼吸法"的头 6 周。我们两人一组结好伴，每组成员彼此抓住对方的前臂，共用一个呼吸管，轮流呼吸。与此同时，教官会干扰我们，试图让我们拿不到呼吸管。这一系列训练本该在水面附近进行，但我浮不起来，在深水区总会沉到中部水域，还把我的搭档也拉了下来。他会先吸一口气，再把呼吸管递给我。我会游到水面呼气，把呼吸管里的水排掉，再吸一口干净的空气，最后把呼吸管递回给搭档。但在教官的干扰下，这几乎不可能做到。我通常只能把管子里的水排掉一半，吸气时吸入的水比空气还多。这下子，我就得一边缺氧，一边挣扎着努力留在水面附近。

在军队训练中，教官的职责是找出学员的弱点，让他们要么迎难而上，要么直接退出。他们能看出来我做得很艰难。那天在池边，一名教官总待在我身边冲着我大喊大骂，与此同时，我却几乎窒息，拼命想从一根窄窄的管子里吸气以避免眼前变黑，结果则以失败告终。我向下沉去，只记得抬头看见其他同学都像安详的海星一样舒展在水面。他们是那么平静，前前后后地传递着呼吸管，而我则在恼怒。如今的我明白，我的教官只是在尽自己的职责，但当时的我脑子里只有一个念头：这个混账对我不公平！

我还是通过了这个进阶项训练，但还有 11 个进阶项和为期 4 周的入水信心训练在等着我。这些训练安排得很合理，因为我们未来可能会从水域上空跳伞降落，我们需要这样的训练。只是我再也不想训练了，第二天早晨，一条我没想过的出路摆在了我眼前。

几周前，我们在一次医学检查中抽了血，医生发现我携带镰状细胞性状。我没患镰状细胞性贫血症，但具有这一遗传性状，当时的医学相信，这会增加由心脏骤停引起的运动相关猝死的风险。空军队伍不希望我在进阶项训练中倒地身亡，便把我拉出训练队伍，接受医学检查。我假装艰难地接受了这个消息，仿佛梦想就要破灭一般，装出一副大发雷霆的模样，其实我心里却乐开了花。

那周快结束时，医生们撤回了他们的决定。他们并没有明确地告诉我继续训练没有问题，而是说，目前医学上还不能完全解释这种性状，是否继续下去取决于我的意愿。当我报告要重回训练队伍时，军士长通知我我已经太久没有训练，如果想要继续，就必须重新从第一天、第一周的训练开始。我要面对的不再是剩下不到 4 周的折磨，而是新的 10 周入水信心训练和随之而来的恐惧、愤怒和失眠。

如今的我根本不会在意这种事。如果你对我说，要比别人跑得更久、更努力才能得到公平的待遇，我只会说"收到"并继续跑；但那时的我还不成熟。我身体强壮，却无法控制自己的大脑。

军士长注视着我，等待着我的回答。我甚至不敢看他的眼睛，只是说："军士长，你知道，医生也不太了解镰状细胞这些玩意儿，这让我有点困扰。"

他面无表情地点点头，签下了让我永远退出这一项目的文件。他在签字文件上提到了镰状细胞，从文件上看我并不是主动退出的。但我知道事情的真相。如果让今天的我做选择，我绝不会管什么镰状细胞。现在我依然有镰状细胞性状，这是无法轻易摆脱的。但在当时，一个阻碍出现后，我就这样屈服了。

我搬到了肯塔基州的坎贝尔堡，告诉我的朋友和家人，我由于医学原因被迫退出了伞兵项目。之后的 4 年，我在战术航空控制小组服役，与一些特种作战单位一同工作。我受训在敌后负责地面部队和空中支援——像 F15、F16 这样的喷气式战斗机——之间的联络。这是一份与高智商的人们共事的工作，充满挑战，但遗憾的是，我并不以此为荣，也没有看到自己的际遇，因为我知道，我是个让恐惧支配了自己未来的逃兵。

我在健身房和餐厅埋葬了自己的耻辱。我沉迷举重，不停给自己加重量，吃了练、练了吃。在空军服役的最后一段时间里，我已经重达 255 磅。退伍后，我的肌肉和脂肪仍在增加，直至我接近 300 磅。我想变成大个子，因为这样才能将大卫·戈金斯隐藏起来。我可以将原先那个 175 磅的大卫塞进现在这副拥有 21 英寸肱二头肌和松弛肚腩的躯体中。我蓄起大胡子，样子让人望而生畏，但我心里知道自己是个懦夫——这个念头一直在我心头

左图：1994 年空军新兵营后，重 175 磅的我
右图：1999 年海滩上，重 290 磅的我

萦绕不散。

　　我开始对自己命运负责的那个早晨，与以往并没有什么不同。当时钟敲响上午 7 点的时候，我在艺康的晚班到点了，便去"牛排奶昔"汽车餐厅点了一大杯巧克力奶昔。下一站是 7-11 超市，我买了一盒"女主人"牌迷你巧克力甜甜圈。我在 45 分钟车程的回家路上狼吞虎咽地吃光了它们，回到了在高尔夫球场边的

美丽公寓里。这个公寓位于印第安纳州美丽的卡梅尔小镇上，我、我的妻子帕姆和她的女儿一同居住在这里。还记得那次在必胜客发生的事吗？我和那个女孩结婚了。她父亲将我称为"黑鬼"，但我和她结婚了。这说明我是个怎样的人？

我们承受不起那种生活。帕姆甚至没有工作，但在那段信用债务堆积的日子里，什么事都没有意义。我在高速上开到 70 英里每小时，疯狂摄入糖分，听着当地的经典摇滚电台，《寂静之声》正从音响里倾泻而出。西蒙和加芬克尔组合的歌词如真理般回响着。

黑暗确实是我的朋友。我在黑暗中工作，将真正的自己藏在其中，无人能见。没人会相信当时的我有多麻木、有多害怕，因为我就像是一头没人敢惹的野兽。我的心态不对，灵魂被太多创伤和失败压垮。我能为自己的失败找遍世上的一切借口。我的生活摇摇欲坠，而帕姆的应对方式则是逃离。她的父母仍住在巴西城，距离我家仅有 70 英里远。我们大多数时候都在分居。

下班到家后已经 8 点左右，我刚走进家门，电话就响了。是我母亲。她知道我大概的回家时间。

"过来吃饭吧。"她说。

我要吃的是一人份的自助早餐，但很少有人能一顿把它吃完。想想吧：8 个皮尔斯伯里肉桂卷、6 个炒鸡蛋、半磅培根，还有两碗水果麦片。别忘了，我才刚刚吞下一盒甜甜圈和一杯巧克力奶昔。甚至不用等我回答，母亲都知道我会来。食物就像我的解药，我总会把饭吃个精光，连面包屑也不会放过。

我挂上电话，打开电视，重重踩过走廊去冲澡。冲澡时，我在水雾迷蒙中听到了一个声音。我能听清它的只言片语："海豹突击队……世上……最坚毅的……"我在腰上裹了一条毛巾，冲回客厅。我太胖了，毛巾几乎盖不住我的屁股，但我还是坐到沙发上，一动不动呆坐了 30 分钟。

　　电视上的节目跟踪拍摄了海豹突击队 224 班"地狱周"的基础水下爆破训练（缩写为 BUD/S），这也是绝大多数军队体能训练中最为严苛的一系列任务。我看着他们汗流浃背、备受折磨地穿越泥地障碍，高举圆木跑过柔软的沙地，还在冰面瑟瑟发抖。当看到那些人——其中还有一些我见过的最强壮的人——摇铃示意放弃时，我坐到了沙发边沿，头皮冒汗。没错，在参加基础水下爆破训练的人中，只有 1/3 能挺过地狱周，而在我全部的伞兵训练生涯里，我甚至记不起自己有过像他们这样痛苦不堪的时刻。他们筋疲力尽，疲惫不堪，睡眠不足，瘫倒在地。我嫉妒他们。

　　看得越久，我越肯定，一切痛苦之下一定埋藏着答案——我要的那个答案。摄像机不止一次地扫过无休止翻涌着浪涛的大海，每一次都令我感到可悲。海豹突击队是我无法企及的一切。他们代表骄傲和尊严，代表着浴火而生的卓越，代表着千锤百炼之下依旧不停追寻更多锤炼的意志。他们是你能想到的最坚韧而锋利的剑一般的人。他们赴汤蹈火，拼尽一切负重前行，直至突破极限，变得无惧无畏、锐不可当。他们不受外界激励，全凭自我驱动。节目最后是结业式。22 个骄傲的男人身着白色军礼服并肩而立，镜头随后推向他们的指挥官。

"在一个平庸之辈太常被视作标准、得到褒奖的社会，"他说，"那些厌恶平庸、拒绝用传统观念定义自己、努力超越传统认知中人类极限的人，总是那样迷人。这正是海豹突击队要找的人，竭尽全力、想方设法也要完成每一个任务的人，能够适应、能够战胜一切困难的人。"

那一刻，我仿佛感觉指挥官是在直接对我说话。电视节目结束后，我回到浴室，面对镜子，凝视镜中的自己，这个重 300 磅的自己。我成了家乡那些讨厌我的人口中所说的样子：没有文化，没有技能，没有纪律，没有出路。说我是个平庸之辈，都是溢美之词。我在人生的谷底，在渣滓中挣扎，但长久以来第一次，我醒悟了。

吃早饭时，我几乎没和母亲说过话，只吃了一半，因为脑子里还在想着那些未竟的事。我一直想加入一个精英特种部队，尽管已经遍体鳞伤、几经挫折，但我初心未改。现在，多亏我偶然间看到了那个节目，它像飞速传染的病毒一样占据了我身体的每一个细胞，让我的心愿再次复苏。

这变成了我的执念。在接下来将近 3 周的时间里，我每天早晨下班后就会给海军的现役征兵人员打电话，跟他们讲我的故事。我把全国征兵员的电话都打了个遍，说只要他们能让我参加海豹突击队的训练，我就能搬过去。所有人都拒绝了我。其中多数人对服过役的人不感兴趣。一个当地征兵办公室对我有些好奇并想见见我，但当我抵达时，他们全都当着我的面大笑起来。我太重了，在他们眼里，我不过是又一个有妄想症的骗子。离开时，连我自己也这么认为。

在给所有我能找到的现役征兵办公室打过电话后，我拨通了当地海军预备役的电话，那是我第一次和海军军士史蒂文·沙尔乔交谈。在加入圣迭戈海豹突击队训练基地的征兵团队前，沙尔乔已经在梅拉华海军航空基地的多个 F-14 战斗机中队里担任电工和教官长达 8 年时间。他夜以继日地工作，军衔升得很快。他搬到印第安纳波利斯后，升了职，肩负着在这片乡野间为海军招募新兵的重任。我给他打电话时，他才刚刚上任 10 天，如果当时接电话的是别人，或许就不会有这本书了。但凭着一点愚人的运气和固执的决心，我找到了最好的海军征兵员之一，而他最爱做的，就是从沙砾中淘到珍珠——比如像我这样服过役，仍渴望着重新应召入伍、加入特种部队的人。

我们第一次交谈的时间不长。他说他可以帮我，我应该去见见他。这话似曾相识。我抓起钥匙，直接驱车来到他的办公室，但没有抱太大希望。当我在半小时后到达时，他已经在和海豹突击队基础水下爆破训练的行政部门通电话了。

那间办公室里的所有海军人员——他们全都是白人——见到我时都很惊讶，沙尔乔除外。如果说我是个重量级选手，那么沙尔乔就是个身高 5 英尺 7 英寸的轻量级选手，但他似乎并没有为我的体形感到困扰，至少一开始没有。他很外向、很热情，就像推销员一样，尽管我能感觉出他内在的坚毅勇猛。他领着我去称重，我站上体重秤，看着钉在墙上的一张体重表。按照我这个身高，海军允许接收的最大体重为 191 磅。我屏住呼吸，尽全力收腹挺胸，想逃避他让我离开的失望一刻。但那一刻并没有来临。

"你真是个大块头。"沙尔乔说着，一边微笑着摇摇头，一边在他文件板的表格上填下 297 磅的数字，"海军有一个项目，能让预备役士兵成为现役军人。我们要加入的就是这个项目。它会在今年年末停掉，所以我们需要让你在那之前赶上。问题是，你还有些准备工作要做，你明白吧。"我顺着他的目光望向体重表，又查看了一遍。他笑着点点头，拍拍我的肩，让我面对自己的现实。

我要在不到 3 个月的时间里减掉 106 磅体重。

这听上去是个不可能完成的任务，这是我并没有辞职的其中一个原因。另一个原因则是 ASVAB 测试，这个噩梦般的测试像弗兰肯斯坦的怪物一样重新复苏。从前，我曾通过这个测试加入了空军，但要想进入 BUD/S，我就得考到更高分。我白天学习，夜里除虫，如此持续了两周。我还没有开始锻炼，艰难的减重任务还得再等等。

在一个周六下午，我参加了 ASVAB 测试。接下来那个周一，我给沙尔乔打了电话。"欢迎来到海军。"他说。他已经得知了这个好消息。在测试的某些部分里，我做得相当出色，现在已经正式成为一名预备役士兵，但在机械原理部分我只拿了 44 分。要想进 BUD/S，我就得考到 50 分。5 周后我还得完整地重考一次。

这段时间，史蒂文·沙尔乔喜欢将我们偶然间建立的联系称为"命运"。他说，在第一次和我交谈时，他能感觉到我内心的驱动力，从那刻起他相信我能做到，正因如此，他未将我的体重当作问题。但考完 ASVAB 测试的我则陷入了怀疑。因此，那天深夜发生的事或许也是一种命运，又或者说，是一剂我急需的神赐的强心剂。

我不会透露发生那件事的那间餐厅的名字，否则你们就不会去那儿用餐，我还得请个律师。我们只需要知道，那个餐厅是个灾难。我先检查了室外的捕鼠器，发现了一只死老鼠；接着在餐厅里还有更多死老鼠——一只小的，两只大的——粘在粘鼠板上，没清空的垃圾箱里都是蟑螂。我摇摇头，跪到水池下，向墙上一条窄窄的缝隙里喷药。我还不知道自己已经发现了它们的老巢，一喷药，它们就开始四下逃窜。

没过几秒，我后颈处感到有什么东西爬过。我掸掉它，伸长脖子看到一大片蟑螂正从天花板上一块敞开着的板子里爬出来，向厨房地板爬去。我撞见了蟑螂的老巢，这是我在艺康工作见到过最严重的虫害。蟑螂源源不断地涌来，爬到我的头上、肩膀上，地板上也全是蟑螂。

我把滤毒罐落在厨房，抓起粘鼠板冲到室外。我需要新鲜的空气，也需要更多时间思考要怎么给这个餐厅除虫。在去大垃圾箱扔死老鼠的路上，我盘算着各种选择，打开垃圾箱盖时，我发现了一只浣熊，它正在疯狂地嘶嘶叫着。它露出自己的黄牙，朝我猛扑过来。我"砰"的一下关上了垃圾箱盖。

这都是些什么？我是说，我认真的——这究竟都是些什么？什么时候才是个头？我真的愿意让我悲惨的现状延续到未来吗？那些更伟大的目标就在前方等待着我，我还要等多久，还要虚耗几个年头？那一刻我明白了，如果不奋起、开始走那条最遍布荆棘的路，我终将被这座精神地狱永远吞没。

我没再回到那家餐厅，也没去收拾我的东西。我发动车子，买了一杯巧克力奶昔——这是我当时的舒心茶——驱车回家。停车时天还黑着，但我不在乎。我脱下工作服，换上运动服，系上跑鞋。我已经一年多没跑步了，但依然冲上街，准备跑 4 英里。

我坚持了 400 码 [1]。我的心跳加速，头晕目眩，不得不在高尔夫球场边坐下喘气，之后慢慢走回家。我那杯已经融化的奶昔还放在家里，等着安慰又一次失败的我。我一把抓过它，大口大口地喝掉，陷进沙发里。我眼中涌起了泪。

我以为自己是谁？我生来就一无是处，一事无成，也不值得拥有哪怕一丁点美好。大卫·戈金斯，一名海豹突击队队员？对，没错。真是个白日梦。我甚至无法沿街跑上 5 分钟。迄今为止在生命中压抑着的所有恐惧、所有不安，开始像雨水般冲刷我的头脑。我正处于永远屈服、永远放弃的边缘。就在那时，我找到了我那套破旧的《洛奇》录像带（我 15 年前就有它了），把它塞进播放器，快进到了我最喜欢的场景：第 14 回合。

原版《洛奇》依旧是我最爱的电影之一，因为它讲述了一个一无所知、一贫如洗、前途渺茫的三流拳手的故事。连他的教练都不愿跟他合作。但意想不到的是，他被安排与当时的拳击冠军阿波罗·克里德对战。克里德是世上最可怕的拳击手，击败过他

---

1. 1 码约等于 0.9 米。

曾面对的所有对手。洛奇只想成为第一个和克里德打到最后一回合的人，光是做到这一点，就足够他此生第一次为自己骄傲了。

对战比任何人想象的都要血腥、激烈，到了比赛中段，洛奇被打得越来越惨。他就要输掉比赛了。在第14回合，洛奇被早早击倒，但立刻起身回到了拳台中央。阿波罗移动上前，像头狮子一样向洛奇靠近。阿波罗狠狠击出几记左拳，以一套惊人的组合拳击中了行动迟缓的洛奇，接着是一记沉重的右勾拳，之后又是一记。他将洛奇逼入了死角。洛奇双腿颤抖，甚至连抬臂防守的力量都没有。阿波罗又一记右勾拳打在他的头侧，接着再来一记左勾拳，最后一记凶狠的右手上勾拳，将洛奇打倒在地。

阿波罗高举着双臂撤回对角。但即便趴在拳台上，洛奇仍没有放弃。当裁判开始从10倒计时，洛奇向拳台边的绳索爬去。他的教练米基催促他就这样输掉，但洛奇没听他的。他单膝跪起，然后靠四肢撑起身体。当裁判数到"6"时，洛奇抓住绳索站了起来。人群沸腾了，阿波罗转过身，看到洛奇仍站立着。洛奇向阿波罗招招手，这个冠军不可思议地耷拉下双肩。

对战还没有结束。

我关上电视，想到自己的人生。**这是一种毫无驱动力、毫无热情的人生，但我知道，如果继续向恐惧和自卑屈服，我的未来将永远受制于它们。除此之外唯一的出路，就是尽力在这些消极情绪中发掘力量，利用这股力量奋起拼搏——我正是这样做的。**

我将剩下的奶昔扔进垃圾桶，穿上跑鞋，再次上街。在刚刚那次跑步跑到400码时，我的双腿和肺部都痛得厉害，心跳加速，我停了下来。这一次跑，我的疼痛不减，心跳快得就像一辆跑得滚烫的汽车；但我坚持跑了下去，疼痛感逐渐消退了。等到弯下腰大口喘气时，我已经跑了整整一英里。

那个时候我第一次意识到，并非所有生理和心理的极限都是无法打破的，而我总习惯过早放弃。我还明白了，要想战胜不可能，非要拼上我全部的勇气和意志不可。我面对着数小时、数天、数周无休止的折磨。我必须将自己推向死亡的边缘，必须接受自己可能真的会死的现实，因为这一次，无论心跳多快、有多痛苦，我都不会退缩。问题是，我没有现成的作战计划或蓝图可以遵循，必须靠自己从零开始制订。

典型的一天是这样度过的：我会在清晨 4 点 30 分起床，吃一根香蕉，为 ASVAB 测试做复习。到大约 5 点时，我会带着书去蹬动感单车，边蹬边学 2 小时。别忘了，我的身体状况就是一团糟，还不能跑几英里的路程，只能靠动感单车消耗掉尽可能多的热量。蹬完动感单车，我会驱车前往卡梅尔高中，在那儿的泳池里游两个小时的泳。之后我会到健身房做一套包括卧推、斜推和许多腿部运动的训练。庞大的躯体阻碍着我的运动。我需要不断重复，每个动作都会做 5—6 组，每组做 100—200 次。做完后我会回家继续蹬两个小时动感单车。

饥饿感持续不断地袭来。每天的晚餐是我唯一的正餐，但也不是很多。我会吃一份烤鸡胸肉或煎鸡胸肉，配一些煎制的蔬菜和米饭。晚餐后我会再蹬一到两小时单车，倒头就睡，在新的一天醒来，如此往复。我心知，成功比登天还难。我正在努力的一切，就像一个考了 D 等的学生想获得哈佛的录取，或是走进赌场掏空口袋孤注一掷，并笃定自己会赢一样。我已经破釜沉舟，押上了自己的一切。

我每天称重两次，两周内我已经掉了 25 磅体重。只有坚持磨砺，我才能取得更大进步。我的体重开始大幅下降，10 天后我减到了 250 磅，可以做俯卧撑、引体向上并开始跑步了。我仍然会在起床后蹬动感单车，游泳，去健身房，并开始增加 2 英里、3 英里、4 英里的跑步计划。我扔掉自己的跑鞋，买了一双海豹突击队 BUD/S 士兵的同款贝特斯 Lites 系列军靴，开始穿着它跑步。

看到这样显著的进步，你或许会以为我能在夜里睡个好觉，其实不然。每天夜里我都十分焦虑，饥肠辘辘，思绪混乱。我会梦到 ASVAB 测试那些复杂的考题，会对第二天的锻炼心怀畏惧。我已经付出了太多汗水，几乎燃尽了全部能量，抑郁便成了随之而来的副作用。我破碎的婚姻正一步步趋向离婚的终点。帕姆跟我说得很清楚，就算我侥幸成功，她和我的继女也不会跟我一同搬到圣迭戈。她们大部分时间都住在巴西城，而独自住在卡梅尔的我则要面对乱成一团的生活。当自暴自弃的念头止不住地涌上心头时，我觉得自己没用又无助。

当抑郁翻涌而来，它会熄灭所有光芒，将你独自留在孤立无援的绝望之中。你看到的一切都是消极的、负面的。对我来说，挺过去的唯一办法就是从抑郁中汲取力量。我必须扭转局面，说服自己：一切的自我怀疑和自我焦虑，都能证明我的人生不再漫无目的。我的任务或许真的无法完成，但至少这是我重新执行的又一个任务。

在一些情绪低落的夜里，我会给沙尔乔打电话。他总会早早去到办公室，工作到深夜。我没有向他倾诉我的抑郁，因为我不想让他对我产生怀疑。我给他打电话只是为了给自己鼓气。我会告诉他我减了多少磅体重，付出了多少努力，而他则会提醒我继续准备 ASVAB 测试。

明白。

我有《洛奇》的原声磁带，会听电影的主题曲《去向远方》来激励自己。在长距离的蹬车和跑步中，伴着脑中回响的号角，我会想象自己正在 BUD/S 接受训练，正在潜入冰冷的水中，正在经历地狱周的折磨。我期盼着，我希望着，到我减到 250 磅时，希望加入海豹突击队的愿望已不再是白日做梦。我拥有了一个真正的机会，去完成一个在大多数人——包括自己——看来不可能完成的任务。但也有很糟糕的时候。在体重减到 250 磅后的一个早晨，我称了体重，发现自己只比前一天轻了 1 磅。我还要减那么多重量，没时间停留在平台期——在跑 6 英里路程、游 2 英里泳的时候，我满脑子只想着这件事。到达健身房要做日常的 3 小时训练时，我已经筋疲力尽、浑身酸痛。

在接连做完 100 个引体向上后，我又重新回到杆上，没有上限地继续做了下去。继续做下去，我的目标是做到 12 个，但在第 10 次将下巴抬过横杆后，我的双手像被灼烧一般疼痛。好几周以来，我萌发过想要退缩的念头，但都坚持住了。然而在那天，我实在太痛，在做完第 11 个引体向上后，我放弃了，倒在地上，带着还没完成的那个引体向上，结束了当天的锻炼。

那个引体向上，和仅仅减掉的那 1 磅，一直盘桓在我心头。我想忘掉它们，却无论如何也做不到。在回家路上，在厨房吃烤鸡肉和没味道的烤土豆时，它们也一直缠着我。我知道，如果不做些什么，我肯定睡不着，于是便抓起了钥匙。

"你抄捷径就不会成功，"我一边开车回健身房一边大声说，"你没有捷径可走，戈金斯！"

我把整套引体向上又重新做了一遍。为了这一个没做的引体向上，我多做了 250 个来弥补，其他时候也一样。无论何时，只要我因为肚子饿或者太累而没跑完步或没游够距离，我总会回去更严厉地惩罚自己。这是击败我头脑中恶魔的唯一办法。不管怎么选，都是折磨。我要么选择身体上一时的痛苦，要么就要面对心灵的煎熬：我没做的那个引体向上，泳池里的最后一次打腿，抄小道少跑的几步路——它们都可能要我付出一生一次的机会作为代价。这是一道简单的选择题。只要说到海豹突击队，我就不会抱有一丝侥幸心理。

在 ASVAB 测试的前夜，距离参加训练还有 4 周，减体重已经不再是我的困扰。我的体重已经降到了 215 磅，比从前更快、更强壮。我每天跑 6 英里，骑车 20 多英里，游泳超过 2 英里——全都在冬天完成。我最喜欢跑的是 6 英里的莫嫩小路，这是一条在印第安纳波利斯的树林中蜿蜒的柏油路。这条路上常能见到骑行者、推着慢跑婴儿车的中产妈妈，周末时还有很多健身的人和老年人会来这里。那个时候，沙尔乔已经把海豹突击队的准备命令传达下来了，其中包括我在基础水下爆破训练第一阶段要完成的全部锻炼项目，而我很乐意把它们翻倍。**我知道，海豹突击队的训练班通常情况下会有190人参加，只有大约40个人能一路坚持到最后。我不想仅仅成为那1/40。我还想拿第一。**

但首先，我必须通过ASVAB测试。我已经在争分夺秒地复习了。如果没锻炼，那我就是在餐桌边背公式、一遍遍地记数百个单词。我的体能训练进展顺利，于是所有的焦虑都像被磁铁吸引的回形针一样，涌向ASVAB考试。这是我进入海豹突击队的资格过期前的最后一次考试机会。我不是很聪明，根据我过去的学业来看，我不太可能拿到足以进入海豹突击队的好成绩。要是没考过，我的梦想就会破灭，我的人生将再一次变成漫无目的的漂泊。

测试在一间小教室里进行，地点位于印第安纳波利斯的本杰明·哈里森堡。有大约30人参加测试，都是年轻人。多数人刚刚高中毕业。我们每个人都分到了一台老旧的台式电脑。在上个月，测试刚刚完成了电子化，而我还用不惯电脑。我甚至觉得自己没法操作这台机器，更别提回答问题了，但这个程序设计得很白痴，于是我很快就适应了。

ASVAB测试由10个部分组成，我一路答得顺风顺水，直至做到机械原理部分——我真正的弱项。不出一个小时我就能清楚地知道，我究竟是一直在自欺欺人，还是真的有成为海豹突击队队员的潜质。一遇到难住我的题目，我就会在答题区标上破折号。那部分一共有30道题，全做完后，我至少有10道是蒙的。我得多少蒙对一些，不然就完了。

答完最后一部分后，系统提示我将所有答案全部发送到教室前面管理员的计算机上，那里将会即时生成列表、算出分数。我越过显示器偷偷看去，看到他就坐在那里等着。我指了指，点击鼠标发送答案，然后离开了教室。我紧张地在停车场踱了几分钟，最后钻进我的本田雅阁，却没有发动。我不能走。

我在前座上坐了 15 分钟，目不转睛地盯着远方。至少还要过两天时间，沙尔乔才会打电话把结果告诉我，但关于我未来的答案，其实已有定论。我知道答案在哪里，我必须知道结果。我鼓起勇气，重新回到教室，走近那个能够揭开谜底的人。

"老兄，你得告诉我我到底得了多少分。"我说。他抬眼惊讶地看着我，但没有退让。

"对不起，孩子，这是政府的规定，他们有一套做事的流程。"他说，"规矩不是我定的，我不能违规。"

"先生，你不知道这场测试对我、对我的人生意味着什么——它意味着一切！"他看着我热切的双眼看了或许有 5 分钟，随后转向他的电脑。

"现在我已经违反了所有的条条框框，"他说，"戈金斯，对吧？"我点点头，绕到他的椅背后，看他翻动着文件，"在这里。恭喜啊，你考了 65 分，是个很好的成绩。"他指的是我的总成绩，但我并不在意。一切都要看我能不能在最关键的部分拿到 50 分的成绩。

"我的机械原理拿了多少分？"他耸耸肩，点击着，翻动着，就在那里。我新的最爱的数字在他的屏幕上闪闪发光：50。

"太好了！"我大喊道，"太好了！太好了！"

还有少数人没考完试，但这是我一生中最幸福的时候，我完全克制不住自己。我一直在高声大喊"太好了"。管理员差点没坐稳，房间里的其他人都像看疯子一样看着我。要是他们知道我有多疯狂就好了！两个月米，我把我的一切都献给了这一刻，我一定要好好享受这一刻。我冲向我的车，继续高声大叫：

"太好了！"

开车回家的路上，我给母亲打了电话。她是沙尔乔之外唯一见证我蜕变的人。"我做到了，"我含着泪告诉她，"我真的做到了！我要进海豹突击队了。"

第二天沙尔乔上班后得知了此事，给我打来电话。他刚刚递送了我的招募材料，就听说我被录取了！我能看出他是真心为我高兴，也很骄傲他在我们初次见面时预见的事终于成真。

但也不全是好事。我妻子向我委婉地下了最后通牒，现在我必须做出抉择：要么放弃我拼尽一切换来的机会，和她维持婚姻关系，要么离婚并加入海豹突击队。最终，我的决定与我对帕姆或她父亲的感情完全无关。顺便提一句，他已经向我道过歉了。**重要的是，我是什么样的人，我又想成为什么样的人。我是自己头脑中的囚徒，这个机会是让我自由的唯一出路。**

我用任何海豹突击队队员会用的方式庆祝了自己的胜利。我高兴得忘乎所以。在第二天一早以及接下来的 3 周时间里，我每天都扎着重 16 磅的腰带，在泳池里打发时间。我一次在水下游出 50 米，还一手拿着一块砖在水下从泳池一头走到另一头——都是一口气完成的。这一次，水无法难倒我了。

完成这些练习后，我会游上一两英里，之后出发去我母亲家附近的一个池塘。要记住，这里可是印第安纳——美国的中西部地区——12 月的印第安纳。树木都光秃秃的。水晶般的冰柱挂在房檐上，积雪覆盖着辽阔的大地。不过，那个池塘并没有完全冻上。我身穿迷彩裤、褐色短袖 T 恤衫和靴子，蹚入水中，仰面望向灰色的天空。寒冷的池水洗刷着我，疼痛难忍，而我爱死了那种感觉。几分钟后我从水中上岸，开始跑步，水在我的靴子里晃动，沙砾在我的贴身衣里摩擦。不出片刻，我的 T 恤衫就冻在我的胸口，裤脚口也结了冰。

我来到莫嫩小路。白汽从我口鼻处呼出，我喘着气在竞走者和慢跑者间穿梭。他们都是平民。当我提速开始全力冲刺时，他们都转过头来，就像洛奇在费城市中心一样。**我用自己能跑出的最快速度，坚持了自己能坚持的最长时间，从一个再也不能定义我的过去，奔向了一个未有定数的未来。**我只知道，未来有痛，也有光。

而我已经准备好了。

挑战#3

构建强健心灵的第一步是迈出日常习惯的舒适圈。**请再次回顾你的日记，从中挖掘并写下所有你不喜欢或者会让你感到不舒服的事，特别是那些你虽然不喜欢却对你有益的事。**

现在，去做其中的一件事，并重复去做。

在本书接下来的内容里，我会让你在一定程度上照着你读到的去做，不过你没必要去寻找对自己来说不可能完成的任务并在短时间内完成它。这个任务并不是要立马改变你的人生，而是旨在让你做日复一日的微小改变，并坚持下去。这意味着你需要挖掘出最微不足道的讨厌的事情，每天都去做它——即使是像每天整理床铺、洗碗、熨衣服或是在天亮前起床跑 2 英里这种简单的小事。一旦你已经适应了 2 英里的距离，就增加到 5 英里，然后是 10 英里。如果你已经做完了那些事情，就找一些你从没做过的事。**在生活中，我们总会有一些被忽视掉的还可以继续改进的事**

情，找到它吧。我们经常会选择性地关注自己的强项而非弱点，利用这个机会将你的弱点变为强项吧。

通过完成让你不舒服的事情——即使是微不足道的小事——可以让你更加坚强。完成越多让你不舒服的事，你就会变得越坚强，很快你就能在有压力的环境中找到一种更富成效的思维方式。

将你在非舒适圈的情形拍照或录像记录下来，把它们上传到社交媒体上，并将你在做什么以及这么做的原因描述出来。

Chapter 4

侵占心神

DAVID GOGGINS

从地狱周那一晚开始，我又无数次实践过"侵占心神"这一理念。侵占心神是你发掘自己潜在能量、重新振作的入场券，是你想要赢下任何竞争、克服人生中任何困难时必须仰赖的工具。

第一颗震荡手榴弹近距离爆炸，从爆炸中心开始，周围的一切都像慢动作般瓦解了。上一分钟我们还在公共休息室里放松，吹着牛，看着战争片，为我们知道即将来临的战斗激动不已；随后，第一次爆炸引发了第二次爆炸，普西肖·皮特突然就出现在我们眼前，扯着喉咙大喊。他的脸颊红得像苹果，右侧太阳穴上的血管突突跳动着。在大喊的时候，他双眼凸出，整个身体都在震动。

"休息！出去！动起来！动！动！"

我们像计划好的那样排成一列纵队冲向门口。在门外，海豹突击队正持 M60 机枪向黑暗中看不见的敌人开火。**这是我们一生都在等待的噩梦，也是一个清醒的噩梦，它要么成就我们，要么毁灭我们。**我们的每一次脉搏都在要我们立刻伏地，但在那一刻，移动是我们唯一的选择。

持续不断的低沉机枪开火声震动着我们的四肢百骸，附近又一次爆炸产生的橙色光晕呈现出暴烈之美，我们在训练场上集合，等待着命令，心怦怦直跳。这的确是一场战争，但并不发生在国境线上。这场战争，就像我们生命中要面对的大多数战斗一样，关乎我们精神的胜败。

普西肖·皮特重重地踩在坑坑洼洼的柏油路上，眉毛上闪动着汗珠，来复枪的枪口在大雾弥漫的夜色中冒着热气。"先生们，欢迎来到地狱周。"他这次的语气十分平静，用那种加利福尼亚州冲浪者唱歌般长长的腔调说道。他用捕食者看猎物般的眼神上下打量着我们。"看着你们受苦真是我莫大的荣幸。"

啊，当然会受苦。普西肖喊着节拍，我们做起俯卧撑、仰卧起坐、抬腿、弓步跳和俯冲式俯卧撑。其间，他还和其他教官一起用冰水浇到我们身上，一直咯咯笑个不停。我们一直不停地重复，口令一遍又一遍响起，看不到终点。

我们聚在一起，每个人都站在印好的青蛙脚印上，被我们的守护神雕像俯瞰着——那是蛙人，一个来自深海、浑身长满鳞片的怪物，长着带蹼的双足和双手，还有尖利的爪子和 6 块腹肌。在他左侧，就是恶名昭著的黄铜钟[1]。从我丢下蟑螂老巢回家、为海豹突击队电视节目着迷的那天早晨起，这个地方就成了我的梦想之地——这块浇筑着历史和血汗的柏油训练场。

BUD/S 训练是一次长达 6 个月的训练，会分为 3 个阶段。第

---

1. 在海豹突击队训练中，敲响黄铜钟意味着放弃、退出。

一阶段专注于体能训练，也称为 PT；第二阶段是潜水训练，我们会学习在水下如何行进，如何部署不会产生气泡的隐形闭路潜水系统，如何将我们呼出的二氧化碳回收再利用并生成可呼吸的空气；第三阶段是陆地作战训练。但大多数人在谈到 BUD/S 时，都会想到第一阶段，因为在这一阶段中，新兵会饱受折磨，直至 120 人的班级在经历严酷的磨砺后，缩减为真正坚毅、英勇的 25 至 40 人，这批人才更配得上三叉戟——一个向世界宣告我们并不好惹的象征。

BUD/S 教官的工作，就是挑战新兵的男子气概，严格遵循体力、耐力和敏捷度的客观体能标准，让新兵们在训练中突破自己之前感知到的极限。标准会经过测试。在最开始训练的 3 周，我们必须完成的项目包括爬上一根 10 米长的竖直绳索，在 10 分钟内越过半英里长、布满像《美国忍者勇士》闯关真人秀节目里那种障碍的障碍场，在 32 分钟内跑完 4 英里沙地，等等。但要是问我的话，这通通只是儿戏，和第一阶段的残酷考验有着天壤之别。

地狱周与之截然不同。它暴烈残酷、来势汹汹，在训练的第 3 周就能将人引爆。当肌肉和关节处的抽痛逐渐加剧，我们日日夜夜都活在高度紧张、气喘吁吁的训练节奏中，呼吸频率逐渐超过身体负荷，肺部就像被紧紧攥在魔鬼掌中的帆布袋一样扩张、收缩，如此持续 130 个小时。这不仅仅是一个体能测试，还能将心性和品质展露无遗。更重要的是，它会显露出一个人的心态和思维，这也正是它的设计目的。

这一切都在位于科罗拉多岛上的海军特种作战指挥中心进

行。这个岛在加利福尼亚州南部，是个名不副实的旅游胜地，位于狭长的洛马角，也是圣迭戈码头与开阔的太平洋海域之间的屏障。但，感谢上帝，就连加利福尼亚州的金色阳光也无法给这片训练场增色。我喜欢它丑陋的模样。**这片遍布痛苦的平地就是我梦寐以求的地方。并不是因为我是个受虐狂，而是因为我需要知道，自己是否具有属于这里的潜质。**

关键是，大多数人不具备这种潜质。

地狱周开始时，至少有 40 人已经退出，当他们退出时，还必须走向那口钟，敲 3 次，并把他们的头盔放到混凝土地上。敲钟的仪式最早是在越战时期被引进的，当时有太多人退出，就这样离开兵营，而敲钟则作为一种记录退出人员的方式。从那时起，这成为一种仪式：一个人必须以实际行动接受他退出军队的事实。对退出者来说，钟声就意味着终结；对我而言，每一次钟声响起，都意味着我已更进一步。

我从没有多喜欢过普西肖，但他的工作确实无可挑剔。他和他的教官同事们就是为了筛选精英的。再说，他并不会总追在新兵身后。他常常出现在我和那些比我更大块头的人面前。这里的小个子也很强壮。我们这批新兵中，有来自东部、南部以及遍布蓝领和有钱人的加利福尼亚海岸的精英，也有些人像我一样出身乡野，还有很多人来自得克萨斯州牧场。每一个 BUD/S 的训练班里都有一些来自得克萨斯州偏僻土地的硬汉，没有哪个州能像得克萨斯州一样，给海豹突击队输送这么多人才——这一定是他们在烧烤派对上商量好了的。但普西肖从不偏心。无论我们从哪里来，无论我们是什么人，他都是一个如幽灵般游荡着、不可动摇的存在。他会大笑着、大喊着，或是当着我们的面低声嘲弄我们，仿佛试图侵入所有他想摧毁的人的大脑中去。

抛开这些不谈，地狱周的头一个小时其实非常有趣。在突围期间，疯狂的爆炸声、枪击声和尖叫声此起彼伏，你甚至不会想到即将到来的噩梦。你的肾上腺素飙升，因为你知道自己会完成一段神圣战士传统的洗礼。新兵们会环顾训练场上令人头晕目眩的一切，心想：没错，我们进入地狱周了，真是带劲！然而，现实迟早会用它的方式，将每个人打得满地找牙。

"你们管这叫拼尽全力？"普西肖并不是在问具体某个人，"这可能是我们这个项目带过最差的一届。你们简直在给自己蒙羞。"

他很享受这部分工作。他会跨过我们，在我们之间踱步，他的靴子上满是我们的汗水、唾沫、涕泪和血渍。他在自己眼中是坚毅的存在。所有教官都会这么想，因为他们是海豹突击队。光是这个事实，就足以让他们傲视群雄。

"听好了，在我经历地狱周的时候，你们这些小子还乳臭未干呢。"

我暗自发笑，继续训练，普西肖从我身边经过。他身姿笔挺，迅猛强壮，但在经历他的地狱周时，他就是个人形武器了吗？长官，我对此强烈质疑，长官！

他引起了他的长官——第一阶段负责人的注意。后者的能力毋庸置疑。他并不多话，也不必多话。他身高 6 英尺 1 英寸，投下的身影更长。他也经受过残酷的训练，225 磅的肌肉如钢铁般紧致凝结于一体，没有一丝一毫的怜悯之心。他看上去就像一头银背大猩猩，会像个带来痛苦的教父般赫然耸现，悄无声息地盘算着、默记着什么。

"长官，这一周，只要一想到这些像发牢骚的小女生一样爱哭、爱退缩的软蛋，我就硬了。"普西肖说。大猩猩微微点头，普西肖则盯着我。"啊，你会退出的，"他轻声说，"我保证你会退出。"

当普西肖以这种轻松的口气说话时，他的威胁就更令人毛骨悚然。但很多时候，他会目色一沉，拧着眉头，脸上血色翻涌，铆足了劲大吼，仿佛从脚趾到他的秃头都在用力。进入地狱周一小时后，他跪到地上，把脸贴近我的脸，当时我才刚做完又一组俯卧撑，正在放松。

"去冲浪吧，可怜虫！"

当时我们已经在 BUD/S 训练了将近 3 周，多次跑上过 15 英尺高的护堤——就是这条护堤，将海滩与办公室、更衣室、兵营和 BUD/S 的训练场分隔开了。我们常常会穿好衣服躺在浅滩中，裹进沙堆里——直至我们从头到脚都被沙子覆盖；随后我们会带着满身的海水和沙砾，全速冲回训练场，而这能让之后引体向上的难度直线上升。这个仪式叫作湿身沙浴，他们想让我们的耳朵、鼻子、身体上的所有出口都被灌进沙子。而这一次，我们将面临一种叫作冲浪酷刑的训练，这简直无异于洪水猛兽。

我们按照指示，高声怒吼着冲入海浪。我们穿着衣服，挽着手臂，涉水步入浪区。在这个没有月亮的夜晚，大海翻涌着几乎足有一人高的巨浪，三四个浪头翻滚着，一齐隆隆打来。在海浪的冲击下，泡在冰冷海水中的我们上气不接下气，几近虚脱。

时间刚进 5 月，科罗拉多春季的海水只有 59 华氏度至 63 华氏度[1]。我们连成一体在海浪中沉浮，探出一串像珍珠项链般的脑袋，远远望着海平线，想在海浪将我们吞没之前，看到它远远袭来的迹象。我们中有冲浪者最先发现了大浪，高声预警，我们方能及时潜入水中。大概 10 分钟后，普西肖命令我们上岸。在失温的临界线上，我们从浪区匆匆撤回，立正站好，让医生检查是否有体温过低的情况。这一过程循环往复。天空染上了橘红色的霞光。夜色迫近，气温会骤然下降。

"先生们，和太阳告别吧。"大猩猩说。他让我们向落日挥手致意。这是对棘手现实的象征性承认。我们就要在真正意义上冻个半死了。

一个小时后，我们回到了我们的 6 人小艇上，紧紧挤作一团取暖，却无济于事，只能在海滩上冻得骨头咯咯作响。我们挥着拳、抽着鼻子，这种生理状态表明我们的心理正在颤动、崩塌，而这仅仅预示着磨难才刚刚开始。

在地狱周来临前，不管做多少攀绳、俯卧撑、引体向上、抬腿，不管心智被如何磨炼，第一阶段那些再苦再累的日子，你都能有办法熬过去。因为你知道，不管多苦，你都能在晚上回家，

---

1. 约为 15 摄氏度至 17.22 摄氏度。

和朋友吃个晚饭，看场电影，也许能找个女人，最后睡在自己的床上。这就是关键：哪怕日子再难熬，你都能暂时逃离真实的地狱，得到片刻喘息。

地狱周就没那么有爱了。尤其是在第一天，他们让我们挽着手臂、面向太平洋站着的那个小时，在海浪中沉浮的那几个小时。在海中训练的间隙里，我们也得到了柔软沙地冲刺训练的恩赐，以此取暖。他们常让我们高举着橡皮艇或圆木，但就算这样能取暖，也只是短暂的，因为每 10 分钟，他们就会把我们赶回海里去。

在第一个晚上，时间过得很慢，寒意渗入骨髓，冲刺根本起不了任何作用。不再有爆炸，不再有枪击，叫喊声也少得可怜。取而代之的，是蔓延开去、侵蚀意志的死寂。在海中，我们能听到的全部声音就是越过头顶的浪涛声，不小心就会咽进腹中的海水声，还有牙齿的咯咯作响声。

在寒冷高压的状态下，大脑根本无法理解接下来的 120 个小时。五天半不眠不休的日子无法被拆分成碎片，没有系统性的应对方法，这也解释了为什么每个想成为海豹突击队队员的人都会在第一次冲浪酷刑时问自己一个简单的问题：

"我为什么要来这里？"

午夜时分，每每被怪物般的巨浪吞没，每每处在体温过低的边缘，那些无伤大雅的话就会在我们飞快转动的大脑中冒泡。因为，没有人是被迫成为一名海豹突击队队员的。我们不是被召唤的。**成为海豹突击队队员，是一种选择**。在如火如荼的对抗中，那个简单问题的答案就是：我们坚持训练的每一秒，也是一种选择。这似乎意味着，想加入海豹突击队的都是受虐狂。这是我们自愿接受的折磨。对任何理智的人来说，这都无比荒谬，这也是为什么"SEAL（海豹突击队）"这 4 个简单的字母能够击溃那么多人。

当然，教官也知道这一切，因此他们很快就不再大吼了。相反，当夜色渐浓，普西肖·皮特就像个贴心的大哥一样安慰我们。他给我们喝热汤、冲热澡，给我们带毯子，还让我们搭车回营房。这是他撒下的诱饵，等退出者上钩，他就能收割他们留下的头盔。他会侵占那些屈从者的心神，因为他们无法回答那个简单的问题。我能回答。当周日才刚刚开始，你还要经历整整一周才到周五，而你已经冷到极限，就会开始相信你坚持不了，也没有人可以坚持。已婚的会想：我本可以待在家里，和美丽的妻子依偎在一起，而不是在这里瑟瑟发抖、备受折磨；单身的则会想：我现在本可以去找个女人的。

要忽略那种闪闪发光的诱惑可并非易事，但这是我第二次经历 BUD/S 训练的早期阶段了。我曾作为 230 班的成员，尝过地狱周的苦头。我没坚持到最后，但并不是我主动退出。在感染过双侧肺炎后，我出于健康原因被除名了。我曾 3 次违反医嘱，希望继续训练，但最终被他们强制送回了兵营，之后从 231 班第一周的第一天重新开始。

在第二次 BUD/S 训练开始时，我的肺炎还没有完全痊愈。我的肺部依然积满黏液，每一次咳嗽都能震得我胸疼，听着就像是有耙子在刮我的肺泡一样。但我还是非常珍惜这次机会，因为我做好了准备，还和一群浑蛋分到了一班。

BUD/S 的船员是根据身高分组的，因为从地狱周开始，无论去哪儿，同组人都会和你一起搬船。单凭身高，无法保证同组队员的坚韧性，不过我们这队人都挺与众不同的。

首先是我，一个必须减掉 100 磅体重、考两次 ASVAB 才能参加海豹突击队训练的灭鼠员，还差点从一开始就被迫卷铺盖走人。然后是已故的克里斯·凯尔，众所周知，他是海军历史上最为致命的狙击手。费卢杰的哈吉[1]曾经悬赏 8 万美元，只为要他的脑袋。在作为海豹突击队三队成员守卫海军陆战队期间，他就是一个活着的传奇。他曾凭着英勇的表现，赢得过一次银星勋章和 4 次铜星勋章，退伍后还写下了一本名为《美军最强狙击手》的书，改编的电影由布莱德利·库珀主演。但在加入海豹突击队之前，他只是个平凡又沉默寡言的得州乡巴佬而已。

还有比尔·布朗，也叫怪咖布朗。大多数人只叫他怪咖，他对此深恶痛绝，因为他在之前的人生中一直被当作怪人对待。从很多层面上说，他就是白人版的大卫·戈金斯。他在泽西南部的河边小镇度过了艰难的童年。邻里间的大孩子都欺负他，因为他有腭裂，又或是因为他在课堂上反应很慢，这也是他绰号的由来。他为此频频打架，终于进少年拘留所待了 6 个月。长到 19 岁时，他独自在街区居住，想靠一份加油站工人的工作维持生计，但没

---

1. 指到麦加朝圣过的伊斯兰教徒。

能如愿。他没有大衣，没有汽车，就靠一辆锈迹斑斑、慢慢悠悠的自行车通勤，路上总冻得半死。一天下班后，他在海军征兵办公室前停下脚步，因为他知道，他需要组织、需要目标，还需要几件温暖的衣物。他们向他介绍了海豹突击队，他动心了，却不会游泳。就像我一样，他自学了游泳，经过 3 次尝试，才终于通过了海豹突击队的游泳测试。

来到 BUD/S 训练后，怪咖的绰号依旧跟随着他。他在体能训练中表现出色，顺利通过了第一阶段，但在课堂上的表现却不尽如人意。海豹突击队的潜水训练对智力的要求和对体能的要求一样高，他勉强通过了，却在还有两周就能成功毕业时遇到了麻烦。在陆地作战训练最后阶段、一次名为武器实操的进阶测试中，他没能在规定时间内将他的武器重新组装好。他击中了目标，却已错过了时间，遗憾地结束了在 BUD/S 的旅程。

但他没有放弃。不，长官，怪咖布朗哪儿都不会去。在和他一同进 231 班受训之前，我就听说过他的故事。他很有两把刷子，我一下就对他产生了信任。他十分坚毅，是那种我会毫不犹豫和他并肩作战的人。当我们第一次搬着船从训练场走向沙滩时，我刻意和他走在最前排，那是船体最沉的位置。"怪咖布朗，"我喊道，"我们俩会成为第二小队的顶梁柱！"他看过来，我也瞪了回去。

"戈金斯，你别这样叫我。"他怒吼道。

"小子，你可别换到别的位置去！你和我，就扛船头，扛一整周！"

"没毛病。"他说。

我从一开始就是第二小队的领头，一心一意只想让我们队的全部 6 个人都能挺过地狱周。大家都愿跟随我，因为我已经证明了自己，而且不仅仅是在训练场上。在地狱周开始前，我心想我们得从教官那里偷到地狱周的日程表才行。一天晚上，趁大家都在教室里闲着没事，我把这个想法一五一十地告诉了他们，那天我们聊得比以往都久。但他们对我说的话是左耳进、右耳出。有些人哈哈大笑，而其他人都没当回事，继续有一句没一句地聊他们的。

我理解他们的这种反应。我的想法说不太通。我们要怎么拿到一份那个破玩意儿呢？就算拿到了，我们这种行为不会让事情变得更糟吗？我们被抓到会怎样？真的值得冒这个险吗？

我相信这是值得的，因为我尝过地狱周的滋味。布朗和其他几个人也一样，我们知道，当面对那种你想都不敢想的痛苦、疲劳时，有多想放弃。当你知道你很快就要迎来不能睡，也没有任何放松时间的日子时，130 个小时的折磨也可以等同于 1000 个小时的磨难。我们还知道一些别的事。**地狱周是一场心灵之战**。教官会用我们受的苦来一层层剥开我们的皮肉、检验我们的内心。他们要找的不是最强壮的运动员，而是最强大的心灵——那些退出的人知道这一点时，往往为时晚矣。

人生路上的一切都是一场心灵之战！无论何时，无论遭遇到人生中多大、多小、多戏剧化的变故，我们都会忘记一个简单的道理：无论有多痛，无论有多折磨，不幸总会结束。一旦我们

将控制自己情感和行为的主导权交到别人手上，就会忘记这个道理，越痛苦时越容易如此。在地狱周期间，那些退出的人会觉得他们就像跑在一台没有仪表盘的跑步机上一般。然而，不管他们是否会意识到，那只是他们的错觉罢了。

我进入地狱周时就深知，我是主动要来的，我想来到这里，我有能让我赢下这场战斗的一切条件——这让我始终斗志昂扬，掌握着控制权。它让我更加卖力，更善变通，无论何时何地都能找到良策，直到周五下午的号角响起。**对我而言这是一场战争，而敌人就是那些公然宣称要让我们崩溃、让我们退出的教官！** 掌握他们的日程表，就能通过记住未来每一步的安排来度过难挨的时间，而这终能将我们引向胜利。这样做，能在地狱周这些混账折磨我们的时候，给我们一粒定心丸。

"喂，各位，我可不是闹着玩，"我说，"我们需要那份日程表！"

我能看到肯尼·贝格比——231班的另一个黑人，在房间那头扬起了眉头。他也是我上届BUD/S班的成员，在上次地狱周之前受了伤。现在他也重新回来了。"老天，"他说，"大卫·戈金斯又回来扛木头了。"

肯尼咧开嘴笑了，我笑得更欢。第一次地狱周，当医生把我踢出队伍时，他就在教官的办公室里偷听。当时我们正在进行一个圆木体能进阶训练。我们队正作为一个整体，扛着圆木在沙滩上跑上跑下，浑身被咸咸的海水浸透，满是泥沙。我正把圆木扛在肩头奔跑，却突然吐出血来。带血的鼻涕唾液从我的鼻子和嘴巴里源源不断流出来，教官时不时把我拉住，要我在附近坐会儿，因为他们都以为我可能快挂掉了。但每次他们一转身，就又会发现我重新回到了队伍里，重新去扛木头了。

那天晚上，肯尼一直在听无线电里的同一段对话。"我们得让戈金斯离队。"一个声音说。"收到，长官。戈金斯坐下了。"另一个声音刺啦刺啦地说。不出片刻，肯尼又会听到同样的无线电对话。"老天，戈金斯回去扛木头了。重复一遍，戈金斯回去扛木头了！"

肯尼很爱讲这个故事。他身高 5 英尺 10 英寸，体重 170 磅，体形比我小，当时不在我们队，但我知道他是个信得过的人。事实上，没人比他更适合干这个。在 231 班时，肯尼被任命去打扫教官办公室，这意味着他有机会拿到日程表。那天晚上，他偷偷溜进敌方大本营，从一个文件夹中取出日程表，复印了一份，在神不知鬼不觉中把它放回了原位。就这样，我们在此生最强的心灵之战打响前，赢得了最初的胜利。

当然，知道有什么安排在等着我们只是战斗的一小部分，因为折磨毕竟是折磨，熬过地狱周的唯一办法就是硬扛。只消看一眼或是说几句话，我就确信我们队可以坚持到最后。当我们站在沙滩上扛着船或者扛着圆木跑上跑下时，都十分卖力；在冲浪酷刑期间，我哼着《野战排》里最悲情最恢宏的歌曲，而太平洋的潮水正在我们身上激荡。

电影永远能鼓舞我的士气。《洛奇》激励着我实现了受邀加入海豹突击队受训的梦想；而在地狱周，当教官嘲笑着我们的痛苦、提醒我们我们有多糟糕、一次又一次把我们赶到没顶的海浪中时，是《野战排》帮助我和我的队员们在无尽的黑夜中寻找可以利用的优势。《弦乐柔板》是我在《野战排》电影最爱场景之一的配乐，在周身弥漫着带有刺骨寒意的雾气时，我像被越共游击队枪杀时的埃利亚斯一样张开双臂，放声歌唱。在第一阶段时，我们一同观看过这部电影，而我在海中的出格举动，既惹恼了教官，又鼓舞了队员。在痛苦狂乱中找到可以欢笑的片刻，完全为我们扭转了局面。这使得我们多少能够控制住一些情绪。再强调一次，这是一场彻头彻尾的心灵之战，我绝对不会输。

而这场战争中，最重要的比赛则是教官们为队与队之间设置的竞赛。在 BUD/S 训练中，一切几乎都要竞争。我们要扛着船和圆木在沙滩上跑上跑下。我们有划船比赛，甚至还有要扛着圆木或船在障碍物之间穿行的 O 形线课程。我们要一边扛着重物，一边在狭窄的横梁、滚动的圆木和绳索桥上保持平衡。我们要将它运过高墙，会将它放在 30 英尺高的吊货网底部，并攀爬、越过那个网。胜利的小队基本都能得到休息时间作为奖励，而失败的队伍则要遭到普西肖·皮特的额外打击。他们被命令在潮湿的沙地上做俯卧撑和仰卧起坐，之后再在护堤上做狭道冲刺。他们累到发颤，挫败感更是雪上加霜。皮特也会让他们明白这一点，他会当着这些人的面嘲笑他们，寻找要退出的人。

"你们可悲到无药可救，"他说，"真希望你们能退出训练，要是他们真派你们上战场，你们会把我们通通害死的！"

看着他训斥我的同伴们，我百味杂陈。我不介意他履行自己

地狱周期间

的职责，但他是个霸凌者，而我从不喜欢霸凌。自从我回到 BUD/S 训练中以来，他一直恶狠狠地针对我，很早开始我就已经决定要向他表明他击不垮我。在几轮冲浪酷刑的间隙中，当大多数人都紧紧挨在一起抱团取暖时，我独自站在一边；其他人都在瑟瑟发抖，而我甚至都没有抽搐一下。我发现这些让他变得十分恼怒。

　　在地狱周期间，我们拥有的一大奢侈就是食物。我们享受着国王般待遇的美食，有煎蛋饼、烤鸡配土豆、牛排、热汤、肉酱意面、水果、布朗尼、苏打水、咖啡等，数不胜数。代价则是，我们得顶着重 200 磅的船跑 1 英里过去，吃完再跑回来。离开餐厅时我总会在我又湿又咸的口袋里塞一个花生酱黄油三明治，并趁着教官不注意时在沙滩上大口吞掉。一天午饭后，普西肖决定让我们多跑一点。在经过 1/4 英里的标志时，他开始明显提速，但并没有将我们直接带回训练场。

"你们这帮小子最好给我继续！"他喊道，此时有一个小队掉队了。我回头查看了我们队的成员。

"我们要干他！"

"明白。"怪咖布朗说。他信守着之前的诺言，一直和我排在扛船头的位置——船最重的位置——从周日晚上开始就一直如此，而这只会让他变得更强壮。

普西肖拉我们在柔软的沙地上练了超过 4 英里。他拼尽全力想甩掉我们，但我们如影随形。他会变换跑步节奏：先冲刺 1 分钟，接着伏下身子、张开腿，抓着裆部走象步，随后大步慢跑，最后一阵风似的冲下沙滩。那时，其他离他最近的小队已经在他身后 1/4 英里远的地方，但我们死死地咬着他。我们模仿着他的每一个步子，不让这个霸凌者为我们所受的折磨产生一丝满意。他或许能打击到别人，但他打不倒第二小队！

地狱周就是恶魔的歌剧，它渐进渐强，到周三时达到了折磨的顶峰，并一直如此持续到周五下午。周三时，我们全都崩溃到暴走。我们整个人就像一颗巨大的覆盆子果，血肉模糊。在精神上，我们已经是行尸走肉。教官让我们做最简单的扛船动作，我们全都磨磨蹭蹭。就连我们队都几乎无法抬起小船。同时，普西肖、银背大猩猩和其他教官就这样站在附近看着，如往常般寻找我们的弱点。

我对教官怀有真正意义上的憎恶。他们是我的敌人，我对他们一直想侵入我头脑的行为深感厌恶。我瞥了一眼布朗，整周以来他第一次显得那么摇摇晃晃。整个小队都一样。我也感觉糟透了。我的膝盖肿得像柚子，每走一步都火烧火燎地疼，因此我要找到能激励我的东西。我盯着普西肖·皮特不放。真是受够这个混账东西了。教官们看上去是那样平静、惬意。我们深陷绝望，而他们有我们需要的东西：能量！是时候让游戏翻盘，侵入他们的大脑了。

那天晚上，当他们在上完 8 小时轮班、下班开车回家时，我们还在苦苦训练。这时，我决意让他们想起第二小队。我像鬼魂般缠着他们，在他们和妻子睡觉时也阴魂不散。**我要侵入他们的大脑，直至他们的意志消磨殆尽。对我而言，这就像是一把插进他们裆里的尖刀一样有力。因此，我部署了一个如今被我称为"侵占心神"的行动。**

我转向布朗。"你知道我为什么叫你怪咖吗？"我问。他看过来时，我们正像用着备用电池、嘎吱作响的机器人一般，将船放下又扛过头顶。"因为你是我这辈子见过最坏的恶棍之一！"他咧嘴笑了，"你知道我要对这里的混账说什么吗？"我抬抬肘，指了指在沙滩上聚在一块儿、喝着咖啡、吹着牛的 9 名教官，"我要说，他们可以去死了！"比尔点点头，眯起眼看着我们的教官，而我则转向其他队员，"现在，让我们把这个破玩意儿抛得高高的，让他们见识见识我们的厉害！"

"真是漂亮，"比尔说，"来吧！"

整个小队霎时间重新活过来了。我们不只是把船举过头顶又重重放下，我们把船抛了起来，在头顶接住，给它掸掸沙子，又再次将它高高抛起。结果立竿见影，无可否认。我们的痛苦和疲惫一扫而空。每重复一下，我们就变得更强、更快，每抛起船一次，我们就大声呼喊一次：

"你们伤害不了第二小队！"

那是我们给教官们的鄙夷，第二次高喊时，我们完全吸引了他们的注意。在这世上最艰难的训练、最艰难的一周中最艰苦的一天里，第二小队用闪电般的行进，嘲弄着地狱周。教官们脸上的表情足以说明一切。他们目瞪口呆，仿佛正在目睹从没看过的情景。有人移开了眼，多数人十分尴尬。只有大猩猩看起来很是满意。

从地狱周那一晚开始，我又无数次实践过"侵占心神"这一理念。**侵占心神是你发掘自己潜在能量、重新振作的入场券，是你想要赢下任何竞争、克服人生中任何困难时必须仰赖的工具。**你能靠它赢下一局棋，或是在办公室斗争中战胜一个对手。它能帮助你拿下一场工作面试，又或是在学校出类拔萃。没错，它可以摆平一切形式的体能挑战，但要记住，这是一场你与自己搏斗的游戏。除非你正在参与一场体能竞赛，否则我不建议你以此去主宰他人心智、摧毁他人精神。事实上，他们甚至从不需要知道你正在进行这场游戏。在使命召唤之时，这是能让你发挥到极致的策略。**这是一场属于自己的心灵之战。**

侵占他人的心神，意味着你赢得了战略性优势。人生在世，一切都关乎对战略性优势的追寻，这也是为什么我们偷了地狱周日程表，为什么我们在那天紧跟着普西肖跑，为什么我在冲浪酷刑中做出特别的姿态、哼唱《野战排》的主题歌。这桩桩件件，都是能为我们带来力量的抗争之举。

但抗争并不总是侵占他人心神的最佳途径。一切都取决于你所处的状况。在 BUD/S 训练期间，教官不会介意你是否在寻找那样的优势。只要你做得好，他们也会尊重你。**你必须靠自己。你要了解你所处的境况，判断自己可以在何时何地突围，何时何地遵从命令。**

接着，你要在战斗前夜审视自己的头脑和身体，将自己的不安和弱点列出来，对手的也一样。比方说，如果你要遭到霸凌，而你知道自己的哪处弱点会被人揪住、会在哪里没有安全感，就可以在霸凌者对你进行羞辱、谩骂、冷嘲热讽时做好准备和应对。你可以和他们一同嘲笑自己，这会让他们对你的影响大打折扣。如果他们的所作所言已经无法让你再往心里去，他们手里就没有牌了。感觉只是感觉而已。从另一方面说，有自信、有安全感的人是不会霸凌他人的，他们会关心他人。所以，如果你被人霸凌了，你就会知道，自己面对的霸凌者本身也有能被你利用或抚平的弱点。有时候，**击败一个霸凌者最好的办法，其实就是帮助他们**。如果能提前多想两三步，你就能侵入他们的思维过程——只要做到这一点，你就已经在对方毫无察觉时侵占了他们的心神。

我们海豹突击队的教官就是霸凌我们的人，他们并没有意识到我在那周为了保持第二小队的锐气而在玩的把戏。他们也不必知道。我猜他们太过沉迷于地狱周期间对我们的压榨，但并不确信。这是我用来维持自己的心理优势、帮助队员保持斗志的策略。

同样，如果你在与他人竞争，并且知道自己的薄弱点在哪儿，就可以在面试或评估前完善你的策略。在那种情况下，自嘲弱点无法解决问题，你必须掌控它们。同时，**如果了解对手的弱点，你就可以将其转化为自己的优势，但这一切都需要费工夫研究**。再强调一遍，你要了解状况、了解自己，最好还要详细了解你的竞争对手。

一旦战斗打响，就一定要维持自己的战斗力。如果是一场体能挑战，你也许要在攻占对手的心神之前，先打败自己的心魔。这意味着，你要预演在战斗中一定会出现的简单问题的回答——"我为什么在这里？"如果知道这个问题即将浮现，而你又成竹在胸，就能在电光石火间做出决定，无视自己的软弱，继续前行。**只有知道自己为何参战，才能战至终局！**

再者，永远不要忘记，一切情感和生理上的痛苦都是有尽头的！它们终将结束。**对痛苦报以笑容，看它逐渐褪色——至少坚持一两秒钟。如果能做到这一点，你就能串起这分分秒秒，坚持比你对手预想中更久的时间——也许这就足够你重新振作起来了。**对于重新振作一事，科学界并没有达成共识。有些科学家认为这是大量内啡肽存在于神经系统的结果，另一些科学家则认为，是氧气含量的暴增帮助分解了乳酸，同时帮助分解了肌肉运动所需的糖原和甘油三酯。还有人说，这完全是心理作用。而我只知道，全靠在感到挫败时拼命支撑，我们才得以在地狱周最糟糕的一夜里重新振作。而一旦重新振作后，要击败你的对手、占领他们的心神，就变得简单起来。难的是进入那个状态，因为**通往胜利的门票常常会在你感觉最糟糕时降临，为你带来最好的自己。**

★★★

在扛船训练之后，我们整个班得到了一小时睡眠的奖励，就睡在他们搭在沙滩上、装有行军床的绿色大军帐中。那些混账没准备床垫，但床还是像云朵般舒适奢侈，我们一躺下就进入了梦乡。

啊，但普西肖还没饶过我。他让我睡了那么 1 分钟，就把我叫醒，让我回到沙滩上去做一对一训练了。他最终还是逮到机会要拿下我的意志。在摇摇晃晃走向沙滩的路上，我有点迷糊，但寒冷唤醒了我。我决定尽情享受这多出来的私人冲浪时间。当海水来到胸口高时，我开始再次哼唱《弦乐柔板》。这次我唱得更加响亮，响亮到足以让那个混账在海浪激扬声中听到我的歌声。那首歌让我焕发生机！

我参加海豹突击队训练，是为了看自己是否足够坚毅到属于这里，并发现自己的内心有一头我此前从不曾发现的野兽。从那时起，每每在人生中受挫，我就会向它靠近。从那片海中浮出身来时，我发现自己坚不可摧。

但愿如此。

地狱周折磨着所有人。那天深夜，离地狱周结束还有 48 小时，我去医务室给膝盖上打了一针酮咯酸用于消肿。当我回到沙滩上时，队员们正在海上进行划桨训练。浪潮汹涌，海风急旋。普西肖看着大猩猩，问："我们究竟该拿他怎么办？"

第一次，他犹豫了，他厌倦了想要打倒我的尝试。我状态饱满，准备着接受一切挑战，但普西肖已经放弃了。他还打算给我放个温泉假。那时我就知道，我已经赢过了他，我已经攻占了他的心神。大猩猩则不然，他递给我一件救生衣，又在我的帽子后面系上了一盏灯。

"跟我来。"他边说边冲上沙滩。我跟了上去，和他一块儿向北跑了大概 1 英里地，在浓雾和海浪间，我们已经快看不到其他人的船和摇曳的灯光。

"好，戈金斯，现在游出去，去找你该死的船吧！"

他击中了我内心最深处、最空虚的不安，击穿了我的自信，让我震惊到沉默。我看了他一眼，就像在说："你在跟我开玩笑吗？"那时我游泳游得还凑合，但冲浪酷刑没吓到我，因为我们离岸边并不远。但在开阔的水域，在暴风雨中离岸 1000 码开外的低温水域中游泳，还要游向一艘根本不知道我要向他们游过去的船？这听上去就像是判我死刑一样，将我打了个措手不及。但有时，意外会在一片混乱中降临，毫无预警，即便是我们最勇敢的队员也必须准备好承担超乎能力范围的风险和挑战。

对我而言，那一刻只关乎我想如何被人们记住。我本可以拒绝这个命令，而且不会因此卷入麻烦，因为我没有游泳的同伴（在海豹突击队训练中，你必须和同伴搭档进行游泳训练），很显然他在要求我做极度危险的事。但我也知道，我参加海豹突击队训练的目的，远不止成功通过并顺利拿到三叉戟。对我来说，这是一个让我与天之骄子对抗、让自己在庸碌之辈中脱颖而出的机会。因此，即便隔着翻涌的海浪、看不清远方的船只，我也没时间恐惧。我别无选择。

"戈金斯，你在等什么？滚下水去，别给我搞砸了！"

"收到！"我大喊着冲入海中。问题是，身上缠着一件有浮力的背心，拖着一个受伤的膝盖，穿着靴子，我几乎没法游动，想要潜入水中也难于登天。我不得不在泛白的海浪间挣扎，大脑飞速运转、不停地想办法。海水似乎前所未有地冷。我大口大口吞着水，仿佛是大海在撬开我的嘴巴，吞没我的身体，每喝一口，我的恐惧就增添几分。

我不知道的是，在岸上的大猩猩正在准备做最糟状况下的救援。我同样不知道的是，他此前从未将其他人放入如此境地。我没有意识到，他在我身上看到了特别之处，他像所有杰出领头人一样想看看我究竟能走多远。就在看着我的灯在海面上漂浮时，他紧张得无以复加。这一切都是他在前阵子和我聊天时谈起的。而那时，我仅仅在拼尽全力想要活命。

最终，我顶着浪又离岸多游了半英里，这才意识到，我头顶上有 6 艘船，在 4 英尺高的风浪间时隐时现。他们不知道我也在这儿！我的灯光十分微弱，在海中我什么也看不见。我一直等着他们中的哪艘船能从浪尖上冲下来，把我撞翻。我能做的只有像头声音嘶哑的海狮般在黑暗里大喊：

"第二小队！第二小队！"

仿佛是小小的奇迹一般，我们队的人听到了我的声音。他们掉转船头，怪咖布朗一把抓住我，像拖战利品一般将我拖上了船。我躺在船中央，闭着眼，整个星期以来头一次抖个不停。我太冷了，根本藏不住。

"该死，戈金斯，"布朗说，"你是疯了吧！你还好吗？"我点了点头，克制住了。我是他们的队长，不能让自己示弱。我绷紧了身上的每一块肌肉，身体很快停止了颤抖。

"这就是在前线时领头的样子。"我边说边咳出海水，像只受伤的鸟一样。我不能脸板得太久，我的队员们也一样。他们都很清楚这样游泳不是我的主意。

在地狱周快结束时，我们来到了演示坑，它就位于科罗拉多岛著名的银色海岸附近。演示坑里满是冰冷的烂泥，上面盖着冰凉的水。坑上有座绳索桥——由两条绳索组成，一根用来踩，一根供手抓——桥从坑的一端延伸向另一端。我们一个接一个地设法过桥，而教官们则想尽办法晃桥，想让我们摔下去。要在那种情况下维持平衡，需要极强的核心力量。我们都耗尽了体力，束手无策。而且，我的膝盖还伤着。事实上，它伤得更厉害了，每12小时就要打一次止痛针。但当教官叫到我的名字时，我依旧爬上了绳桥，当教官开始晃桥时，我绷紧了自己的核心，拼尽全力坚持在桥上。

9个月前，我体重最高达到了297磅，连1/4英里都跑不下来。那时，我梦想着另一种生活，我还记得那时我认为，只要挺过地狱周就是我此生最大的荣耀。就算我永远无法完成BUD/S训练，光是挺过地狱周，就已经意味良多。但我不仅挺过来了，还会以我们全班最高分的成绩结束地狱周，人生中第一次，我知道我强大极了。

曾经，我太在意失败，甚至不敢尝试。而现在，我愿意接受任何挑战。在我这一生中，我曾害怕水，尤其是冷水。但在地狱周的最后一小时里，我站在那里，甚至希望海洋、海风和泥水都更冰冷一些！我完全改变了自己的生理状况，这是我在BUD/S训练中取得的巨大成功之一。不过，让我熬过地狱周的还有我的头脑，我才刚刚开始发掘它的力量。

当教官们像机械公牛般竭尽全力要把我摔下摇晃的绳桥时，我心里就是这样想的。我竭尽全力坚持，在支撑不住之前，跑出了和231班其他人一样远的距离，最后才摔进了冰冷的泥水中。我把泥水从眼睛和嘴巴上抹去，在怪咖布朗将我扶上岸时，我笑得像个疯子。不久之后，大猩猩走到了坑边。

"地狱周安全通过！"他朝还瘫在浅滩上颤抖的30个人喊道，我们都擦伤了，流着血，身上又肿又僵，"你们干得漂亮！"

有些人开心地大叫起来。另一些人含着泪水跪倒在地，感谢上帝。我也深深地盯着天空，一把拉过怪咖布朗拥抱，和我的队员们击掌庆贺。其他所有队伍都有人退出，但我们第二小队没有！我们全员通过，赢下了每一场比赛！

在登上开往训练场的大巴时，我们继续庆祝。来到训练场后，我们每人都分到了一个大比萨、一瓶 46 盎司¹ 的佳得乐饮料和一件梦寐以求的棕色 T 恤。比萨尝起来就像来自天堂的美食，但 T 恤更加意义重大。最初来到 BUD/S 训练营时，每天穿的都是白 T 恤。只要通过了地狱周，就能换上棕色的 T 恤。它象征着我们已经进入了更高的层级，而在经过了几乎满是挫败的半生后，从某种程度上说，我简直感觉自己重获新生。

我想像其他人一样享受那一刻，但膝盖感觉不对劲已经有两天了，便决定去看医生。在离开训练场的路上，我朝右望去，看到有近百个头盔排列在那里。它们曾属于那些敲响黄铜钟的人，它们一路排过雕像，向场地后方排去。我看到了一些名字——是我喜欢的人的名字。我知道他们当时的感觉，因为我也没能完成伞兵训练。那段回忆多年来一直是我的心魔，但在经历了 130 小时的地狱训练后，它再也无法定义我了。

那天晚上，每个人都被要求去看医生，但我们的身体都肿得太厉害，他们费了很大工夫才从中分辨出伤口。我只知道我的右膝盖伤了 3 次，得拄着拐杖才能行走。怪咖布朗遍体鳞伤地结束了体检。肯尼出来时倒没什么大碍，只是有些一瘸一拐，但浑身都疼得厉害。谢天谢地，我们的下一个项目是"步行周"。在重新回到现实之前，我们有 7 天时间可以吃喝、痊愈。这时间虽然不

---

1. 1 盎司约等于 0.03 升。

长，但足够想留在 231 班的疯子们痊愈了。

那我呢？等到他们把我的拐杖扔掉时，我肿胀的膝盖根本没有任何好转。但没时间让我叫苦不迭，因为第一阶段的乐子还没有结束。紧随步行周而来的则是"打结周"，这名字听上去平淡无奇，但远比我想象的糟糕，因为这一特别训练是在池底进行的，那些教官要拼尽全力把瘸着一条腿的我淹死。

仿佛有恶魔在观看整场节目一般，中场休息结束后，就到了他最爱的环节。在 BUD/S 训练重新开始的前夜，当我彻夜辗转反侧之时，他的声音就在我高度紧张的大脑中回荡：

戈金斯，他们说你爱受折磨。你以为自己牛极了。那就尽情享受你在地狱的加长假期吧！

挑战#4

选择一个你现在所处的有竞争的环境。你的对手是谁？是你的老师、教练、老板，还是不守规矩的客户？不管他们是怎么对待你的，有一种方法不仅能赢得他们的尊重，还能扭转现在的局面。棒极了。

这可以是通过一次考试、制作一份理想的提案或实现一个销售目标，不管是什么，我都希望你能在那个项目或那门课上变得比以往更加努力。**准确地按照要求完成他们吩咐的任何事情，不管他们设定的理想标准是什么，你都要以超出那个标准为目标。**

如果你的教练在比赛时没有给你时间，那就加倍练习。找到你组里最强的人，然后打败他。这意味着你需要在场下花费更多的时间。为了研究对手的比赛特点和比赛习惯，你要去观看比赛录像，然后在健身房进行训练。你需要引起教练的注意。

如果你的对手是你的老师，那就高质量地完成功课。在你的作业上花费更多的时间，完成她甚至没有布置的作业！早一些去教室，积极提问，集中注意力，向她展示你是谁以及你想成为什么样的人。

如果对手是你的老板，那就夜以继日地工作。比他们更早地开始工作，在他们下班后留下来加班。一定要让他们看到这一切，在交付工作成果时，超过他们最高的期待值。

不管你现在面对的是谁，你的目标都是要让他们看到你拿到了他们永远做不到的成果，你要让他们知道你是多么优秀，将他们的否定作为你拼尽全力超额实现他们给你的目标的动力，让他们心服口服！

Chapter 5

磨砺头脑

BUD/S 为我提供了这样的地方。它让我明白人类的意志究竟能走多远，要如何磨炼自己的心才能承受前所未有的苦痛。

"你的膝盖看上去很不妙，戈金斯。"

别瞎说了，医生。步行周还有两天，我来到医务室进行复查。医生卷起我的迷彩裤，当他轻轻捏了捏我的右边护膝时，疼痛便攫住了我的大脑，但我不能表露出来。我要挺住。我伤得不轻，而那些健康的 BUD/S 队员却已经做好准备迎接挑战。我无法咬咬牙硬扛过去。我已经知道自己的膝盖伤了，能单靠一条腿挺过剩下 5 个月训练的可能性很低，但重新来一轮就意味着再次忍受另一个地狱周——这是一条我已经走过太多次的老路了。

"还没怎么消肿，感觉怎样？"

医生也有自己的职责。海豹突击队的候选人们与海军特种作战指挥中心的医护人员之间，有一条"不问、不说"的不成文协定。我不会向他坦承一切，好让他的工作更轻松，他也不会出于谨慎考虑扼杀一个男人的梦想。他松开手，疼痛感逐渐退去。我咳起来，肺炎再次撕扯着我的肺，直至感受到他的听诊器贴在我皮肤上传来的冰凉。

从地狱周结束起，我就开始咳出棕色的痰。头两天我从早到晚卧病在床，把痰全吐到佳得乐饮料瓶里，就像攒硬币一样。我呼吸困难，几乎无法动弹。在地狱周时，我或许是条硬汉，但地狱周一旦结束，我就必须面对恶魔（和那些教官）在我身上打下的烙印。

"医生，我没事，"我说，"就是身上有点酸。"

我只需要时间。我知道怎么忍受疼痛，我的身体也几乎总能挨得住。我不会仅仅因为膝盖的一点小伤就退出的。它最后总能痊愈。医生给我开了点药，用于缓解肺部和鼻窦处的充血，又给我的膝盖开了点布洛芬。没过两天，我的呼吸顺畅起来，但还是无法弯曲右腿。

这是个麻烦。

纵览 BUD/S 训练全程，我从未想过打结周能击溃我。再说一遍，这可不是童子军集训，这是一次在 15 英尺的水池中进行的水下训练。然而对浮力不太好的我来说，尽管水池不再像从前那样带来致命的恐惧，我依然知道，任何水中进阶训练都可能成为我的障碍，尤其是那些要求踩水的项目。

甚至在地狱周前，我们就参加过水中测试。我们必须对教官进行模拟救援，还要在没有鳍片辅助的情况下一口气在水下游 50 米——首先猛地跃入水中，接一个消耗掉所有动量的 180 度翻转，再在不允许蹬池边的情况下沿着分道线一直游到 25 米池的另一端。游到远端后，我们就可以蹬着池边转身游回来了。当游到 50 米时，我浮出水面大口呼吸。我心跳得很快，直至呼吸平稳，才意识到，我已经完成了一系列复杂水下进阶训练中的第一项。通过这些进阶训练，我们可以学会仅凭一口气，在水下镇定自若、泰然从容。

打结周进阶训练是下一项训练，它的目的不是让我们学会打各种各样的结，或是延长憋气时间。当然，这两项技能在水路实操中迟早能派上用场，但这个训练更关注我们在恶劣生存环境下应对多重压力的能力。我拖着病体，怀着些许信心，一头扎入了训练。但开始踩水后，情况发生了转变。

训练开始时，会有 8 名学生沿着泳池排开，像打蛋器一样划动手脚。这件事对两腿健康的我来说尚且困难，更别提我现在右膝伤了、不得不只用左腿踩水的情况。踩水难度飙升，我的心率极快，能量随之消耗。

每个学生都分到了一名教官，普西肖·皮特专门指名要我。很显然我处于挣扎之中，而自尊心受损的普西肖正急需讨点利息。每动一下右腿，钻心的疼痛就像烟花一样炸开。虽然普西肖正紧紧盯着我，但我无法掩盖痛楚。每当我面露难色，他就笑得像个圣诞节早晨的孩子似的。

"打个方结！再打个称人结！"我太过拼命，上气不接下气，更别提屏住呼吸了，但普西肖并不在意。"动作要快！"我大口呼吸着，弯下腰猛蹬。

在这次训练中共有 5 个绳结，每个学生要拿一根 8 英寸长的绳子，潜到池底，一次打一个结。在打结间隙，我们可以上来换气，但也可以一口气打完 5 个结。教官会喊出要打什么结，但速度可以由我们定。我们不能戴面罩或护目镜来完成训练，而必须等教官竖起大拇指认可我们打好的结后，我们才能浮出水面。如果教官拇指向下，我们就得重新正确地打好结。如果没得到许可就浮起来，我们就等着回家吧。

回到水面后，不同任务之间并没有休息时间。我们要不停地踩水，这对一个只有一条好腿能用的人来说，无疑会心率飙升和消耗血液中的氧气。换句话说，我对潜水极度不适，真的有可能会晕过去。

我打着结，普西肖则通过面罩盯着我。在大约 30 秒后，他通过了我打的两个结，我们浮出了水面。他轻松自如地呼吸着，我却像条落水狗一样气喘吁吁。我膝盖疼得厉害，感觉前额冒出了豆大的汗珠。当你在一个未加热的泳池里流汗时，你就知道自己要完蛋了。我喘不上气，使不上劲，想要放弃，但放弃这项训练就意味着完全退出 BUD/S 训练——这是不可能的。

"啊，不好，你受伤了吧，戈金斯？你身上有哪儿进沙子了吗？"普西肖问道，"我敢赌你没法一口气打 3 个结。"

他笑着对我说，仿佛在挑衅。我知道规则，不需要接受他的挑战，但这会让普西肖太得意了，我忍不了。我点点头，继续踩水，直到脉搏平稳下来，好能深吸一大口气。普西肖则不会让我如意。我一张开嘴，他就会朝我脸上泼水，让我吐出更多空气。这是学员们开始恐慌时常用的策略，会让人无法呼吸。

"立刻潜下水，不然你就输了！"

我没时间了。在潜下水之前，我尽可能多地吸了口气，却被普西肖泼了满脸水，只好就这样潜到了池底。我肺里几乎没有空气，无比难捱，但我还是在几秒钟之内打好了第一个结。普西肖美滋滋地审视着我的成果。我的心跳快得像在打高级莫尔斯电码，我能感觉到心脏仿佛在胸腔里震动，仿佛要冲破我的肋骨、飞向自由。普西肖盯着我打的结，慢悠悠地将它翻看着、抚摩着，最后才缓缓伸出了大拇指。我晃晃脑袋，解开绳子开始打下一个结。他又仔仔细细地开始检查，而我的胸腔开始灼热，隔膜开始收缩，试图把空气压进空空荡荡的肺里。我的膝盖痛达到了 10 级的程度，开始眼冒金星。层层垒砌的压力，让我像积木塔般摇摇欲坠，我感觉自己仿佛要晕过去了。要是真的晕过去，我还得指望普西肖把我带到水面救援。我真的相信他会这么做吗？他恨我。要是他没这么做呢？要是我的身体消耗太大，一口救命的空气也无济于事呢？

这些简单又有毒的问题在我头脑中盘旋不去。我为什么在这儿？为什么要在可以退出、选择舒适的时候继续煎熬？为什么为了一个破结去冒晕倒甚至丧命的危险？我知道，如果我屈服了，就此游上水面，那我的海豹突击队生涯也就走到了尽头；但在那一刻，我不知道自己为什么还要死撑。

我望向普西肖。他竖起了两只大拇指，咧嘴大笑着，仿佛在看一场喜剧表演。他从我的痛苦中汲取快乐，这让我想起了自己还是个少年时所经历的一切霸凌和嘲弄。但这次，我没有扮演受害者的角色，也没有让负面情绪消耗我的能量、迫使我浮出水面接受失败；相反，我脑中仿佛燃起了新的光芒，能让我改写命运的剧本。

时间仿佛暂停了，我第一次意识到，长久以来，我总是在以错误的视角审视我一生中经历过的一切。没错，我所遭遇的一切耻辱、我扛过的所有阴郁，它们都在挑战着我的极限；但在那一刻，我不再将自己视作恶劣环境下的受害者，反而将我的人生看成了终极的训练场。一切过往的不幸已经使我的头脑麻木，让我能在那一刻的池中面对普西肖·皮特。

我记起自己在印第安纳州健身房度过的第一天。我柔软的双手很快被横杆磨伤了，因为它们并不习惯抓住钢筋。但随着时间流逝，在数千次重复过后，我的手掌已经磨出了老茧，老茧成了它们的保护。你的大脑也适用于同样的道理。**经历过谩骂、霸凌、落败、失望等艰难时刻的人，头脑就不会再像从前那般容易受伤。人生的经历——尤其是不幸的经历，能帮助打磨我们的头脑。但何时能够磨出茧子，则取决于你。**如果选择将自己视为环境的受害者，带着这样的念头长大成人，这层茧就会变成怨恨，保护你免受陌生人、事的伤害。它会让你过于谨慎，缺乏信任，还可能过于怨天尤人。它会让你害怕改变，难以接近，却无法让你变得坚毅。少年时的我就是这个样子，但在第二次地狱周后，我已经脱胎换骨。而此刻的我已经挺过了数不胜数的磨难时刻，仍敞开心胸迎接更多挑战。我开放的心态表明我愿为自己的人生而战，这能让我穿越痛苦的洗礼，磨砺原本作为受害者的心智。我的受害者心态已经远去，被我埋葬在层层叠叠的血肉之下；同时，我开始对恐惧麻木。这样的认知让我拥有了心理优势，帮助我再次战胜了普西肖·皮特。

我向他回以微笑，让他明白他伤害不了我，那种濒临晕倒的感觉也消失了。突然之间，我充满了能量。痛苦消退了，我感觉自己能在水下待上一整天。普西肖从我眼中看到了这一点。我从容地打好最后一个结，其间一直瞪着他。他打手势示意我快点，因为他的隔膜正在收缩，快要喘不过气了。最后，我终于完成了，他迅速认可了我打的结，猛地蹿出了水面，深吸一大口气。我则优哉地随着他浮出水面，发现他正气喘吁吁，而我却格外轻松。在空军的伞兵训练中，我被压垮了；而这一次，我赢下了水中一战。这是一次意义重大的胜利，但战斗还没有结束。

在通过打结训练后，我们有两分钟时间爬上甲板、穿好衣服并回到教室。在第一阶段，这已经算是很长的时间，但我们中的许多人——不仅仅是我——还没从地狱周完全复原，无法用往常的闪电速度行进。然而，一旦经历了地狱周，231班的心态就已经开始转变。

地狱周的目的是让你知道，人类的潜能超乎想象。它能开阔你的头脑，认识到人类潜能的真正可能性，并完成心态上的调整。你再也不会畏惧冷水或是全天候的俯卧撑。你会意识到，它们无论怎样也无法摧毁你，因此也就不必急于实现他们武断设定的目标。你会知道，如果你完不成，教官就会折磨你——俯卧撑、海滩加练或是任何让人疼痛不适的事。但作为还在训练中挣扎的人，我们的心态就是：去他的吧！我们再也不怕教官，再也不会赶死线。教官对此深恶痛绝。

在 BUD/S 训练期间，我经历过无数次折磨，而那天我们经历的折磨可以说是史上最惨烈的一次。我们先是做俯卧撑做到直不起身，随后又被要求躺下做直腿上抬。每抬一下腿，对我来说都是一次受难。因为痛苦，我一直抬不起腿来。我暴露了自己的弱点，而一旦示弱，折磨就开始了！

普西肖和大猩猩走过来，轮流对付我。我一路从俯卧撑、抬腿做到熊爬，做到他们累为止。每做一次爬行动作，我都能感觉到膝盖的活动部位正在位移、悬浮、相互撕扯。我疼痛难忍，比以往爬得都慢，知道自己快撑不住了。那个简单的问题再次在脑海中浮现——为什么？我想证明什么？退出仿佛才是明智之选。平庸的安逸是那样诱人的慰藉，直到普西肖在我耳边大吼：

"爬快点，废物！"

再一次，一种不可思议的感觉荡涤了我的周身。这一次，我没把注意力放在如何赢过他。我正在经历人生中最痛的时刻，但几分钟前在水池中的胜利感再次席卷而来。我终于向自己证明，我是一名属于海军海豹突击队的合格士兵。对一个天生浮力不好、从没上过游泳课的孩子来说，这令人欣喜若狂。我能走到今天这一步，全是因为我的努力和付出。曾经泳池就是我的克星；尽管作为一名海豹突击队候选人，我的游泳水平已经突飞猛进，但我依然会为水下进阶训练感到压力重重，会在一整天的训练结束后去泳池练习，每周至少加练 3 天。我翻越 15 英尺高的围栏，只是为了在泳池关闭后还能进去训练。除了学业，再没有什么比游泳训练更让我害怕会影响自己在 BUD/S 的未来了。通过花时间加练，我终于消除了恐惧，在水下应对压力的能力也登上了新的台阶。

在普西肖和大猩猩折磨我时，我感受到了一个坚韧头脑所拥有的不可思议的力量。这一想法占据了我的身体，让我绕池边爬得像熊一样飞快。我无法相信自己做到的一切。剧痛感无影无踪，那些絮絮叨叨的问题也已灰飞烟灭。我展现出了前所未有的状态，打破了对伤痛忍耐力的极限，靠着坚韧的头脑重新奋勇向前。

在爬行结束后，我又开始做直腿上抬，依旧没有感觉到疼痛！在半小时后我们离开泳池时，大猩猩问我："戈金斯，是什么让你变成一个超人的？"我只是笑笑，随后离开。我什么也不想说，因为当时我还不理解现在我明白的一切。

和利用对手的能量占据优势类似，在激战时依靠自己坚韧的头脑也能转变思维。**记住你所经历的一切，记住它们是如何磨砺你的——这能将你从消极的思维循环中解救出来，帮助你打消那些软弱又短促的、想要放弃的冲动。**只有这样，你才能披荆斩棘。当你能和那天绕池爬行的我一样，靠自己坚韧的头脑坚持与痛苦斗争时，你就能突破极限，因为当你将痛苦视为一个自然的过程并拒绝屈服、放弃时，你就能激活你的交感神经系统，改变你的激素流。

交感神经系统是你战斗或逃跑的反射。它潜伏在表象之下，当你感到迷茫、高压或挣扎时——就像我小时候一样——那就是它正在作祟。我们都有过这种感觉。有时你会完全不想晨跑，但跑了 20 分钟，你就感觉精力充沛，而这就是交感神经系统的作用。我发现，只要明白如何掌控自己的心态，你就可以让它为你所用。

当你沉溺于消极的自我否定，就无法得到交感神经的响应。然而，如果能够记住你是经历过怎样的风雨才走到了如今的位置，如果能掌控那些需要付出巨大心血、承受巨大痛苦的时刻，你就能以更好的姿态坚持下来，选择迎战而非逃窜。刺激交感神经系统、分泌肾上腺素，你就能以此应对更艰难的挑战。

在职场和校园里遭遇的困难，也能用坚韧的头脑去克服。在那些情况下，仅凭既定的闪回，不太可能刺激到我们的交感神经，但它能不断激励着你去应对你的自我怀疑。无论面对怎样的事，我们都有可能产生自我怀疑。只要追寻梦想、只要定下目标，你就有可能想到难以成功的种种缘由。这都要怪人类大脑的进化。但你不必把自我怀疑带入实战之中！你可以容忍这些怀疑在脑中存在，但如果让其成为行动的主导，你就注定会失败。**要记住，你过去也曾百折不挠——这能扭转你的心态，让你掌控、主导那些自我怀疑的念头，并让你专注于做好能完成手头工作的每个步骤。**

听起来很简单，对吗？其实不然。几乎没人会尝试控制自己思考和怀疑的方式。我们中的绝大多数人都是自己头脑的奴隶。说到掌控自己的思维模式，很多人甚至不愿迈出第一步的尝试，因为这是一件永无止境的苦差事，也不可能每次都能做对。每个人每小时会有 2000—3000 个想法，也就是每分钟约 30—50 个！其中一些想法会被拦下，转瞬即逝。这是无法避免的，尤其是在顺风顺水的时候。

体能训练是能让你学习如何管理思维模式的完美考验，因为当你在锻炼时，更有可能将注意力集中于一点；在此情况下，你对压力和痛苦的反应都是即时且显著的。你是会像你说的那样奋力拼搏、做到最好，还是会放弃抵抗？你的决定往往与体能无关，而总与你掌控自己心态的能力有关。**如果你能推着自己越过每一道沟壑，利用那股能量维持高速前进的态势，就更可能取得更快的成绩。** 诚然，这种事有时很容易做到。但无论是时间还是成绩，其实都不是最重要的。在最想放弃的时候最狠地推自己一把，这样才能磨砺自己的大脑。同样的道理，你必须在最没动力的时候，争取把事情做到最好。正因如此，我相当喜欢 BUD/S 训练中的体能课，时至今日仍热情不减。生理上的挑战能强健我的心，这样我才能从容应对生活中的一切可能。你也一样。

但无论你能掌控得多好，坚韧的头脑也无法治愈受伤的骨骼。在走回 BUD/S 训练营的 1 英里路上，胜利的感觉消失了，我能感受到自己对自己造成的伤害。还有 20 周的训练、数十项进阶训练在前方等着我，而我却几乎走不动道。尽管想无视膝盖处的痛，但我知道自己状况很糟，便一瘸一拐地直奔医务室。

看到我的膝盖时，医生什么话也没说。他只是摇了摇头，让我去拍了张 X 光片，光片上显示我膝盖骨骨折。在 BUD/S 训练中，当预备役士兵的伤需要长时间恢复时，他们就会被送回家。

我如今就面临着这种境况。

我一瘸一拐地回到营房，垂头丧气。在办理退房手续时，我看到了几个在地狱周期间退出的人。当我第一次瞥见他们排列在黄铜钟旁的头盔时，我为他们感到遗憾，因为我知道那种放弃后心里空落落的感觉。但再次当面见到他们时，我才想起失败也是人生的一部分，我们都得继续前行。

我不是主动退出的，因此我知道我还会再被邀请回来。但我不知道这是否意味着要经历第三次地狱周，也不知道在经历两次训练之后的我，是否能在没有胜算的情况下再次凭借高燃的斗志挺过又一轮风暴的考验。想想我的伤，我还能做到吗？离开 BUD/S 训练营的我，比从前更加清醒，更能掌控自己的心绪，但我的未来仍是一片迷雾。

飞机总是让我产生幽闭恐惧，所以我决定坐火车从圣迭戈去往芝加哥，这给了我三天时间思考，并让我脑中乱成一团。第一天，我不知道自己还想不想成为一名海豹突击队队员。我已经战胜了那么多挑战。我熬过了地狱周，意识到了坚韧之心的力量，也克服了对水的恐惧。或许，我已经充分了解自己？我还需要证明什么呢？第二天，我想到了我能申请去做的所有工作。或许我应该向前看，成为一名消防员？那是份了不起的工作，也是成为另一种英雄的机会。但到了第三天，就在火车驶入芝加哥时，我溜进一间电话亭大小的卫生间，审视着我的"责任之镜"。你真是这么想的吗？你确定你已经准备好放弃海豹突击队，转而成为一名城市消防员了吗？我盯着镜中的自己，足足盯了5分钟，随后摇了摇头。我无法说谎。我必须告诉自己真实的想法，必须大声说出口来：

"我害怕。我害怕从头再来一遍。我害怕第一周、第一天。"

那时我已经离婚了，但我的前妻帕姆还是来到火车站接我，并开车将我送回了我母亲在印第安纳波利斯的家中。帕姆依然在巴西城居住。我在圣迭戈时我们还有联系，而在火车站台上，越过人群四目相对时，我们仿佛又回到了从前。那天晚上，我们相拥而眠。

那年整个夏天，从5月到11月，我都待在中西部地区养伤并进行膝盖的康复训练。我依然是个预备役士兵，但还没决定好要不要回海豹突击队训练。我查询了海军陆战队的信息，也查了几个消防单位的申请流程，但最终我还是拿起电话，准备给BUD/S训练营拨去。他们需要我的最终答复。

我坐在那里，拿着电话，心里想着在海豹突击队训练时的惨痛经历。是的，你每天跑6英里就为了吃饭，这还没包括训练跑。我脑中浮现出游泳、划水，在头顶扛着沉重船体和圆木并成天在护堤上奔跑的画面。心绪一转，我又想起了做仰卧起坐、俯卧撑、直腿上抬和参加O形线课程的日子。我还记得在沙滩上摸爬滚打、没日没夜受尽磋磨的感觉。我的记忆是全身心的，这些回忆让我感觉到彻骨的寒意。寻常人都会放弃，他们会说，去他的，事情本就不该如此，我不会再多折磨自己一分钟。

但我并不是个寻常人。

在拨电话号时，消极情绪像愤怒的阴影般涌上心头。我情不自禁地想，我生来就是要受苦的。为什么自己的心魔、命运、上帝，或是撒旦，就不能让我一个人好好待着？我已经厌倦了一遍遍地证明自己，厌倦了磨砺我的心志。我的精神已经疲惫不堪。但同时，疲惫不堪又是变得坚韧的代价，我知道，如果我退出了，这些感觉和想法不会就此消散。退出可能会让我一辈子活在炼狱中。我会被困在这样的认知里：我没有坚持与苦难斗争到最后。被踢出队伍并不是耻辱，拱手认输才是。如果我生来就是要受苦的，那最好还是继续坚持下去。

训练官欢迎我归队，并跟我确认，我要从第一周、第一天重新开始。和预想中的一样，我的棕色 T 恤要被换成白色，此外他还有个温馨提示。"就是告诉你一声，戈金斯，"他说，"这将是你最后一次回来参加 BUD/S 训练的机会，如果你再受伤，就到此结束了。我们不会再给你第四次机会了。"

"明白。"我说。

235 班会在四周后集合。我的膝盖还没有完全康复，但我最好还是做好准备，因为最后一次测试就要开始了。

挂上电话还没几秒，帕姆就给我打了过来，说她要见我。这是个不错的时机。我又要离开小镇了，这次很可能是永远离开。我得和她坦诚地聊聊。我们都很喜欢与彼此相处的时光，但这对我来说并不是长久之计。我们结过婚，但至今仍是持有截然不同世界观的两种人。这一点并没有改变，而我的不安也没有改变，它们都敦促着我向我更熟悉的事物回头。一遍遍做同样的事却期待不同的结果，这本身就是不理智的。我们俩在一起永远不会合适，是时候摊开说了。

她先说出了她要告诉我的事。

"我来晚了，"她说着冲进大门，手里紧紧抓着一个棕色纸袋，"是真的晚了。"她看上去兴奋又紧张，走进浴室里。我躺在床上盯着天花板，能听到纸袋的沙沙声和撕开包装袋的声音。几分钟后，她打开浴室门，握着一根验孕棒，笑容满面。"我就知道，"她咬着下唇说，"看啊，大卫，我们有宝宝了！"

我缓缓站起身，她用尽全力抱住了我，激动之情穿透了我的心。事情不该变成这样的。我还没有准备好。我浑身是伤，欠着 3 万美元的信用卡，还仅仅是一个预备役士兵。我没有房，没有车，漂泊不定，没有安全感。而且，我甚至不爱这个女人——越过她的肩膀盯着"责任之镜"时，我心里这样想到。镜子从不说谎。

我移开了视线。

帕姆回家去和父母分享这个好消息了。我送她走出我母亲家，随后回来陷进了沙发里。在科罗拉多，我感觉自己已经接受了糟糕的过去，也在那里找到了新的力量；但回到家，我却再次被现实吞没。这不仅仅关于我个人以及我想成为海豹突击队队员的梦想。我得为家庭考虑，而这会让风险变得更高。如果这次失败了，我将不仅仅会在情感和经济上重新回到原点，还会连累我新的家庭。当母亲回到家时，我将一切都告诉了她，和她谈话时，我的恐惧、焦虑、挣扎全都涌了出来。我双手抱头，抽泣起来。

"妈妈，从出生开始，我的人生就是一场噩梦，一场越做越可怕的噩梦。"我说，"我越努力，人生就越糟。"

"大卫，你这么说我不反对。"她说，她知道我经历的一切，不会像哄小孩一样哄我，她从未这样做过，"但我很了解你，知道你会找到走出困境的路。"

"我必须找到出路，"我擦掉眼泪说，"别无选择。"

她让我独自待着，我在沙发上坐了一整晚。我感觉自己已经失去了一切，但我仍在呼吸，这意味着我必须找到继续前行的路。我必须摒弃怀疑，重拾力量，相信我生来就不仅仅是个被海豹突击队拒之门外的可怜虫。在地狱周之后，我感觉自己已经坚不可摧，但没过一周我就变得一无所有。毕竟，我还没有更进一步。我还不够狠，如果想要修补我崩溃的生活，我就必须更狠！

在那个沙发上，我找到了一条去路。

那个时候，我已经学会了如何对自己负责，还知道自己能在激战正酣时攻克他人的心防。我已经越过了许多障碍，也意识到这许许多多的经历，都能将我的心和头脑磨砺得坚韧异常。我能迎接一切挑战。这一切都让我觉得，我已经战胜了自己从前的心魔，其实不然。我只是在忽略它们。我对被父亲虐待的记忆，对被人称作"黑鬼"的记忆，并没有在几次胜利后凭空消失。那些回忆在我的潜意识深处沉眠，其结果就是，我人生的基石上满是裂痕。生而为人，你的个人品质就是你的基石，当你在一块伤痕累累的基石上建立起一系列成功之碑，却也累积了更多的失败时，你的人生本就无法稳固。为了磨砺心志——获得刀枪不入的坚韧头脑——你需要去往你一切恐惧和不安的源头。

我们中的大多数人会把失败和阴暗的秘密掩盖在地毯下，但当遇到困难时，这张地毯就会被掀开，那些黑暗的念头会再次浮现，侵蚀我们的心，影响那些能塑造我们品质的抉择。我恐惧的不仅仅是水，我对 235 班的焦虑也并非源于第一阶段所带来的痛苦。这些情绪从我受感染的伤口中渗出——这是我自小一路走来所受的伤，否认它们，就等于否认自己。**我才是自己要面对的最强大的敌人！ 不是世界，不是上帝，不是恶魔，而是我自己！**

我在排斥过去，就是在排斥自己。我的基石、我的品质都是被自我抗拒所定义的。身为大卫·戈金斯的我，因为从前的遭遇，心中一直深植不安，那也是我一切恐惧的源头。即便后来已经不再在意别人对我的想法，我也依旧很难接受自己。

心智健全、身体健康的人们，往往能坐下来回想 20 件在他们人生中或许会有另一种可能的事。或许他们没有得到公平的待遇，或许他们选择了阻力最小的路。**如果你是接受过去、想要磨砺心志、为自己塑造更坚韧品质的少数人，就要回顾过去，直面往事和一切的负面影响，并接受自己的弱点，如此才能与自己和解。只有承认并接受自己的弱点，你才能最终从往事的阴影里走出来。**在这之后，那些往事才能更高效地为你所用，成为你的能量之源，让你变得更加强大。

在母亲沙发上的那一晚，弯月如钩，我直面自己的心魔，也直面了自己。我无法再回避我的父亲了。我必须接受，他是我的一部分，他骗人、说谎的品性也影响了我——无论我愿不愿意承认。在那一晚之前，我总是告诉别人我父亲已经去世，而不会谈及自己真正的出身。就算是在海豹突击队，我也重复着这样的谎言。我知道原因。当你被击败时，你不会想承认自己的溃败。承认会削弱你的男子气概，所以最简单的办法就是忘掉它，向前走，假装它从未发生过。

我再也不会这样了。

要向前走，重新审视我的人生就变得十分重要。**因为当你认真审视自己的过往经历、看到问题的源头时，你就能在源源不断的痛苦和折磨中找到力量。**接受特伦尼斯作为自己的一部分后，我就能将自己的出身作为自己的能量之源。我意识到，童年时期每一次无法杀死我的受虐经历，都只会让我变得更强，变得像武士刀般锐不可当。

没错，我的人生确实很糟糕，但在那天晚上，我开始把自己的人生想象成背着 50 磅重量的 100 英里负重跑比赛。假使其他参赛选手都没有负重，体重也都只有 130 磅，我依然能和他们一同竞争吗？一旦我摆脱掉了负重，我又能够跑得多快呢？我甚至还没设想过极端情况。对我来说，比赛就是人生，我想得越多，就越意识到我要为即将到来的遭遇做好准备。**生活已经将我在火中反复捶打淬炼，再次回到 BUD/S 训练、感受第三个地狱周，这番经历会让我拥有"痛苦博士"的勋章。我就要成为有史以来最锋利的剑了！**

★★★

　　我进入 235 班执行任务，并顺利度过了第一阶段。第一天，班里有 156 人。我依旧站在前排，但这次不打算领着任何人挺过地狱周。我的膝伤还是没好，投入 BUD/S 的训练榨干了我全部的能量。在接下来的 6 个月里，一切都在有序进行，我对通过训练的困难程度没有任何幻想。

　　一个典型的例子是：肖恩·多布斯。

　　多布斯来自佛罗里达州的杰克逊维尔，从小在贫穷家庭中长大。他也曾和一些跟我心境相似的心魔斗争过，是带着怒意进入 235 班的。我一眼就能看出，他是一名天生的卓越运动员。他在所有比赛中都名列前茅，仅仅训练几次后就能在 O 形线课程上跑出 8 分 30 秒的闪电成绩，而且，他也知道自己并不好惹。正如中国道家所说，"知者不言，言者不知"。

　　在地狱周开始前的那个晚上，他对 235 班的人大放厥词。已经有 55 顶头盔摆在了训练场上，而他确信自己终将跻身屈指可数的毕业生行列。他提到了那些他知道会挺过地狱周的人，也数出了一群他知道会退出的人。

　　他不知道自己正在犯一个典型错误——拿自己和班上的其他人比较。当在进阶训练中击败对手，或是在体能训练中的表现优于旁人时，他就会得意扬扬。这让他自信爆棚，表现更上一层楼。在 BUD/S 训练中，这种事很常见，也很自然。这是被海豹突击队吸引而来的领袖型雄性竞争本性的一部分。但他没有意识到，在地狱周期间，他需要一支坚毅可靠的队伍来共渡难关，他需要依靠而不是击败自己的同伴。他成天滔滔不绝，引起了我的注意。他不知道有什么在等待着自己，对睡眠不足和寒冷的威力一无所知。但很快，他就会领教到这一切。在地狱周的头几个小时里，他表现出众，但那股在进阶训练和计时跑中誓要击败同伴的动力，又在沙滩上冒出了头。

多布斯高 5 英尺 4 英寸，体重 188 磅，壮实得像个消防栓。但因为身材矮小，他和一群较矮的队员被分配到一队，教官都管他们叫"蓝精灵"。事实上，普西肖·皮特还让他们在船头画了一个蓝精灵爸爸，以此嘲弄他们。我们的教官净干些这样的事。他们会想方设法地打击你，这招用在多布斯身上很有效。他不喜欢和自己眼中更矮、更弱的人分到一组，还把气撒在队友身上。第二天，他就当着我们的面折磨自己的队员。他来到船头或圆木前端的位置，一跑起来就提到全速。他没有和队员们确认共同前行的速度、有所保留，而是从一开始就拼尽全力。我最近和他取得了联系，他说，在 BUD/S 受训的日子仿佛就是上周的事。

"我把自己人折磨了个半死，"他说，"我故意打击他们，就好像把他们逼到退出，就能在我的头盔上留下勋章似的。"

到周一早晨时，他已经把队友们磨得够呛。他们队有两个人退出了训练，这意味着他们只剩 4 个矮个子搬运船和圆木。他承认，在那片沙滩上，他正在和自己的心魔抗争。他的基石已遍布裂痕。

"当时我还是个缺乏自尊、没有安全感的人，总想打磨自己，"他说，"我的自负、傲慢和不安，让我的人生更加艰难。"

换句话说，他的精神以一种他从未经历过的方式，崩溃了。

周一下午我们在海湾游泳，当他浮出水面时，脸上满是痛苦。很显然，他已经走不动了，精神也濒临崩塌。和他四目相对时，我能看出他正在问自己那些简单的问题，而且无法找到答案。他就和还在伞兵训练时的我如出一辙，都想寻找一条出路。从那时起，多布斯就成了整片沙滩上表现最差的人之一，而这让他深深受挫。

"所有在我看来连虫子都不如的人都能赢我一头。"他说。很快，他的队伍就减员到了两人，他被调至另一队，队里的人都比他高。当他们抬起小船时，他甚至连船底都摸不到，他对自己身高和过往的不安将他逐渐击垮。

"我开始相信自己不属于这里，"他说，"相信我天生低人一等。就好像我有过超能力，但后来又失去了。我的头脑迷失在一个从未到过的地方，不知自己该何去何从。"

想想他当时的境况。他以优异的表现完成了 BUD/S 最初几周的训练。他从一无所有开始一路走到今天，是一名出类拔萃的运动健将。一路走来，他经历过的一切都能成为他的依靠。他已经充分磨砺了自己的心志，但因为满是裂缝的人生基石，他在现实残酷袭来的时候，失去了对自己心态的掌控，屈从于自我怀疑的思想。

周一晚上，多布斯向医生报告说自己的脚部不适。他确信自己有应力性骨折，但当他脱下靴子时，他的双脚并没有如他想象般出现肿胀、发青发紫。它们看上去相当健康。我知道事情经过，因为我当时也在接受医疗检查，就坐在他身边。我看着他空洞的眼神，知道不可避免的事即将发生。那是一个人向自己投降后会出现在脸上的神情。在退出伞兵训练时，我也有过这样的表情。能将我和肖恩·多布斯永远联系在一起的就是，早在他真的退出之前，我就知道了这件事。医生给他开了点布洛芬，让他重新回去接受魔鬼训练。我还记得自己看着肖恩系好鞋带，想知道他最终会在什么时候完全崩溃。这时，银背大猩猩开着卡车停在一边，大声喊道："这将是你这辈子经历过最寒冷的夜晚！"

当我正和我的队员们扛着船去往那个声名狼藉的钢铁栈桥时，不经意间看到肖恩正坐在银背大猩猩那温暖的卡车后座上。他投降了。几分钟后他将会敲响 3 下钟，并脱下他的头盔放在那里。

多布斯为自己辩解说，这是地狱周的一次噩梦。整天整夜都在下雨，你身上永远没有暖和干燥的时候。而且，指挥中心有人想出了绝妙的主意，认为我们在饮食上不该享受如国王般的待遇。因此，我们几乎每顿都只能吃军队冷餐。他们觉得，这更能考验我们，也更像实战中的情况。这也意味着，我们完全没有一点食物带来的调剂，而摄入的热量不够，也让人很难抵抗痛苦和疲劳，更别提保暖了。

没错，我们处境悲惨，但这正中我的下怀。一个人在灵魂被摧毁后再度挺立，并攻克下前路的一切阻碍——这样充满野性的美，令我生机勃发。这是我参加的第三轮训练，我知道人类的身体能承受多少。我知道我能承受多少，并以我所受的折磨作为自己的养分。同时，我的腿又开始不对劲，膝盖从第一天起就在痛。到目前为止，这种痛我至少还能再忍几天，但受伤的念头却必须从脑中抹去。我进入了一个只有伤痛、折磨和属于自己的黑暗之地。我不再关注同学或教官，而是全身心回归自我。我宁愿死也要撑过去。

我不是唯一这样想的人。在周三深夜，距离地狱周结束还有36 小时的时候，235 班遭遇了悲剧式的重创。我们在泳池里进行一个名为"毛虫游泳"的进阶训练。每个队员都要仰面游泳，我们的腿被锁链捆起来，只能用手划水。

我们在泳池边集合。当时只剩 26 个人了，其中一人名叫约翰·什科普。什科普先生高 6 英尺 2 英寸，重 225 磅，却在训练中病了，一整周都在出入医务室。当我们其他 25 人都立正站在泳池边，个个伤痕累累之际，他独自坐在泳池附近的阶梯上，在寒冷中颤抖。他看起来被冻坏了，热量正从他皮肤上流失。他的身体如同一个开到最大挡位的暖气片，隔着 10 英尺我都能感觉到。

在第一个地狱周时，我得过双侧肺炎，知道那是什么样子。他的肺泡，或者说是气囊里，充满液体。他没法清空液体，因此很难呼吸，而这会加剧他的病情。肺炎失控、恶化，就会导致肺水肿，这是有可能致命的疾病，而他已经快了。

可以肯定的是，他在毛虫游泳的训练中，腿部乏力，整个人像灌了铅的娃娃一般朝池底沉去。两名教官跳进水里将他救了上来，之后就乱成了一团。他们命令我们全部出水，背对泳池沿围栏站成一排，医生则开始抢救什科普先生。我们能听到所有动静，知道他生还希望渺茫。5 分钟后，他依旧无法呼吸，他们便命令我们回到更衣室。什科普先生被送往医院，我们则被通知跑回BUD/S 教室。我们还不知道，地狱周已经画上了句号。几分钟后，大猩猩走进来，将这个冰冷的消息告诉了我们。

"什科普先生死了。"他说。他打量了一下教室。他这番话，对将近一周不眠不休、命悬一线的我们来说，无异于一记重创。但他并不在意。"这就是你们生活的世界。在训练中，他不是第一个去世的，也不会是最后一个。"他抬眼向什科普先生的室友望去，说，"穆尔先生，别偷他的东西。"随后，他离开教室，仿佛这只是一个寻常的训练日。

我被悲痛、反胃和释然感撕裂了。我为什科普先生的死感到悲伤和反胃，但我们也很庆幸地狱周就此结束。加上银背大猩猩处理此事时直截了当、不多废话，我还记得当时自己想，如果海豹突击队里的人全都像他一样，那简直是一个为我量身打造的地方。总之，我百感交集。

看到了吧，想要做我们这份工作，就需要有一定程度上的麻木和钝感，而绝大多数人并不理解这一点。想要在残酷的世界中存活下去，你就必须接受冷血的事实。我并不是在称颂它，也不必以此为荣。但特种部队的世界是冷酷无情的，需要一颗坚韧无情的心。

地狱周提前 36 小时结束了。训练场上没有比萨，没有棕色

T 恤的庆祝会，但 156 人中，还是有 25 个人挺了过来。我再一次成为少数人中的一员，也再一次肿得像个胖子似的，拄着拐杖迎接未来 21 周未完成的训练。我的髋骨完好无损，但两条小腿都有些轻微的骨折。事情变得更糟糕了。教官们都很暴躁，因为他们被迫提前结束了地狱周。也因为这样，他们在仅仅 48 小时后就结束了我们的步行周。从一切可以想见的标准来看，我毕业的机会都再次变得微乎其微。我的情况糟透了。只要动动脚踝，我的小腿就会被牵动着发出钻心的痛——这是一个不可忽视的问题，因为在 BUD/S 训练中，一周通常需要跑 60 英里。想象一下用两条废掉的小腿跑会是怎么样吧。

235 班的大多数人都住在科罗拉多岛的海军特种作战指挥中心基地。而我则和自己的孕妻、继女一起，住在丘拉维斯塔一间距此 20 英里远、每月 700 美元租金的发霉公寓里。在帕姆怀孕后，我和她复婚了，还贷款买了一辆新的本田 Passport——为此我背上了约 60000 美元的债务。我们三人离开印第安纳，在圣迭戈组建了新的家庭。我刚刚撑过了一年内第二个地狱周，而帕姆即将在我毕业时临盆，但我心中没有一丝幸福。事情怎么能这样？我们住在一个几乎无法负担得起的破旧小屋里，我的身体再次支离破碎。要是这次还是没能成功，我甚至就要连房租都付不起了，只得从零开始找新的工作。我无法也不会让这样的事发生。

在第一阶段重新恢复训练强度的前夜，我剃了光头，盯着镜中的自己。在近两年时间里，我一直承受着极端的痛苦，并一直回头找更多苦头吃。只有被失败活埋，我才会冲向成功。在那天晚上，唯一推着我继续向前的东西，就是一切磨砺了我心志、让我更加冷酷的过往。**问题是，我有多坚韧、有多冷酷？一个人能承受多少痛苦？靠两条废腿奔跑的我，能成功吗？**

第二天凌晨 3 点 30 分，我起床驱车驶向基地。我一瘸一拐地走向 BUD/S 基地里我们存放潜水装备的地方，在长椅上躺下，脚边放着我的背包。室内室外都黑黢黢的，我孤身一人待在这里。在翻我的潜水包时，我能听到遥远处翻滚的滔滔海浪。在我的潜水装备下，放着两卷布胶带。我抓起胶带，摇摇头，不可置信地笑了笑，心知自己的计划有多疯狂。

我小心地给右脚穿上一只黑色短袜。小腿摸上去软软的，哪怕是脚踝处最轻微的抽动都会带来剧痛。我用胶带缠住脚跟，之后缠上脚踝，再缠回脚跟，最后绕到脚上，又缠上小腿，直至我的整条小腿和脚部都被紧紧地缠住。这只是第一层保护。随后我拿出另一只黑色短袜，用同样的方式又缠了一遍脚和脚踝。等完全缠好时，我的脚上已经裹着两层袜子和两层胶带了，穿好、系紧靴子后，我的脚踝和小腿就被固定住了，保护得严严实实。我又心满意足地缠好了左脚。一个小时后，我的双脚仿佛已经陷进了石膏里。虽然走起路来还是疼，但移动脚踝时感觉到的疼痛已经可以忍受了——至少自己的感觉是这样。我得弄清我们什么时候开始跑步。

那天，我们的第一次跑步训练对我而言就是一次火中砺炼，我靠着我的髋部屈肌尽力而为。通常来说，我们会让双脚和小腿掌控跑步节奏。但我必须有所保留。我花费了绝大部分的注意力，才能将每个动作进行分解，并从大腿处发力、形成跑动。前 30 分钟，我经历了前所未有的疼痛。胶带勒进了我的皮肤，腿部与地面的撞击给我受伤的小腿骨带来了一波波的阵痛。

而这只是未来 5 个月接连不断的痛苦的开始。我有可能一天天地撑到最后吗？我想到了退出。如果未来注定要失败，我不得不重新为我的人生考量，那这次训练的意义又在哪里？为什么要推迟无可避免的未来？我脑子抽了吗？每个问题最后都归结成同样一个简单的老问题：为什么？

确保失败的唯一方法就是立刻退出！我心想。喧嚣的痛苦正在碾碎我的心神，我无声地呐喊着："痛也忍着！否则这就不仅仅是你的失败，而是你家庭的失败！"

我想象着自己真正取得成功之后的感觉。如果想完成这项任务，我是否能忍受与之匹配的痛苦。这个想法推着我又跑了半英里，随后痛苦如暴风雨般劈头盖脸地袭来，将我裹挟其中。

"想要健健康康地完成 BUD/S 训练都很难，而你现在还伤着两条腿！谁会想到这个？"我问自己，"还有谁能带着一条伤腿跑哪怕一分钟？更别提伤两条腿了！只有戈金斯可以！你才跑了 20 分钟，戈金斯！你他妈就是台机器！从现在开始，你跑到终点的每一步都只会让你更强！"

最后一句话仿佛是一行正确的密码。我那坚忍的心就是我前进的发动机，跑过 40 分钟后，奇迹发生了——疼痛感消退了。胶带已经松了，所以它不再勒入我的皮肤；我的肌肉和骨骼也发了热，足以承受与地面的撞击。我还是会疼一整天，但疼痛感更可控了——当它出现时，我便告诉自己，这是我正变得越来越坚毅的证明。

日子一天天过去，这样的日常循环往复。我会早早来到基地，裹好脚，忍受30分钟极端的疼痛，边自我激励边挺过去。这不是什么"从假装可以到真的可以"的废话。对我而言，每天坚持训练、奋力熬到终点这件事，确实很了不起。教官们也为此称赞了我。他们还提出要把我的手脚都捆住并扔进泳池，看我能不能靠大腿和大臂游起来——事实上，他们不仅仅是提议，他们坚持这样做了。他们管这叫作"浮水法"，而我更愿称之为"溺水法"！

我们的双手双脚被反绑在身后，只能做海豚式打水。而与班上像是和迈克尔·菲利普斯一脉相承的游泳老手们不同，我做起海豚式打水，就像一匹有着相同推进力却只能在原地摇摆的木马。我一直喘不上气，挣扎着停留在水面附近，像鸡一样将脖子探出水面呼吸，却总会往下沉，只得继续努力划水，徒劳地使劲。我为此练了很久。几周以来，我一直在泳池里练习，还试过在我的制服里穿潜水短裤，看它是否能产生一些浮力。结果我就像在紧身短裤里穿了条纸尿裤一样，并没有得到什么帮助。不过，我做的一切确实让我在忍受溺水的感觉时更适应了一些，并最后通过了测试。

在第二阶段，也就是潜水阶段，我们还有另一项残酷的水下进阶训练。同样，训练中包括踩水——这一项乍一听显得那么基础，但事实上，我们要在训练中背上一对装得满满的80升水箱，并缠上重 16 磅的腰带。我们有鳍片，但穿着鳍片蹬池壁会增加我脚踝和小腿所受的压力，让我更痛。在水中，我没办法给小腿缠胶带，不得不强忍痛苦。

穿戴好负重后，我们必须在不下沉的情况下仰泳游 50 米远，翻转过来再游 50 米，重新浮在水面上，全程保持负重！我们不能用任何浮力设备，还得一直抬着头，这让我们的脖子、肩膀、臀背部都异常疼痛。

那天从池中传来的声响令我终生难忘。我们不顾一切想浮到水面呼吸，由此生发出恐惧、懊恼、挣扎的交织声。水声、咕嘟声、喘气声乱作一团。我听到有人喉咙里被淹没的喊声，还有尖锐的叫声。有人沉了下去，脱掉了负重腰带和水箱，让它们沉到池底，自己飞一般地冲上水面。

只有一个人在第一次尝试时就通过了训练。在任何一项进阶训练中，我们都只有三次机会。我也花费了三次机会才最终通过了这个训练。在最后一次机会中，我专注于长时间做流畅的剪刀踢法，并再次使用了我已劳累过度的髋部屈肌，终于勉强通过。

等我们来到第三阶段，在圣克莱门特岛上进行陆地作战训练模块时，我的腿已经痊愈了。我知道自己快完成整个训练了，但最后一关并不意味着它能有多简单。在海岸线上的海豹突击队 BUD/S 训练中心里，训练时会有很多人在一旁围观。各种职衔的军官会停下脚步看你训练，也就是说，有人会越过教官的肩膀查看。而在这个岛上，只有你和教官。他们可以无所顾忌、毫不手软地收拾你——这也是为什么我爱极了这个岛！

一天下午，我们两三人一组，在植被中建造隐蔽点。那时我们已经快走向训练的尾声，人人都精神抖擞、毫无畏惧。大家开始粗心大意、不注意细节，这惹恼了教官。他们将我们叫到一个山谷中，狠狠教训了我们一顿。

我们要做俯卧撑、仰卧起坐、直腿上抬和八拍健美操（波比跳进阶版）。但一开始，他们让我们跪在地上徒手挖坑，让我们挖足够把自己埋到脖子并躺上不知多久的坑。我哈哈大笑着，挖得很深，这时一名教官想出了一个能折磨我的新方法。

"戈金斯，起来。你玩得也太欢了。"我大笑着继续挖，但他是认真的，"我说站起来，戈金斯。你乐过头了。"

我起身站到一旁，看着我的同学们在接下来30分钟里备受折磨，而我却幸免于难。从那时起，教官们就免了我要受的一切惩罚。当我的同学们被命令做俯卧撑、仰卧起坐，浑身满是泥沙时，教官们总是将我排除在外。我以此为荣，自己终于瓦解了BUD/S训练营所有教官的信念，但同时，我也错过了这些折磨。因为我将这些事都视为磨砺头脑、坚毅灵魂的良机。而现在，一切都结束了。

因为训练场是海军海豹突击队许多训练的核心舞台，在这里举行毕业典礼理所应当。我们的家人们纷纷赶来。父兄们挺起了胸膛，母亲、妻子或女友则打扮得美丽动人。在这块沥青场地上，不再有痛苦，不再有悲伤，我们235班的毕业生身着白色制服，头顶那面巨大的美国国旗正在海风中飘扬。我们右边是那口恶名昭著的黄铜钟，有130人敲响它退出了这个可以说是军队里最具

BUD/S 毕业典礼上的母亲和我

挑战性的训练。我们每个人都得到了单独的介绍和感谢。当我的名字被叫到时,我母亲眼含幸福的热泪,但奇怪的是,我没有任何感觉——除了悲伤。

在训练场上以及之后在科罗拉多岛中心海豹突击队选择的McP's 酒吧里,我的队友们骄傲地开怀大笑,聚在一起和家人们拍照。在酒吧里,音乐喧嚣不已,人人喝得酩酊大醉,情绪高昂,仿佛他们刚刚赢得了什么东西似的。老实说,这番景象让我有些气恼,因为我很遗憾看到 BUD/S 训练结束。

在最初锁定海豹突击队时,我要找的是一个要么彻底摧毁我,要么让我坚不可摧的训练场。**BUD/S 为我提供了这样的地**

方。它让我明白人类的意志究竟能走多远，要如何磨炼自己的心才能承受前所未有的苦痛。也正因如此，我得以做到曾以为不可能的事，比如靠骨折的双腿跑步。毕业后，我只能靠自己继续追寻不可能的任务，因为尽管我已成为海豹突击队 BUD/S 训练史上仅有的 36 名美籍非裔毕业生之一，但我挑战命运的旅程才刚刚开始！

挑战#5

现在是时候具象化了！如我所说，一个人平均每小时会产生2000—3000个想法，那么，与其关注一些你不能改变的蠢事，不如具象地想象一下你能做到的事。**选择一个你前进道路上的阻碍，或者设定一个新的目标，然后具象地想象你克服它或者实现它的情景**。在参加任何有挑战性的活动之前，我都会在头脑中描绘一幅胜利时的情景或一种成功的感觉，以此作为开始。我每天都会想着这种感觉，在我训练、竞赛或接受任何任务时，它都会推动着我前进。

但具象化并不是简单地对某个颁奖仪式做白日梦——不论这个仪式是真实的还是一个比喻。你还需要对在这个过程中有可能会出现的挑战进行具象化，并决定好在这些挑战出现时你将如何打败它们。只有这样，你才能在过程中做好万全准备。现在，当我参加竞走比赛时，我会提前走完全程，将胜利的情景和有可能出现的挑战都设想一遍，这能帮助我控制自己的思维进程。你不可能为一切做好准备，但当你提前将策略进行具象化时，你就能尽最大的可能做好准备。

这也同样意味着你要准备好回答一些简单的问题：**你为什么要这样做？ 是什么驱使你朝这个目标前进？ 你用来作为燃料的梦魇是从哪里来的？ 是什么武装了你的意志？ 在遇到疼痛和怀疑组成的高墙时，你需要把这些问题的答案放在手边。**为了推倒这座高墙，你需要依靠坚强的意志驱散黑暗，并从中获得能量。

要记住，具象化并不能帮你抵消没有完成的工作，你不能将谎言具象化。为了回答简单的问题并赢得思维比赛，我使用的所有策略之所以起作用，就是因为我投入了实际行动。在面对困难时，实际行动远比想象重要。将折磨安排进每天的计划里，这需要残酷的自律性，但一旦你这么做了，你会发现在折磨的另一头，是全新的生活在等着你。

这种挑战不一定是身体上的，我所说的胜利也不总意味着你得到了第一名。它可以代表着你克服了一个伴随你终身的恐惧，或是过去曾使你屈服的困难。不论它是什么，将你创造钢铁般意志的过程，以及它带领你去到了何处，告诉世界吧。

Chapter 6

无关奖杯

DAVID GOGGINS

对我来说，这比地狱周更加艰难，比成为海豹突击队队员更意义重大，比被派往伊拉克更具挑战性，因为这一次，我做到了一件我不确定过去是否有人曾经做到的事——在毫无准备的情况下，我跑完了 101 英里。

比赛状况比我期待的要好。空中有足够的云层抵挡太阳的热量。我的节奏稳健，如同冲刷着停泊在圣迭戈码头帆船的柔和海浪一般。尽管双腿有些沉，但考虑到我前一天夜里的"减量"计划，这也在意料之中。此外，当我绕过一个弯，即将跑完我的第9圈，也就是第9英里时，他们似乎都已经松懈下来，仅仅1小时后，我就进入了24小时比赛的状态。

　　就在那时，我看到了约翰·梅茨——圣迭戈一日跑的赛事总监，正在终点线上看着我。他高举着白板，提醒每位参赛选手他们在整场比赛中的用时和名次。我排在第5名，这显然让他有些困惑。我干脆地点点头让他安心，示意他我知道自己在干什么，我目前的位置也正在我的计划之中。

　　他看懂了。

　　梅茨是个老兵，永远是一副彬彬有礼、说话温和的样子。梅茨看上去仿佛对一切都波澜不惊，但他同时是一名经验丰富的超级马拉松运动员，曾参加过 3 次 50 英里的比赛。他曾跑过 7 次百英里的马拉松，还在 50 岁时拿到了 24 小时内 144 英里跑的个人最好成绩！也正因如此，他的担忧让我在意。

我看了看表，同步了我胸前佩戴的心率显示器上的数据。我的脉搏正处于理想数值：每分钟 145 次。几天前，我在海军特种作战指挥中心偶遇了我之前在 BUD/S 训练时的教官——大猩猩。多数海豹突击队队员会在不同任务部署时段轮班当教官，而我和大猩猩曾共事过。我将圣迭戈一日跑的比赛告诉了他，他坚持要我穿戴一个心率监控器检测自己的状态。说起运动表现和恢复，大猩猩可是一把好手。我看着他写出几个公式，之后对我说："把脉搏保持在每分钟 140—145 次，就是你的黄金状态了。"第二天，他送了我一个心率监测器，当作一日跑的礼物。

如果想找出一条跑步路线，指望它能像对核桃那样碾开、嚼碎、踩躏一个海豹突击队队员，圣迭戈的观光点可不是个上佳之选。这里一年四季游人如织，令人惊叹的码头从这里一直延伸到使命湾，人们为了一睹它的风采，蜂拥而至。这条路几乎全是平坦的柏油路，只有一小段 7 英尺的缓坡，坡度和标准的城郊停车道相差无几。这里草坪平整，棕榈树和庭荫树郁郁葱葱，是个颇具吸引力的地方，许多残疾人和康复人群都会带着步行器来这里待一个下午，进行他们的康复训练。但在约翰·梅茨用粉笔画出一条轻松的 1 英里跑步路线后，这里就成了彻底击垮我的地方。

我本该清楚自己会被击垮的。到 2005 年 11 月 12 日上午 10

点开始跑步时为止，我已经有 6 个月没跑过超出 1 英里的路程了。但因为一直坚持去健身房，我看起来还是很健康。那年早些时候，我正随海豹突击队 5 队驻扎在伊拉克，执行我的第二次任务，唯一的有氧运动就是每周在椭圆机上运动 20 分钟。关键是，我的心血管健康就是个彻彻底底的笑话，但我还以为尝试去跑 100 英里的一日赛是个绝妙的想法。

好吧，这一直都是个糟糕的想法，但我却觉得它很可行，因为在 24 小时内跑 100 英里，只需要每英里跑 15 分钟的速度就行。要真是这样，我觉得自己甚至可以快走到这个速度。只是，我没走。当比赛开始的号角吹响时，我嗖地起跑，冲到了队伍最前列——要是想跑砸一场比赛，这么干准没错。

而且，我也没有好好休息够。在比赛前一晚，我下班离开基地，路过了海豹突击队 5 队的健身房，如往常一样往里看了看，想看看有谁还在健身。大猩猩正在里面热身，他大声地招呼起来。

"戈金斯，"他喊道，"快来举个铁！"我哈哈大笑，他盯着我，"戈金斯，你知道，"他说着走过来，"当维京人准备袭击一座村庄时，他们会在外面的树林里搭上用鹿皮和粪便做出来的帐篷，围坐在篝火边。你觉得他们会说——喂，让我们喝点茶、早点睡？还是会说，我们要喝蘑菇酒喝到烂醉如泥，等第二天趁着宿醉、暴怒的状态去干翻那些人？"

只要大猩猩想，他就能变成一个有趣的浑蛋，他眼见着我动摇起来，难以抉择。从一方面说，他永远是我的 BUD/S 训练教官，也是为数不多能坚持不懈、每天都践行海豹精神的教官之一。

166

我总想给他留下深刻的印象，而在跑 100 英里比赛前夜举铁，绝对能令他对我的男子气概刮目相看。再说，他的逻辑在我看来也有道理。我需要让我的大脑进入战斗模式，而举铁则是我最好的准备方式——带上我所有的惨痛经历，准备出发！但说真的，谁会在跑 100 英里之前举铁呢？

我不可思议地摇摇头，将包扔到地上，开始上重量。扬声器里的重金属乐震耳欲聋，我们俩凑到一起准备锻炼。我们将多数精力集中到腿部锻炼上，包括深蹲和 315 磅的硬举。而在此之前，我们则会卧推 225 磅的重量。这是一次真正的力量提升训练，完成后我们并排坐在长凳上，看着我们的股四头肌和腿筋颤抖。真是太有意思了……现在回看则并非如此。

从那时起到现在，超长距离马拉松比赛至少在某种程度上成了主流；但 2005 年时，大多数超级马拉松比赛——尤其是圣迭戈一日跑——仍是很模糊的概念，对我而言是个全新的领域。大多数人在想到超级马拉松时，会想到穿越荒野的越野跑而非巡回赛，但在圣迭戈一日跑的赛场上，有一些专业的跑者。

这是美国的 24 小时全国锦标赛，运动员们从全国各地赶来，希望能获得一座奖杯、一个领奖台上的位置以及胜者能够包揽的微薄奖金——区区 2000 美元。不，这不是一个有企业赞助的镀金比赛，却是美国超级马拉松队和日本超级马拉松队之间的一场角逐。他们双方各派出了由 4 名男运动员和 4 名女运动员组成的队伍，每人跑 24 小时。在这个领域，有一个顶尖的运动员来自日本，她叫稻崎女士，在比赛初期，她和我速度一致。

圣迭戈一日跑中的稻崎女士和我

　　那天早上，大猩猩带着他的妻子和两岁的儿子来观赛并为我加油。他们和我几个月前新婚的妻子凯特挤在路边——那时距我和帕姆的第二次离婚已经过去两年多了。看见我时，他们不禁笑弯了腰。这不仅仅是因为在前一晚的锻炼后，大猩猩仍很疲惫，而我却要在这里跑 100 英里，也因为我看起来是那么格格不入。不久前，当我和他谈起这件事时，他仍然笑了出来。

　　"所以超级马拉松运动员都有点奇怪，对吧？"大猩猩说，"那天早上，其他人都是瘦成了猴、大学教授一样养生的怪咖，只有一个大个子黑人，看起来就像是个突袭者队的后卫一样，打着赤膊在跑道上跑，让我想起了我们在幼儿园听过的那首歌——

168

《与众不同》。看着你这个橄榄球后卫跟那群瘦脱相的书呆子在跑道上跑，我脑子里全是这首歌。我是说，那些跑步的人可真够狠的——我没有否认这一点。但他们对营养什么的都有一套严格的规矩，只有你，穿上鞋就说——来吧！"

他说得没错。我根本没有什么像样的比赛计划。前一天晚上，我在沃尔玛买了张折叠式草坪椅，供凯特和我在比赛中休息，还买了一盒乐之饼干和两份4瓶装的麦普乐功能饮料，当作我一整天的能量源。我没喝什么水，甚至没考虑过我血液里的电解质或钾含量问题，也没吃新鲜水果。大猩猩给我带了一包"女主人"牌巧克力甜甜圈，我几秒就吃光了。我是说，这次比赛我真是毫无准备地即兴上场。不过，跑到15英里时，我仍然排在第5名，仍然和稻崎女士并驾齐驱，梅茨却越发紧张。他跑向我，跟在我后面。

"大卫，你应该慢下来，"他说，"调整一下节奏。"

我耸耸肩："知道了。"

在那个时候，我确实感觉良好，但我的虚张声势确实也是一种防御机制。我知道，如果我在那个时候开始做比赛计划，这个计划就会大到令我难以消化，仿佛要我跑到地老天荒，是一件不可能完成的事。在我看来，策略与时机是站在对立面上的，而当时的我需要的是时机。也就是说，我对超级马拉松简直一窍不通。梅茨没有催促我减速，但他一直密切关注着我。

跑完第4个小时的时候，我已经跑了25英里，依然排在第5名，也依然跑在我的新日本朋友身边。大猩猩已经走了很久了，只有凯特还在给我加油。每跑 1 英里我都能看到她，她站在草坪椅上，给我喝一口麦普乐，给我一个鼓励的笑容。

在此之前，我只跑过一次马拉松，那是我驻扎在关岛时候的事。那是一次非官方比赛，我和一名海豹突击队同事一起在当地我们安排好的路线上跑，但那时，我的心血管状态极佳。而此时此地，我跑完了人生中的第二次 26.2 英里，但这一次我没有训练，而且在跑完这个距离之后，我就意识到我已经跑出了自己可以掌控的范畴。我还要跑 20 小时，面前还有 3 个马拉松的路程。这是很难消化的数据，未来没有可供聚焦的参考系。我真的就是在逆天而行。就在那时，我就开始觉得，这场比赛会惨烈收场。

梅茨还在试图帮我。我每跑 1 英里，他都会跟上来查看我的状态。我状态尚可，就告诉他万事尽在掌控，我有能力解决。这是真的。我发现约翰·梅茨知道自己在说什么。

没错，痛苦越来越真实。我的股四头肌抽搐着，双脚被磨得出血，那个简单的问题又一次在我的额叶间冒泡。为什么？为什么没经过训练就跑 100 英里？我为什么要对自己这样？问得好，尤其是考虑到我直到圣迭戈一日跑开始前 3 天才知道了这个比赛。但这一次，答案与之前不同了。在观光点，我并没有应对自己的心魔，也完全没有要证明什么。我带着比大卫·戈金斯更大的目标而来。这是一场战斗，它关乎我曾经和在未来倒下的队友，以及他们发生意外后留下的家人。

至少在跑到第 27 英里时，我是这么告诉自己的。

★★★

6月在亚利桑那州尤马的美军自由落体跳伞学校度过最后一天时，我得知了关于"红翼行动"的消息，那是一次在阿富汗偏远山地中进行的注定要失败的行动。"红翼行动"是一个4人组的侦查任务，主要负责收集在萨塔洛山区一支不断壮大的亲塔利班武装力量的情报。如果成功，他们掌握的情报将有助于建立未来几周更大规模的进攻战略。参与"红翼行动"的4个人我都认识。

丹尼·迪茨是我在BUD/S训练中231班的同学。他像我一样，也是在受伤后重新开始训练的。迈克尔·墨菲，任务的负责人，此前也和我一样在235班。马修·阿克塞尔森是我在"嗬呀"班毕业时的同学（关于这个班级的传统，之后详述）。马库斯·拉特尔则是我第一次参加BUD/S训练时最开始遇到的人之一。

在训练开始前，每个BUD/S训练班都会举行一个派对，往届学员总能接到邀请。这样做是为了让穿棕色T恤的人传授更多经验，因为你永远不知道有什么经验能够帮助你通过一场关键的进阶训练。马库斯高6英尺4英寸，重225磅，在人群中就像我一样引人注目。我也是个大个头，当时有210磅，他很快注意到了我。从某种程度上说，我们仿佛是一对天生的搭档。他是来自得克萨斯州牧场的硬汉，而我是来自印第安纳州田间的自学成才的自虐狂。不过，他听说我是个跑步好手，而跑步正是他的弱项。

"戈金斯，能给我点建议吗？"他问，"因为我跑步不行。"

我知道马库斯是个狠人，他现实里却那么谦逊。几天后他毕业了，我们进了他的"嗨呀"班，这意味着我们是他们能指挥的第一批人。他们遵循了海豹突击队的传统，让我们在沙地湿身。这是海豹突击队的传统仪式，我很荣幸能与他分享这一刻。在那之后，我有很长时间没有见过他。

当我准备从235班毕业时，我以为我又遇见了他，但那其实是他的孪生兄弟摩根·拉特尔。和马修·阿克塞尔森一样，他也是我"嗨呀"237班的同学。我们本可以遵循这一诗意的传统，但在毕业后我们没这么干，而是自己穿着白色的军礼服冲到了浪里！

我与这件事有点关联。

在海军海豹突击队，你要么参与实地作战，要么训练其他队员，要么就是在学习、打磨各种技能。我们上军校的频率比大多数人的都高，因为我们要接受全能训练。然而，在BUD/S训练时，我并没有学习过自由落体跳伞技术。我们做过静态线跳伞，这种跳伞方式会自动打开我们的降落伞 [1]。那个时候，只有被选中的人才能进美军自由落体跳伞学校学习。我在第二个排待过后，就被选入了绿队，这是士兵在进入海军特种作战研究大队前需要接受训练的队伍，也是海豹突击队的精英队伍之一。这个地方要求我具备做自由落体跳伞的能力，还需要我以最具对抗性的方式面对自己的恐高症。

2005年，我们在北卡罗来纳州的布拉格堡的教室和风洞中开

---

1. 在自由落体跳伞中，降落伞的打开由跳伞人自主控制。

始训练，也是在那里，我和摩根重新取得了联系。在15英尺高的风洞里，我们飘浮在高速流动的空气中，学习纠正身体位置、左右转向、前后移动。哪怕稍动动手掌都会让你产生移动，你很容易就会开始眩晕失控——这种情况永远不容乐观。不是谁都能掌控这些细微之处的，除了我们——在布拉格堡结束第一周训练后，我们就将前往尤马那片仙人掌地里，在那里上机实战训练。

在夏季129华氏度的热浪中，摩根和我一同训练，一同打发时间，如此过了4周。我们搭乘C130喷气式运输机，从高12500—19000英尺的高空上往下跳了数十次。我们以终极高速向地面俯冲，肾上腺素和无端恐惧感飙升，没什么比这更刺激的了。每次我们跳伞时，我都会情不自禁地想起斯科特·吉伦，那个在一次糟糕的高空跳伞中幸存并激励了高中时的我的伞兵。对我而言，他是那片荒漠中永恒的存在和警世的证明：在任何一次跳伞中，任何坏事都可能发生。

当我第一次从高空跳下时，我只感觉到了极度恐惧，无法将视线从我的高度计上移开。我无法接受跳伞，因为恐惧攫住了我的心神。我只能想到我的降落伞究竟会不会打开。我错过了自由落体那不可思议的刺激旅程，也错过了地平线上壮美的群山和周围开阔的天空。但当逐渐习惯这种冒险之后，我对恐惧感的容忍度也随之提高了。我还是恐高，但也适应了这种不适，很快我就能在跳伞时处理多项任务，同时还有余力享受跳伞本身了。7年前，我还在各个快餐店厨房和垃圾场间奔走除虫，而现在，我正在飞翔！

在尤马的最后一个任务，是在午夜全副武装进行跳伞。做这次自由落体跳伞时，我们身负一个重 50 磅的背包，背着来复枪，戴着氧气面罩，还带着化学灯——这很必要，因为当我们从 C130 出舱后，眼前是一片漆黑。

夜色漆黑得伸手不见五指，但我们 8 个人还是一个接着一个地连成一线，跃入了没有月亮的夜空。我们原本要组成一个箭形，当我在这个现实世界的风洞里不断调整，最终来到自己在这个伟大设计中的位置上时，眼前所能看到的，就只有那迂回的光线，仿佛是划破墨色夜空的流星。风向我猛刮过来，我的护目镜上起了雾。我自由下落了整一分钟，当我们在高约 4000 英尺处展开降落伞时，咆哮的风声从龙卷风般的响动化作骇人的死寂，四下静得出奇，我能听到自己胸膛中的心跳。那感觉是如此美妙，当我们全体平安降落后，我们就拿到了自由落体跳伞资格！那时的我们都不知道，在阿富汗的山间，马库斯和他的团队被困在一场事关他们生死存亡的战斗中，正处于海豹突击队历史上最糟糕事件的暴风眼中。

尤马最讨人喜欢的优点之一，就是这里信号奇差。我不太喜欢发短信、打电话，在这儿得到了为期 4 周的清静。从任何一所军事学校毕业时，你要做的最后一件事就是打扫你们班级使用过的区域，直至光洁如新。我负责打扫浴室，这刚好是整个尤马唯一有信号的地方。一走进那里，我的手机就响了起来。关于"红翼行动"的短信像潮水般涌来，读得令人心碎。摩根还没有听说关于"红翼行动"的任何消息，于是我出去找到他，把一切都告诉了他。我必须如此。马库斯和他的队员们全都失踪了，并被推测已经阵亡。他点点头，想了想，说："我弟弟没有死。"

摩根比马库斯早 7 分钟出生。他们在童年时形影不离，第一次分开超过一天的时间，还是在马库斯加入海军之后。摩根选择在参军前先读大学，在马库斯经历地狱周时，摩根曾和他保持同步作息，通宵达旦。摩根想要也需要分享那种感觉，但地狱周的感觉是模拟不出来的。你必须亲身体会，才能有所了解，那些熬过去的人永远不会改变。事实上，在马库斯熬过地狱周，而摩根也成为海豹突击队队员前的那段时间，是他们兄弟俩的情感出现偏差的时间，这既说明了那 130 个小时的威力，也证明了他们之间存在着强有力的情感纽带。当摩根真正体验过地狱周后，一切又恢复了正常。他们俩的后背上各有半个三叉戟的文身图案，只有当他们肩并肩站在一起时，这个图案才真正完整。

摩根立刻出发前往圣迭戈，想搞清楚事情的原委。他还没直接得到任何关于行动的消息，但当他进入城市，手机接收到信号后，也立刻收到了一大波信息。他开车飙到 120 英里的时速，径直冲往科罗拉多岛基地。

摩根跟他弟弟所在小队的所有人都很熟。阿克塞尔森是他在 BUD/S 训练时的同学，随着更多事实一点点传来，对大多数人来说，他弟弟不可能依旧幸存。我也觉得他已经阵亡，但你知道，双胞胎总是有些神秘的感应。

"我知道我弟弟就在那里，他还活着，"当我们在 2018 年 4 月再次联系时，摩根告诉我，"我一直都这样说。"

我给摩根打电话谈起了过去，问起他一生中最艰难的那一周。他从圣迭戈飞回了他家在得克萨斯州亨茨维尔的牧场。在那里，他们每两天会得到一次最新的消息。摩根说，有数十名海豹突击队队员前往照看和关心，整整5天，他和他的家人彻夜痛哭。对他们来说，知道马库斯也许还活着，还孤身一人困在敌区，这简直是种折磨。当五角大楼的官员到达时，摩根斩钉截铁地说："（马库斯）可能身负重伤，但他还活着，要么你们去找到他，要么我自己去！"

"红翼行动"惨败，是因为在那片山区里，活跃的亲塔利班哈吉远比预计的要多。马库斯和他的队员们一被当地居民发现，事态就走到了他们4个人要对抗30—200个荷枪实弹武装分子（据报道，当地亲塔利班武装分子数量就在此区间内）的地步。我们的人承受着火箭弹和机关枪的火力，英勇战斗，4个人打出了漂亮的一仗。通常而言，海豹突击队的每个士兵都能造成相当于5支正规军的伤害，他们证明了这一点。

对抗在海拔约9000英尺的地方，沿着山脊线进行，就在那里，他们的通信出现了问题。他们最终突破火线，将情况明确传达给远在特种作战指挥中心的指挥官后，一支由海豹突击队、海军陆战队和第160特种作战航空团飞行员组成的快速反应部队集结了起来，却因为运力不足而被耽搁了几个小时。海豹突击队没有自己的运输系统。在阿富汗，我们要搭军队的顺风车，而这耽误了增援。

最终，他们登上了两架支奴干运输直升机和4架武装直升机

（两架"黑鹰"和两架"阿帕奇"），出发前往萨塔洛山区。支奴干直升机领航，却在靠近那条山脊线时被小型武器的火力击中。尽管对方火力凶猛，第一架支奴干仍在空中盘旋着，试图在山顶放下8名海豹突击队队员。但因为停留时间太久，他们成为对方的目标，被火箭推进榴弹击中了。直升机打着旋在山间坠毁、爆炸，机上的人全部遇难。剩下的直升机全部撤离，等他们和后续的地面部队重新返回时，包括马库斯3名队友在内的全部被落下的人都已死亡，所有人——除了马库斯。

马库斯遭敌方击中多次，失踪了5天。他被阿富汗当地村民救下，并得到了照料和庇护，最后于2005年7月3日被美军发现，成为那次行动中唯一的幸存者。在那次行动中，有19名特种作战士兵阵亡，其中包括11名海豹突击队队员。

毫无疑问，你曾听过这个故事。马库斯写过一本关于此事的畅销书《孤独的幸存者》，该书还被改编成了由马克·沃尔伯格主演的热门电影。但在遥远的2005年，面对着海豹突击队所遭遇过最惨痛的损失，当时的我还在寻找一个能帮助阵亡者家人的办法。发生这种惨剧之后的援助，不只是为他们解决账单那么简单。他们留下的妻儿需要得到日常基础援助，孩子们最后上了大学也需要交学费。我想尽己所能地帮助他们。

在所有这一切发生的几周前，我曾花一晚上时间检索了世界上最艰苦的徒步比赛，并发现了一个名叫"恶水135"的比赛。在此之前，我从未听说过超级马拉松赛，而"恶水"则是超级马拉松中的超级马拉松。它在海平面以下的死亡谷举行，终点位于惠特尼山口的一条路尽头，那里的海拔则有 8374 英尺。啊，这个比赛在 7 月末举行，在这个时间段，死亡谷不仅是世界上海拔最低的地方，还是最炎热的地方。

看着那个比赛的照片显示在我的屏幕上，我既害怕又兴奋。那里的地势看上去残酷异常，参赛者受尽折磨，他们脸上的表情让我回想起了在地狱周的所见所闻。在那之前，我一直以为马拉松就是耐力赛的巅峰，而与眼前的超级马拉松相比，它简直是小巫见大巫。我将这些信息存档，心想，我总有一天会回来看的。

之后，"红翼行动"一事就发生了，随后我便发誓要参加"恶水 135"比赛，以此为特种作战士兵基金会筹集资金。这个非营利基金会作为一次战场的承诺成立于 1980 年，在广为人知的伊朗人质救援行动中，有 8 名特种作战士兵在一次直升机坠毁事件中阵亡，留下了 17 个孩子。幸存的士兵们承诺会保证让所有孩子都有钱上大学，而他们成立的基金会延续到了今天。在士兵阵亡后的 30 天内，基金会辛勤工作的成员就会向阵亡者的家属伸出援手，"红翼行动"也一样。

"我们就是一群爱管闲事的阿姨，"执行理事伊迪·罗森塔尔说，"我们成为我们学生人生中的一部分。"

他们为学前教育和小学期间的私人辅导教育付费，安排大学访问，组织同辈支持小组，还会给孩子们申请大学以及买书、买笔记本电脑和打印机提供帮助。无论孩子们在学业上能走多远，他们一路提供学费支持，更别提租房和住宿了。他们也会送学生去职业学校。一切都取决于这些孩子。在写到这里时，这个基金会已经帮助了 1280 个孩子。

他们是一家了不起的机构。为了支持他们，在 2005 年 11 月中旬的某天早上 7 点，我给"恶水 135"的赛事总监克里斯·科斯特曼打了电话。我想做个自我介绍，但他直接打断了我。"你知道现在几点钟吗？！"他怒气冲冲地说。

我把电话从耳旁拿远了点，盯着它看了片刻。在那段时间，平常工作日早上 7 点，我已经在健身房锻炼了两个小时，准备开始一天的工作。而这个老兄还半梦半醒着。"明白，"我说，"我会在 9 点再给你打电话。"

第二次打电话也没好到哪儿去，但至少他知道了我是谁。大猩猩和我已经讨论过"恶水"，他也用邮件给科斯特曼发了一封推荐信。大猩猩曾经比过三项全能，带队完成了"生态挑战"运动，还看过几个有奥林匹克资质的运动员在 BUD/S 训练中的表现。在写给科斯特曼的邮件中，他将我称为他见过"最坚忍、耐力最好的运动员"。他将我——一个最初一无所有的孩子——放到了他心目中最佳的位置，这对我意义重大，至今依旧如此。

但这对克里斯·科斯特曼来说毫无意义。他就是那种完全无动于衷的人，他的漠然只可能源于自己的经历。在 20 岁时，他就已经完成了环美自行车赛。在成为"恶水"的赛事总监前，他已经 3 次在阿拉斯加的严冬中跑完了 100 英里的比赛，此外还完成过 1 次以 78 英里作为收尾项目的铁人三项。一路走来，他见过太多本以为了不起的运动员屈服于极限的拷问。

只在周末训练的人往往在经过几个月的训练后，就能报名并完成马拉松比赛，但马拉松跑和超级马拉松之间依旧横亘着鸿沟，而"恶水"赛事毫无疑问更是超级马拉松赛事中的顶峰。2005 年，美国举行了大约 22 场 100 英里跑比赛，没有一场兼具像"恶水 135"这样海拔攀升、酷暑难耐的情况。为了举办赛事，科斯特曼必须争取到 5 个政府机构的许可和协助，其中包括国家森林管理局、国家公园管理局和加州高速公路巡警局。他知道，如果他让任何新手在盛夏时节参与这项世上最艰苦的比赛，就可能会要了对方的命，并让比赛在一夜之间灰飞烟灭。不，如果想得到他的许可参加"恶水"比赛，我就必须靠自己争取。因为靠自己争取，至少能给他一点安慰，让他知道我不会在死亡谷和惠特尼山之间的某个地方变成一具冒着热气的尸体。

在邮件中，大猩猩试图告诉科斯特曼，因为我忙于海豹突击队的工作，所以要参加"恶水"的先决条件——完成至少 1 次 100 英里比赛或 1 场至少跑 100 英里的一日赛——应该可以免除。大猩猩向他保证，如果我能参赛，就一定能跑进比赛前 10 名。科斯特曼对此置若罔闻。年复一年，总有经验丰富的运动员请求他取消这一条件，包括一位马拉松冠军和一位相扑冠军（是的，没错），但他从不妥协。

"我的风格就是，一视同仁。"科斯特曼在我给他回电时说，"我们设置了几条参赛标准，这就是规矩。不过还真巧，这周末圣迭戈要举行一场一日跑，"他继续语带讽刺地说道，"去跑 100 英里再来找我。"

克里斯·科斯特曼没有看错，我正如他怀疑的一样，毫无准备。我确确实实想参加"恶水"比赛，也在计划为比赛做训练，但仅仅为了拿到一个参赛的机会，我就必须抓住时机尽快跑完100英里。否则，在用海豹突击队之名夸下海口之后，我能证明什么？我只能证明自己是在周三早晨给他打电话的一个骗子罢了。这就是我在圣迭戈一日跑前3天才知道这场比赛的始末。

在跑过55英里的标记后，我再也跟不上稻崎女士了，她一直像只兔子一样向前蹦跳。我坚持向前，状态却仿佛正在神游。痛苦的巨浪洗刷着我，我的大腿仿佛灌了铅一般沉重。腿越沉，我的脚步就越乱。我扭动着臀部，以此保证腿部的运动，哪怕只是抬腿1毫米，我都要与地心引力做斗争。啊，是的，我的双脚。那时，我的骨骼变得更加脆弱，我的脚指头已经被鞋头磨伤近10个小时了。我依然在奔跑。我跑得不快，也没有什么节奏，但我一直在跑。

我的小腿是下一块倒下的多米诺骨牌。脚踝关节处每一次细微的扭动，都带来了遭受电击一般的痛苦——仿佛正有毒液在我胫骨的骨髓中流动。这让我想起了在235班缠胶布训练的日子，但这次，我没有带一丁点胶布。再说，哪怕只停短短几秒，重新开始跑步都是几乎不可能的事。

又跑了几英里后，我的肺部开始收缩，胸口咔咔作响，吐出了褐色的黏液。天变冷了，我开始上气不接下气。雾气在街灯周围聚集，街灯四周环绕着彩色的光环，让眼前的世界呈现出脱俗之感。又或者，只有我正处在另一个世界里，一个痛苦才是我的母语的世界。在这里，痛苦与记忆如影随形。

每咳嗽一下，我的肺部就如遇刀刮，我想起了自己参加的第一个 BUD/S 训练班。我又回到了那根圆木上，蹒跚前行，肺部流血——一切历历在目。我睡着了吗？我在做梦吗？我睁大双眼，竖起耳朵，扇着脸颊想要醒来。我感觉自己的嘴唇和下巴上流着鲜血，发现有半透明的鼻涕混着汗液正从鼻子里流出来。大猩猩口中那些书呆子现在正围绕着我，他们跑成一圈，指着我，嘲笑着孤身一人的我——人群中唯一的黑人。他们真的在这样做吗？我又看了一眼，每个跑过我的人都十分专注，他们都有着自己的痛苦。他们甚至看也没看我一眼。

我正在一点一滴地失去与现实的联系，因为我的心神已经自己折叠了起来，承受着生理上的极端痛苦和来自我灵魂深处的阴暗情绪。换句话说，我正在遭受着地狱般的痛苦，而这正是那些自以为生理和心理规则不适用于自己的蠢货要遭受的报应。自大如我，还真以为仅凭几次地狱周，就能稳稳当当地突破自己的极限。

是的，没错，我还没做过这件事。我还没有在零训练的基础上跑过 100 英里。历史上有任何人尝试过这么愚蠢的事情吗？这件事有可行性吗？那个简单的问题，像映在我大脑显示屏上的电子计时器一样反复出现着。该死的念头从我灵魂深处不断向外飘散。

为什么？为什么？你究竟为什么还要这样对自己？！

在第 69 英里时，我遇到了那个斜坡——那 7 英尺的斜坡，也就是一条平缓车道的倾斜程度——任何理智的跑者看到它都会笑出声来。但它却让我膝盖发软，像一辆挂着空挡的货运卡车一样向后晃去。我跌跌撞撞跑着，向地面伸出指尖，几乎快要倒下。我花了 10 秒才通过了这段路，每一秒都像是一根松紧线，将痛楚从我的脚尖送至眼后。我大声咳着，肠胃扭作一团。崩溃近在眼前，我活该崩溃。

跑到 70 英里标志处时，我再也无法向前跑哪怕一步。凯特在终点线附近放好了草坪椅，当我踉踉跄跄地向她跑去时，我眼中出现了 3 个她，正向我伸出 6 只手，要带我去草坪椅上休息。我头昏目眩，已经脱水，严重缺乏钾和钠。

凯特是护士；我也接受过紧急医疗救护训练，看过自己的心理检查表。我知道自己的血压现在可能过低并危及生命。凯特脱掉了我的鞋。我的脚痛并不是肖恩·多布斯那样的幻觉。我的脚指甲盖开裂，水疱也磨破了，白色短袜浸透了血。我让凯特去找约翰·梅茨拿点布洛芬，再拿点她认为可能有用的东西。她离开后，我的身体状态继续下滑，胃部发出响动，低头一看，血尿正顺着腿往下流。我腹泻了。液体状的排泄物在我的屁股和草坪椅间流淌，椅子也用不了了。更糟的是，我还得把痕迹掩盖起来，因为我知道，如果凯特发现我的情况这样糟糕，她会要求我退赛的。

在没有经过训练的情况下，我已经在 12 小时内跑了 70 英里。而这就是我得到的奖励。草坪上，我的左侧是另外4瓶功能饮料，只有像我一样四肢发达头脑简单的白痴才会选这种富含蛋白质的功能饮料来补充水分。在饮料旁边是半盒乐之饼干，另外的半盒此时正在我腹中结成橘色的一团，翻江倒海。

我抱着脑袋在那儿坐了20分钟。在我眼前，其他跑者有的拖着步子跑过，有的飞快经过，有的跌跌撞撞地路过，而时间正在我草草勾画、错漏百出的梦中一点点流逝。凯特回来了，她跪下来，帮我系好鞋带。她不知道我崩溃的程度，也还没有放弃我。至少，这还算是件好事，而且她手里拿着的东西也不再是麦普乐饮料和乐之饼干了。她把布洛芬递给我，之后是一些曲奇饼、两个花生酱果冻三明治，我就着佳得乐饮料一股脑儿吃了下去。随后，她扶着我站了起来。

世界以其轴线为基准晃动起来。凯特又分成了两个人影，接着是3个，但她一直扶着我，直到我眼前的世界变稳，而我也迈出了独立的一步。剧痛上涌。当时我还不知道自己的脚发生了应力性骨折。在超级马拉松的赛道上，狂妄自大要付出沉重的代价，现在，我还账的时候到了。我又走了一步，再一步。我皱起眉，眼眶湿润了。再多走一步。凯特放开了手。我继续向前走。

慢慢地。

太慢了！

以我在70英里标志处停下时的跑速看，想要在24小时里跑完100英里绰绰有余；但现在，我竭尽所能，也不过每20分钟才能走1英里。稻崎女士轻快地从我身边掠过，瞟了我一眼。她眼中也有痛苦，但她仍保持着运动员的状态。我则像具行尸走肉，已经将之前自己跑出的优势尽数相让，看着容错率也一点点消失殆尽。为什么？又是那个同样的无聊问题。为什么？4个小时后，在将近凌晨两点时，我终于跑到了81英里，凯特告诉了我一些消息。

"我觉得，你以现在的速度是不可能按时跑完的。"她走在我身边，鼓励我多喝点麦普乐。她并不委婉，只是实话实说。我盯着她，黏液混着麦普乐顺着我的下颌流下来，眼中毫无生气。这4个小时以来，我每痛苦地迈出一步，都要耗尽全身的力气和全部的注意力，但还不够——如果不更卖点力，我的慈善梦就要破灭了。我又咳又喘，又喝了一口饮料。

"知道。"我轻声说。我知道她是对的。我的速度越来越慢，事情只会变得更糟。

那时，我终于意识到，这场战斗无关"红翼行动"，也无关亡者的家人。可能从某种程度上说这些事有所关联，但它们不可能帮助我在上午10点前跑完剩下的19英里。**不，这场"恶水"比赛，以及我把自己推向毁灭边缘的全部意志，都关乎我自己——我有多想受折磨，我还能承受多少，我还要付出多少**。想要成功，这件事就必须是关乎我个人的事。

我低头看着自己的腿。我能看到，我的大腿内侧还残留着干掉的血尿痕迹。我心想，在这个该死的世界里，谁还在坚持这场战斗？只有你，戈金斯！你没受过训练，你不了解超级马拉松中的补水和应有的状态——你只知道你拒绝投降。

为什么？

有意思的是，陷于舒适区里的我们，更愿意对那些需要我们倾尽全力却依旧胜算寥寥的挑战和梦想抱有希望。当科斯特曼向我抛来挑战时，我正在工作。我刚冲完一个热水澡，吃饱喝足，十分惬意。回首过去，每每想做一件难事，我总是处于一个舒适的环境中，因为当你正悠闲地窝在沙里，拿着一杯柠檬水或巧克力奶昔时，这些难事总显得十分可行。处于舒适区中的我们无法回答那些简单的问题——那些会在酣战中骤然升起的问题，因为我们甚至意识不到它们的来临。

但当我们离开空调房或是毛绒毯子后，那些答案将变得十分重要。当你拖着不堪一击的身体，面对难以忍受的痛苦和前方的未知时，你会迷失自我，而那些问题则会让你中毒。如果没有预先做好准备，如果在那样高强度、极痛苦的环境中没有训练有素的头脑（你不会感觉得到，但这很大程度上是你做出的选择），很可能你唯一的答案就是尽可能快地放弃。

我不知道。

地狱周改变了我的一切。地狱周的经历，让我在距离开赛不到一周才知道这场一日跑时就报名参赛，因为在地狱周期间，你在短短 6 天内历经了人生中各种激昂或低落的情绪。在 130 小时内，你得到了数十年才能得到的智慧。这就是马库斯通过地狱周后，他们两兄弟之间产生隔阂的原因。马库斯被摧毁到跌入谷底，又在谷底发掘了更多潜能——只有亲身经历这一切，才能得到那种宝贵的自我认知。直至摩根也亲自熬过那段日子，他才真正习得了那种语言。

在历经两次地狱周并开始第三次之后，我也成了这种话语体系之中的人。地狱周就是我的家，是这世界上我到过的最美的地方。这里没有时间演变，没有分数，没有奖杯。这是自我与自我之间毫无保留的战争，而当我在圣迭戈观光点跑得溃不成军时，正是此前的地狱周经历让我再度找回了自己。

为什么？！你究竟为什么还要这样对自己？！

因为你是那个坚毅的浑蛋！我在心中呐喊。

我头脑中的声音是那样富有穿透力，以至于我必须克制着不让自己真的叫出声来。我燃起来了。我感觉到体内的能量瞬间凝聚，因为我意识到此刻我还在坚持比赛，这本身就是一个奇迹。又或者这根本不是一个奇迹。上帝没有降临，没有给我赐福。我做到了！在我本该已经退赛 5 小时的时候，我依旧继续向前。正因为自己，我才保留了成功的一线希望。我还记起了另一件事。这已经不是我第一次在做不可能的任务了。我提快了速度，虽然还是在走，但我不再梦游了。我重获生机！我一直在过往中发掘着，在自己想象中的饼干罐里挖掘着、探索着。

记得当我还是个孩子时，无论生活状况有多糟，母亲总会想办法往我们的饼干罐里装饼干。她会买小薄饼、奥利奥、非凡农庄米兰风味曲奇饼干，还有趣多多，只要买了新的饼干，她就会把它们倒进一个罐子里。每次母亲同意后，我们就会拿出一两块饼干。那就像是一场迷你寻宝游戏。我还记得将手伸进罐子里，想知道这次能吃到什么饼干时的快乐。每次将饼干塞进嘴里之前，我都会先好好感恩一番，尤其是那段在巴西城生活的日子里。我会将饼干拿在手里翻看，说出我小小的感恩之词。那种孩提时代因为一块饼干这种简单恩赐而心怀感激的感觉，又一次回来了。我本能地感觉到了，并用这种感觉塞满了一个新的饼干罐——在这个罐子里，满满地装着我过去的所有成功。

比方说我高三要比别人花 3 倍的努力才能毕业的时候——那就是一块饼干。又或者，是曾经入伍的我通过 ASVAB 测试再次进入 BUD/S 训练的时候——这又是两块饼干。我还记得，自己曾在 3 个月内减掉了 100 磅体重，曾克服了对水的恐惧，曾以第一名的成绩从 BUD/S 训练班毕业，还曾在陆军游骑兵学校被授予"荣誉军人"的称号（之后会再详述）。所有那些成功，都是撒着巧克力碎的饼干。

这些不仅仅是闪回。我不只是穿梭在我的回忆里，还真切地进入了我取得那些成功时的情感状态里，并以此再次激活了我的交感神经系统。我的肾上腺素占了上风，痛苦开始消退，脚步也快了起来。我开始摆动双臂、加大步幅。我骨折的双脚依旧流着血，布满伤痕，几乎所有指甲盖都翻了起来，但我依旧在大步向前。很快，我就变成了那个带着痛苦表情追逐其他跑者、和时间赛跑的人。

从那时起，在我需要一个提醒自己究竟是谁、自己能做什么的锚点时，饼干罐就成了我会使用的一个概念。我们的心里都有一个饼干罐，因为生活永远在考验着我们。即使你现在感觉情绪低落，已被生活击垮，我也确信你能想起一两次曾经克服困难、尝到成功滋味的经历。它可以不是很大的成功，只是小小的胜利。

我知道，如今的我们都想要完整的胜利，但当我靠自学提高阅读能力时，能够读懂一个段落里每个词的意思，就已经能让我非常高兴了。我知道，想要从小学三年级的水平提升到高三水平，我还有很长的路要走，但哪怕是那样微不足道的成功，都能让我对学习保持兴趣、发掘自我。想要在 3 个月内减掉 100 磅，就要从第一周能减掉 5 磅开始。那最开始减掉的 5 磅只是一个小小的成就，似乎不值一提，但在当时，它证明了我能减肥，也证明无论我的目标听上去有多像天方夜谭，也不是完全不可能实现！

火箭发射船的引擎是从第一颗星星之火起开始点燃的。我们都需要这样的星火，点燃生命中辽阔无边的梦想原野。**想想你那些细微却闪耀的成功。想要篝火盛大，你最初点燃的不可能是一大截圆木。你会收集一小撮干草，点燃它，再一次又一次拾来更多柴火，最终堆成熊熊烈焰。千里之行，始于足下；星星之火，可以燎原。**

如果你还没有什么大的成就可以激励自己，也没关系。你的小小成功就是值得享用的饼干，一定要大口品尝。是的，当看向"责任之镜"时，我对自己十分严苛，但无论何时，只要取得了小小的成功，我也会夸赞自己——这是我们都需要的，但很少有人花时间去纪念自己的成功。当然，成功的时刻我们或许都会享受，但后来呢？我们会回首过去，一次又一次品尝那份成功的甘甜吗？或许这对你来说有点自恋了，但这可不是在抓着过去的光辉岁月不放。我不是让你一直惦记着过去的辉煌，并拉着你的朋友们听你那些"想当年"——没人会愿意听这些，而是让你吸收过往成功的能量，冲向未来更大的成功。因为当你身陷困境、亲身经受着折磨时，就需要汲取动力，克服自己的疲惫、压抑、痛苦和不幸。我们需要点燃一小簇火花，才能得到最终的烈焰。

但在困境中打开饼干罐，需要专注力和决心，因为一开始，大脑并不会想到那里。大脑会让你想到此刻正在遭受的折磨，会告诉你你的目标无法实现。它想让你停下，这样它的痛苦才能停下。那个在圣迭戈的夜晚，是我生理上经历过的最痛苦的一夜。我从未那样崩溃，也没有谁能成为让我侵占心神的目标。我不是在为奖杯奔跑。我的前方无人阻碍。能让我不断充能、坚持向前的，只有自己。

饼干罐变成了我的能量站。当痛苦过于来势汹汹，我就会伸进去取出一块补充动力的饼干。痛苦的感觉从未消失，但我只会阶段性地感觉到它，因为在剩下的时间里，我的大脑想着那些小小的饼干，这能让我忘却那些简单的问题，缩短痛苦的时间。每一圈都是胜利的一圈，我会庆祝一个个不同的成功，一簇簇小小的火花。81 英里变成了 82 英里，1 小时 30 分钟后，我跑过了 90 英里。没有受过训练的我已经跑过了 90 英里！谁能做到？又 1 小时后，我跑到了 95 英里，而在总共近 19 小时几乎没怎么停过的跑动后，我做到了！我跑到了 100 英里！我真的跑到了吗？我记不清了，所以我又跑了一圈，确保自己跑够。

在跑了 101 英里后，我的比赛终于结束了。我跟跟跄跄地走向我的草坪椅，在雾气中瑟瑟发抖，凯特给我盖上了一条类似雨披的东西。蒸汽从我身上倾泻而出。我的视线模糊了。我记得自己的腿上有什么东西暖暖的，低头一看，我又开始排血尿。我知道之后会发生什么，但卫生间在大约 40 英尺外——也可能是 40 英里、4000 英里。我试图站起身，但一时晕头转向，跌坐回椅子上，动也不动地准备接受无可避免的事实——我就要排泄了。这次情况更糟。我的整个后背都被排泄物弄脏了。

凯特知道情况极其不妙。她冲向我们的丰田凯美瑞，把车倒到我身旁的草坡上。我的双腿像封在岩层中的化石一般僵硬，只能靠着她滑进了车后座。她坐在驾驶室，惊慌失措，想直接把我送去急诊室，但我想回家。

我们住在丘拉维斯塔一个公寓群的二层，上楼时，我靠着她的背，双臂环着她的脖子。她让我靠到灰泥墙上，打开了我们公寓的门。我走进家门没几步，就晕了过去。

几分钟后，我在厨房的地板上醒了过来。我的背后依旧满是脏渍，大腿上是血渍和尿渍。我的双脚有 12 处在开裂流血，10 个脚趾有 7 个的指甲盖翻了，只靠一点死皮和脚趾连接。我们有一个淋浴、泡澡一体的浴缸，她打开淋浴头，随后扶着我爬向浴室、爬进浴缸。我还记得自己赤身裸体地躺在那里淋浴。我颤抖着，感觉自己快要死了，随后又开始排尿。但这次排出的不是血也不是尿，而是像棕色胆汁一般的东西。

凯特惊恐地去客厅给我母亲打电话。她是和她朋友一块儿去看比赛的，那个朋友恰好是个医生。听到我的症状后，医生说我可能是肾衰竭，需要立刻去急诊室。凯特挂上电话，冲进浴室，发现我像胎儿一样向左侧躺着。

"我们得立刻送你去急诊，大卫！"

她一直在说话，在大喊，在痛哭，想穿过迷雾唤醒我。我能听到她说的大部分话，但我知道如果我们去了医院，医生就会给我开止痛药，而我不想掩盖这些疼痛。我刚刚完成了自己一生中最惊人的壮举。对我来说，这比地狱周更加艰难，比成为海豹突击队队员更意义重大，比被派往伊拉克更具挑战性，因为这一次，我做到了一件我不确定过去是否有人曾经做到的事——在毫无准备的情况下，我跑完了101英里。

在那个时候，我发现我一直在低估自己，我还可以发掘自己全新的状态，而**人类的身体能忍受、能完成的事，远超我们绝大多数人的想象——而这一切都取决于我们的头脑**。这不是一个理论，也不是我在书里读到的东西，而是我在观景点亲身经历的事。

这最后一部分，这痛苦与折磨，这是我的颁奖典礼，这是我应得的。这件事证明，我已经掌控了自己的大脑——至少掌控了一小会儿；这也证明，我刚刚做到的事非同凡响。当我躺在浴缸里，像胎儿般蜷成一团瑟瑟发抖、饱受着痛苦之时，我还想到了一些别的事。如果我能在未经受训的情况下跑101英里，那只要稍加准备，我又能做到些什么呢？

挑战#6

清点一下你的饼干罐吧。**再次打开你的日记本，把它们都写下来。要记住，这可不是在你的奖杯室进行轻松愉快的漫步。不要只把你所获得的成就写在清单上，也要包括那些你已经克服了的生活中的阻碍，比如戒烟，克服抑郁或者口吃；再加上那些你一开始失败了，但经过两三次尝试后终于成功做到的小事。**体会一下克服困难、打败对手、获得成功的感觉。然后开始工作。

在开始锻炼前，设定一个困难的目标，让过去获得的成功带领你到达一个新的个人纪录。如果是跑步或骑单车，就花些时间去做放松运动，接着挑战超过你的最远里程，或简单地尝试保持你的最大心率满 1 分钟，接着挑战两分钟。如果你在家，就集中训练引体向上或俯卧撑，在两分钟内尽可能做到最多，然后尝试超过自己的纪录。当疼痛来临并试图阻碍你实现目标时，握紧拳头，拿出一块饼干，让它作为你的燃料，前进！

如果你更关注智力上的成长，就训练自己比以往任何一次都学得更加努力，持续时间更长，或是在一个月内读比以往更多本书。你的饼干罐也能帮到你。因为如果你正确地设定了挑战目标，真实地挑战自己，那么在任何训练中，当你遭遇疼痛、厌倦或自我怀疑的阻碍时，都能回顾过去并克服阻碍。**饼干罐就是你控制自己思维进程的捷径，就这样使用它吧！** 其关键点并不是让你觉得自己真是个英雄，也不是为自己喝彩，而是要让你记起自己曾经有多强，这样你就能把它作为能量，再次在激烈的战斗中胜利！

Chapter 7

最强武器

DAVID GOGGINS

人类的身体就像一辆改装赛车。我们的外表
或许不同，但在引擎盖下，我们都储藏着巨
大的潜能，也都有一个限制我们达到最大时
速的限速器。

在尽享高强度运动、品味疼痛、回顾旧日辉煌的 27 小时结束后，周一一早，我回到了办公桌前。银背大猩猩是我的指挥官，在他的允许和众人皆知的原因下，我原本有两天假可以休息。但尽管浑身肿胀酸痛、痛苦不堪，我还是强撑着从床上爬了起来，一瘸一拐地投入了工作。那天早晨的晚些时候，我还给克里斯·科斯特曼打了个电话。

　　我一直很期待这件事。我想象着他在听到我完成了他给的挑战，在 24 小时内跑完 101 英里后，那惊喜的语调。或许在同意我参加"恶水"官方赛的同时，他甚至会格外尊敬我一些。然而，我的电话被接到了语音信箱。我礼貌地给他留了言，他没有回复，两天后，我给他发了一封邮件：

　　　　先生，您好吗？ 我用 18 小时 56 分钟跑完了要参加

"恶水"所需要的 100 英里……我想知道,现在我还需要什么才能参加"恶水"……这样我们才能开始给(特种作战士兵)基金会募集资金。再次感谢您……

第二天,他给我回了邮件,给我狠狠泼了盆冷水:

恭喜你完成了 100 英里跑。但你那时就停下来了吗?一日跑的关键是跑足 24 小时……毕竟……请继续关注关于你可以申请参赛的公告……比赛将于 7 月 24 至 26 日举行。

祝好。

克里斯·科斯特曼

他的回复让我忍不住觉得他在针对我。周三时他建议我在周六跑一场 100 英里的一日跑,我在他要求的时间内跑完了,他却无动于衷?科斯特曼是一位超级马拉松的老手,因此他知道我冲破了多少阻碍、承受了多少痛苦。很显然,这些事对他没什么意义。

我冷静了一星期,又给他写了邮件,同时研究了其他能充实我履历的比赛。在那年那个时候,已经没有什么可以参加的比赛了。我找到了一场在卡塔丽娜的 50 英里跑,但只有三位数以上的里程才能打动像科斯特曼这样的人。而且,圣迭戈一日跑已经过去一周了,我的身体状态依旧糟糕透顶,在 101 英里后,我连 3 英尺都没跑过。当我精心准备着辩解词时,受挫感也随着光标在我眼前闪动：

> 谢谢您回我邮件。我发现您和我一样喜欢聊天。我仍在打扰您，只是因为这场比赛和我参赛的原因十分重要……如果您有其他任何您觉得我应该参加的比赛，请告诉我……谢谢您告诉我，我应该跑满 24 小时。下次我保证会做到的。

他又隔了整整一周才给我回复，并没有给我太多希望，但至少带了点讽刺：

> 大卫你好。
>
> 如果你能在现在到申请时间——1 月 3 至 24 日——之间多参加几场超级马拉松比赛，那就太好了。如果不行，那就在 1 月 3 日到 24 日递交你写得最好的申请，然后祝自己好运吧。
>
> 谢谢你的热情。
>
> 克里斯

这时，我开始喜欢克里斯·科斯特曼，程度远超我参加"恶水"的可能。我不知道的是——他也从未提过这一点——他是"恶水"许可委员会的 5 个评委之一，这个委员会每年会审查 1000 多份申请。每个评委都会给每一份申请打分，再根据 5 个分数的总和，选出排在前 90 名的申请者。听起来，我的履历还不够充分扎实，排不进前 90。但同时，科斯特曼手里还有 10 个名额。他可能已经给我留了一个名额，但出于某些原因，他一直在敦促我更进一步。我必须再次证明自己能达到参赛最低标准，这样才能得到公平的对待。为了成为海豹突击队队员，我经历了 3 次地狱周；而现在，要想参加"恶水"比赛并为那些有需要的家庭筹集资金，我就得想办法让我的申请无懈可击。

根据他回复邮件中附上的链接，我在"恶水"申请截止前的时间里找到了另一场超级马拉松比赛。它名叫"伤痛 100"（Hurt 100），赛如其名，是世界上最艰难的 100 英里越野赛之一，在瓦胡岛上的三叶丛林中举行。要完成比赛，我必须跑上跑下足足 24500 英尺的垂直高度，从某种意义上说，这已经是一座喜马拉雅山了。我盯着赛事介绍，发现它上下全是陡坡，如同一张心律不齐的心电图。我不能毫无准备地上，至少得经过一些训练，我才有可能完成比赛。但到了 12 月上旬，我依然受着痛苦的折磨，爬楼梯上公寓都完全是一场折磨。

接下来那个周末，我留意到一场在 15 号州际公路通往拉斯维加斯方向上举行的拉斯维加斯马拉松。这不是我第一次知道它。在了解到"圣迭戈一日跑"前好几个月，凯特、我母亲和我就在日历上圈出过 12 月 5 日这天。那是在 2005 年，拉斯维加斯马拉松开始的第一年，我们都想参加那场比赛。只不过那时我完全没为它训练过，之后圣迭戈一日跑就开始了。等来到拉斯维加斯时，我对自己的身体状况不抱有一丝幻想。在我们出发前的那个早晨，我尝试过跑步，但我脚上还有应力性骨折，内侧肌腱的情况也不稳定，哪怕是缠着我发现能够固定脚踝的特制绷带，我也坚持不了超过 1/4 英里的路程。所以在比赛日那天，当我们来到曼德勒海湾赌场度假村时，我并不打算参赛。

那是一个美丽的早晨。音乐在耳边回荡，街上满是欢声笑语，清新干燥的空气带有一丝寒意，阳光灿烂。这是天赐的跑步条件，凯特准备参加比赛。她的目标是跑进 5 个小时，这一次，我乐意当一个啦啦队队长。我母亲也一直想走走，我便想可以和她尽可能走走，到坚持不了之后再打辆车去终点线前为她们欢呼。

早上 7 点的钟声敲响时，我们 3 人随着人群一起站了起来，有人拿起麦克风开始了官方倒计时。"10……9……8……"当他喊到"1"时，号角吹响，我像巴甫洛夫的狗一样心中一动——现在我仍旧不知那是什么冲动。也许是我低估了自己的竞赛精神，也许是因为我知道海豹突击队应该是世界上最狠的角色——就算断了腿、折了脚，我们也该继续奔跑；又或许，我从很久前接受的传说就是如此说的。不管那是什么，我心中的某一点被触动了，只记得自己最后看到的是，当号角声在街上回荡，当我沿着大道冲出去时，凯特和我母亲的脸上那如假包换的震惊和担忧。

在跑前 1/4 英里时，我疼得厉害，但在那之后，肾上腺素接管了我的身体。7 点 10 分，我跑过了第 1 英里，接着就像柏油路在我身后熔化一般继续向前冲。跑到 10 公里时，我的用时大约是 43 分钟。这个成绩不错，但我的注意力并没有放在时间上。想起昨天的感觉，我依旧难以置信自己已经跑了 6.2 英里！我遍体鳞伤，这是怎么发生的？大多数和我一样的人腿都打上了石膏，而我却还在跑马拉松!

　　我跑到了13英里——半程的位置，并看到了官方时钟:"1∶35∶55"。我算了算，发现自己再加把劲就能获得参加波士顿马拉松的资格了。为了获得我这个年龄组的参赛资格，我必须跑进3小时10分59秒。我不可置信地笑起来，喝下一纸杯佳得乐。比赛已经过去了快两个小时，我再也不会有这样的机会了。我已经见过太多的死亡——在我的生活中，在战场上——我知道，意外随时会来。我眼前就是一个机会，如果给我一个机会，我就会拼尽全力!

　　这并非易事。靠着肾上腺素，我跑过了前13英里，但在下半程，每一英寸的距离都变得艰难起来。等到了18英里时，我遇到了瓶颈。在马拉松跑中，这是一个很常见的问题，因为第18英里常常是一个运动员糖原水平的低点，我到达了极限，肺腑剧烈起伏着，双腿仿佛陷在撒哈拉深深的沙地之中。我需要停下来歇会儿，但我没这么做。又艰难地跑了两英里后，我重新恢复了活力。跑到22英里后，我看到了下一个时钟。尽管我落后了30秒，但我还在争取获得波士顿马拉松比赛的资格，为了拿到这一资格，最后4英里我要发挥出最佳水平。

　　我拼尽全力，高高抬起大腿，拉大步幅。当转过最后一个弯、冲向曼德勒海湾终点线时，我就像是着了魔。成千上万人聚集在人行道上欢呼雀跃，我冲向终点，眼前一片美丽的幻景。

　　最后的两英里，我是以不到7分钟的速度跑完的。我以3小时8分钟的成绩跑完了整场比赛，拿到了去往波士顿的门票。在拉斯维加斯街头的某处，我的妻子和母亲依旧在坚持比赛，而我坐在一块草坪上等着她们，心中盘旋着另一个无法甩掉的简单问题。这是一个新的问题，它并不源于恐惧、痛苦或自我限制。这是一个开放的问题：

我能做到什么？

海豹突击队的训练好几次将我逼进绝境，但无论何时被它击倒，我都会爬起来迎接下一次打击。这段经历使我变得坚毅，但也让我想追求更多相同的体验，而海豹突击队的日常生活并不能满足这一点。随后就是圣迭戈一日跑，再来就是这一次马拉松。在甚至走不出 1 英里的情况下，我以（对于一个周末跑者而言）不可思议的速度跑完了一场马拉松。从生理上来说，这似乎是两件毫无胜算的事。但，它们真实地上演了。

我能做到什么？

我无法回答这个问题。但在那天，在环顾终点线四周，心中想着我已取得的成就时，我可以肯定地说，我们明明有那么多宝藏，却白白把它们摆在桌上视而不见。我们习惯性地安于现状而非做到最好；在工作中、在学校里、在处理人际关系时、在体育场或竞赛中都是如此。我们安于现状，也教孩子们有所保留，所有这一切都在我们身边发生、重复，扩散至整个社会。我要说的不是在拉斯维加斯的糟糕周末，也不是我们白白损失的那些宝藏。在那一刻我意识到，在这个永远糟糕透顶的世界上，我们错失了那么多美好与辉煌，这些损失不可估量，而这种错失至今依旧在延续着。从那时起，我就从未停止过这样的思考。

★★★

从拉斯维加斯回家后没几天，我的身体状态就反弹了，这意味着我回到了一种新的常态：要面对和从圣迭戈一日跑回家后一样严重但仍可以忍受的疼痛。

到下个周六时，疼痛感依然存在，但我已渐渐康复。我需要开始训练，否则就会在"伤痛100"的越野跑中被击溃，再也没有参加"恶水"的可能。我已经读了关于为超级马拉松做准备的内容，知道要让自己跑几个"百英里周"，这一点至关重要。在1月14日的比赛日之前，我只有大约一个月的时间来锻炼体力和耐力了。

我双脚和小腿的状况还是很糟糕，于是我想出了一个新办法来固定我双脚和腿部的骨骼。我买了一些高性能衬垫，把它们剪成贴合我脚底的形状，再将我的脚踝、脚跟和小腿低处都缠上压力胶带。我还往鞋里塞了楔形跟，以此矫正我跑步的姿势，减轻压力。在忍受过剧痛之后，我用了许许多多这些小玩意儿，才获得了（近乎）无痛的奔跑体验。

在跑"百英里周"的同时保持稳定的日常工作，这并非易事，但不是逃避的借口。我从丘拉维斯塔到科罗拉多的16英里通勤路成了我的跑道。在我居住期间，丘拉维斯塔是个鱼龙混杂的地区，其中较好、较新的是中产阶级街区——我们就住在那里，而周边则环绕着脏乱差的危险街区。那就是我在黎明时分要经过的地方，它位于立交高速公路下方，沿途是家得宝的货运码头。这儿不是你能在旅行小册子上看到的阳光普照的圣迭戈。

我呼吸着汽车尾气和腐败垃圾的气息，留心着四下逃窜的老鼠，躲避着无眠流浪汉的棚子，之后会到因皮里尔滩。在海边，我会沿着银色海岸的自行车道跑上 7 英里。它位于科罗拉多岛地标性酒店——科罗拉多酒店的南边，周边的一座座高档公寓大楼俯瞰着这片海滩。这也是海军特种作战指挥中心所使用的沙滩，在那里，我日日夜夜练习跳伞和射击。我活在海豹突击队的传奇之中，努力让传奇在现实中延续！

我每周至少跑 3 次这段 16 英里的距离。有时我还会跑回家，在周五时会加个背包跑。在我的标准背包的袋子里，我会装上两块 25 磅重的负重物，负重跑足 20 英里以锻炼四肢力量。我热爱在早晨 5 点起床，在海滩做 3 个小时有氧运动后开始一天的工作，而此时我的大多数同事甚至还没喝完他们的咖啡。这给了我一种心理优势、一种更好的自我意识感以及极大的自信——这些让我成为一名更优秀的海豹突击队教官。这就是破晓时分起床拼搏所能带给你的。它会改善你人生的方方面面。

在真正刚开始工作的第一周，我跑了 77 英里。在接下来的一周我则跑了 109 英里，其中包括在圣诞节当天跑的 12 英里。再接下去一周，我增加到了 111.5 英里，包括在元旦当天跑的 19 英里。之后那周我开始减少练习，但依旧跑了 56.5 英里。这些全都是在路上跑的，但摆在我面前的则是一场越野跑，而且我此前从未跑过越野跑。我在丛林里跑过很多次，但还没有跑过正式的

	AM	NOON	PM
WEEK 3 TOTAL=111.5 WEEK 3			
MON 26 DEC TOTAL: 15m	15 MILES		
TUE 27 DEC TOTAL: 20m	20.0 MILES	FIRST DAY NEWS/1.5	
WED 28 DEC TOTAL: 14m		14.0 MILES	
THU 29 DEC TOTAL: 11m		11.0 MILES	
FRI 30 DEC TOTAL: 16.5m		16.5 MILES	
SAT 31 DEC TOTAL: 16m	11.4 MILES	4.6 MILES	
SUN 1 JAN TOTAL: 19.0m	17.0 MILES		2.0 MI
WEEK 3 TOTAL = 111.5 MILES			

"伤痛100"第3周的训练日志

计时比赛。"伤痛100"是一场以 20 英里为循环的比赛，我听说只有极少数人能跑完完整的 5 圈。这是我最后一次为我的"恶水"简历添砖加瓦了。我对成功完成比赛寄予厚望，而关于这场比赛，关于超级马拉松，有太多我还不了解的东西。

我提前几天飞到火奴鲁鲁，住进了 Halekoa 酒店，这里是现役军人和退伍军人在家人前来此地时和他们同住的地方。我研究过地图，知道基本地形，但还没有近距离考察过，于是在比赛前一天，我驱车前往夏威夷自然中心，凝视着天鹅绒般的玉色山脉。我目之所及，只有一片陡峭的红土地，隐没在郁郁葱葱的绿树之中。我沿着越野路线走了半英里，但只能走这么远了。我慢慢一点点向前，第一英里是陡峭的上坡路。之后的一切对我而言依旧是未解的谜。

在 20 英里的路程中只有 3 个救助站，大多数运动员都自力更生，有他们的一套营养方案。而我是个新手，不知道自己需要如何补充能量。比赛当天早晨 5 点 30 分，我在酒店遇到了一个女人，当时我们都正准备离开酒店。她知道我是个新手，就问我带了什么当能量。我给她看了我那一点点调味能量棒，还有我的"驼峰"水壶。

"你没带盐丸？"她震惊地问。我耸耸肩。我不知道盐丸是什么玩意儿。她倒了 100 颗在我手里。"每小时吃 2 颗。它们能防止你抽筋。"

"明白。"她笑了笑，摇着头，仿佛能看到我悲惨的未来。

我开局不错，感觉很好，但比赛开始不久后，我就意识到这是一条魔鬼路线。我不是在说它的坡度和高低起伏——这在我预料之内。让我惊讶的是那些岩石和树根。幸运的是前几天没有下雨，因为我只有一双标准跑鞋能穿，而这双鞋的鞋底已经快磨平了。随后，在第 6 英里时，我的驼峰水壶坏掉了。

我抛下它继续跑，但没有水源，我只能依赖救助站补水，而它们还远在好几英里之外。我的身边目前甚至没有支援团队（或者一个后援）。凯特此时正在海滩上优哉游哉，直到比赛后程才会出现——这是我的错。我向她保证这是一次度假之旅，才让她同意一同前来，而在当天早晨，我依旧坚持她先去玩，自己受苦就好。不管有没有驼峰水壶，我的想法都是从这个救助站跑到下一个救助站，看看会如何。

在比赛开始前，我听到大家都在谈论卡尔·梅尔策。我赛前也看到了他在做拉伸和热身。他绰号"竞速山羊"，正打算成为第一个在 24 小时之内跑完这场比赛的人。而我们剩下的这些人，则只能以 36 个小时为限。我跑第一圈花了 4 小时 30 分，之后也感觉良好——这在我预料内，毕竟我准备了相当长一段时间。但我依然有些担心，因为每一圈都有上上下下大约 5000 英尺的高度变化，每跑一步都要高度集中精神才能不扭伤脚踝，这让我本就紧绷的神经雪上加霜。我的内侧肌腱每刺痛一次，感觉就像是神经裸露在空气中一样；我知道，一次失足就能让我带伤的脚踝废掉，让我的比赛泡汤。我无时无刻不感觉到压力重重，结果就是燃烧掉了高于预期值的能量。这成了一个问题，因为我几乎没有能量可以补充；而没有水源，我也无法有效补水。

跑完第一圈后，我疯狂灌水喝，带着满肚子叮咣作响的水开始了第二圈，慢跑着通过 1 英里长、800 英尺高的坡进入山中（基本是直接上山）。这时开始下雨了。我们的红土越野路在几分钟之内变得泥泞不堪。我鞋底的纹路间填满了泥，变得像滑雪板一样滑。我蹚过深及小腿的水坑，上下坡时脚下都在打滑。这是一项要动用全身力量的运动。但至少，有水了。只要口渴了，我就仰起头张开嘴喝雨水，雨水顺着三叶丛林的树冠流下，尝起来有种枯枝败叶的味道。富饶雨林中野生的恐惧侵入我的鼻孔，我满脑子只能想到我居然还要跑 4 圈这个事实！

跑到 30 英里时，我的身体发出了一些积极的信号，又或许这只是假象？我脚踝处的肌腱疼痛已然消失……因为我的双脚已经肿得太大，足够稳定肌腱了。这从长期来看是一件好事吗？也许不是，但在超级马拉松中，你得利用能利用的一切条件，才能1英里、1英里地跑下去。与此同时，我的股四头肌和小腿疼得就像被大锤猛砸过一样。是的，我已经做了很多跑步训练，但大多数训练——包括我的负重跑——都是在圣迭戈的平地上而非湿滑的雨林中进行的。

等我跑完第二圈时，凯特正在等着我。在威基基海滩度过悠闲的早晨后，她惊讶地看着我如同《行尸走肉》中的僵尸一样从雾中渐渐出现。我坐下来大口灌水。那时，关于这是我第一次参加越野跑的话已经传开了。

你有过这样的经历吗——被公开处刑，或是自己本就在某天、某周、某个月或某年里过得很糟糕了，而你周围的人还觉得自己可以对你的破事评头论足？或许他们会让你想起所有那些能确保得到不同结果的办法？现在想象一下，在承受着这些消极情绪的同时，还要在湿热的雨天里大汗淋漓跑上60英里的状况——是不是很可笑？是的，我就是这场比赛的谈资。没错，我和卡尔·梅尔策。没人相信他是冲着24小时内跑完的成绩去的；而缺乏补给、没有准备、没有跑过越野赛的我，会出现在世界上最艰难的越野赛场上，也同样让人困惑。到我开始跑第3圈时，参赛的近百人已经只剩下了40人，我开始和一个名叫路易斯·埃斯科巴尔的人一起跑。我第10次听到了这样的话：

"所以这是你第一次跑越野跑？"他问，我点点头，"你真的选错了……"

"我知道。"我说。

"这个比赛对技术的要求太……"

"对。我就是个白痴。我今天已经听得够多了。"

"没关系，"他说，"我们都是白痴，老兄。"他递给我一个水瓶，他一共带了 3 个，"拿着。我听说你的驼峰水壶坏掉了。"

这是我的第二场超级马拉松比赛，我开始理解它的节奏了。这是介于竞争与团结之间持续不断的舞蹈，这让我回想起 BUD/S 训练来。路易斯和我在和时间赛跑，也在和彼此赛跑，但我们都希望对方能成功。我们各自为战，又相互团结。他说得对。我们是一对白痴。

黑暗降临，我们陷入了漆黑的雨林之夜。我们肩并肩跑着，头顶灯的光芒融于一体，交织成一片更广的光域。而一旦我们分开，我就只能看到自己眼前有个黄色的光球在跳跃。不计其数的枝干——有小腿那么高的圆木，滑溜溜的树根，覆满青苔的石头——一切都看不见。我脚下打滑，跑得跌跌撞撞，时常摔倒，不停咒骂。雨林的声响无处不在。引起我注意的不只是昆虫世界。在夏威夷所有的岛屿上，在山里弓猎野猪都是一项主要的消遣，猎手大师们常常把他们的比特犬拴在雨林里，搜寻野猪的味道。我听到过那些饥饿猎犬撕咬、咆哮的声音，也听到过一些野猪的厉声尖叫。我嗅到了它们的恐惧与愤怒，它们屎尿的气味和它们酸臭的呼吸。

听着附近的犬吠，我的心脏漏跳了一拍，我跳到一块湿滑的地上，面临着受伤的风险。踏错一步我就可能出局，"恶水"也将随之成为泡影。我能想象科斯特曼听到这个消息时自以为一切如他所料般点头的样子。我很了解他，他从未那样对待过我，但当时我的大脑就是这么想的。在瓦胡岛陡峭幽暗的群山之中，我的疲惫加剧了我的压力。我感觉已经快到自己的极限了，但还有40多英里要跑！

在赛程后半段，经过一段技术性挑战极高的长长下坡，跑入一处黑暗潮湿的森林后，在前方越野路的路口处，我看到了另一盏在不停打转的灯。那个选手正在胡乱绕圈，当我追上他时，才发现那是一名我在圣迭戈遇到过的匈牙利跑者，名叫阿科什·科尼亚。他是圣迭戈一日跑赛场上最出色的选手之一，当时他在24小时内跑了134英里。我很喜欢阿科什，相当尊敬他。我停下来，看他不停绕圈，一遍又一遍重复同样的路线。他在找什么东西吗？他产生幻觉了吗？

"阿科什，"我问，"老兄，你还好吗？你需要帮助吗？"

"大卫，不！我……不，我没事。"他说。他的眼神晦暗不明。他有些神志不清，但我也只能勉强支撑，除了在下个救助站将他不停转圈的事告知工作人员，我不确定自己还能做什么帮到他。正像我说的那样，在超级马拉松比赛中，有团结也有竞争，因为他没有表现出明显的痛苦，也拒绝了我的帮助，我只能狠下心来。我还有两圈要跑，别无选择，只能前进。

我蹒跚着回到起跑线，跌坐进我的椅子里，头昏眼花。天黑得像在太空一样，气温正在下降，雨依旧飘泼。我已经来到了自己极限的边缘，不确定自己是否还能举步。我感觉自己的能量已经被榨干到还剩至多 1%。我的灯还亮着，引擎还在抖动，但我知道，要想完成比赛、参加"恶水"，我必须挖掘更多。

但在每迈一步都痛苦万分的时候，为什么还要逼自己？当痛苦循环往复，穿透你身体每个细胞、恳求你停下来的时候，为什么还要继续？这很难解释清楚，因为每个人可承受的阈值是不同的。相同的是那股想要放弃的冲动。我们感觉自己已经付出了一切，感觉自己扔下未竟之事离开也无可厚非。

现在，我很肯定你们已经发现，我不需花费太多就能投入极大热情。有些人会批判我的热情程度，但我不会和当前那些想要主导美国社会的主流心态同流合污；那种心态告诉我们要随大溜，或是让我们学习如何走捷径。这些关于捷径的废话，去他的吧。我接受自己的热爱，对自己有更多要求和愿望，就是因为我已经学到了，只有超脱痛苦和折磨，突破自己感知到的极限，我才能取得生理和心理上更多的成就——在耐力比赛中，也在我的整个人生之路上。

我相信，你也一样。

人类的身体就像一辆改装赛车。我们的外表或许不同，但在引擎盖下，我们都储藏着巨大的潜能，也都有一个限制我们达到最大时速的限速器。在汽车里，限速器能限制燃油和空气的流量，防止汽车过热，这也限制了汽车性能的表现。这是一个硬件问题；限速器可以很轻松地拆下来，不信你拆掉你的试试，你的车就能嗖地开出高于每小时 130 英里的速度。

这对人类来说是一个微妙的过程。

我们的限速器被深埋于大脑中，与我们的个性交织于一体。它知道我们的爱恨；它贯穿我们的一生，会组成我们自我认知的方式，以及我们希望自己被如何看待的方式。它是传递个人反馈的软件——以痛苦和疲惫的形式，也以恐惧和不安的形式。它会用尽一切手段，在我们冒险放手一搏之前鼓励我们放弃。然而，问题的关键在于，它对我们并没有绝对的掌控力。和汽车里的限速器不同，我们的限速器是无法阻止我们的——除非我们听信了它的鬼话，同意放弃。

遗憾的是，**我们中大多数人在只投入了 40% 的努力后就放弃了。哪怕在我们感觉自己已经全力以赴、达到极限时，我们都还有 60% 的潜能！** 这就是限速器在起作用！一旦你知道了这个事实，想要提高自己的痛苦忍受度就变得易如反掌，放下你的个性和自我限制，这样才能发挥你 60%、80% 甚至更多的潜能。**我称其为"40% 定律"**，它强大无比，因为只要遵循它行事，你就能让大脑的表现取得质的飞跃，在体育和生活中表现出众，获得远不止于物质的成功。

40% 定律适用于我们所做的一切事务。因为在生活中，没有什么能完全如我们所愿。无论是在工作中还是在校园里，我们总要面对挑战；在我们最亲密或最重要的人际关系中，我们也时时面临着考验；在某些时刻，我们总想放弃投入，放弃目标和梦想，出卖我们的幸福。因为我们会觉得自己已筋疲力尽，仿佛无法再付出更多——而此时，我们甚至还没用到深藏于自己头脑和灵魂中一半的潜能。

我知道自己能量即将耗尽时的那种感觉——我经历过无数次。我理解放弃有多么诱人，但我也知道，那股冲动是由你渴望舒适的大脑驱使的，它没有告诉你事实。你的个性在试图寻找庇护，而不是帮助你成长。它安于现状，而不是追求伟大或完满。但你需要用来关停限速器的软件更新，并不能通过超声速下载得到。想要获得 20 年的经验，就得花费 20 年的时间，突破自己40% 能量的唯一办法，就是日复一日磨砺你的头脑。这意味着，你必须将追求痛苦视作像你的工作一样的存在！

试想一下你是一位拳击手，第一天比赛时你下巴上挨了一拳。这一拳实在太疼了，但如果当了 10 年拳击手，你是不会被一拳阻挡的。你会承受住 12 回合的痛击，并在第二天重回战斗。这并不是因为那一拳失去了力量；你的对手甚至可能更加强大。发生改变的，是你的大脑。你已经磨砺了你的大脑。在很长一段时间里，你在心理和生理上的忍耐力已经大大提升，因为你的内心已经明白，你能承受的远多于那一拳，如果你能坚持做任何想要击溃你的任务，你就能收获颇丰。

不想打斗？再打个比方，比如你想跑步，却有个脚趾破了。我敢打赌，如果你继续跑，很快就能适应带伤奔跑的状态。这听上去有点不可思议，是不是？我知道这是真的，因为我就曾拖着伤腿奔跑，而这个认知帮助我忍受了极限跑步中的一切痛苦，让我在任何能量耗尽的时刻，都能及时以自信之源为自己续能。

不过，没人能立即调动或一次调动完这 60% 的潜能。首先要记住的是，你最初的痛苦和疲惫源于你的限速器。一旦认识到这一点，你就掌控了你脑中的对话，就能提醒自己，你并非如你以为的那般筋疲力尽。你还没有全力以赴，甚至还差得很远。接受这一点后，你就能继续坚持战斗，这就值额外的 5% 了。当然，说起来容易，做起来难。

要开始跑"伤痛 100"的第 4 圈并非易事，因为我知道这会有多痛。当你耗尽了 40% 的能量，感觉自己已累得奄奄一息、严重脱水、精疲力竭、痛苦不堪时，要找到剩下的 60%，似乎是不可能的。我也不想让自己继续受折磨——没有人想！正因为这样，"疲惫让所有人都变成懦夫"这句话才仿佛至理名言。

要告诉你的是，那一天的我也还不了解 40% 定律。跑"伤痛 100"时我第一次开始深思这个道理，但我已经太多次碰壁，并学会在哪怕最低谷的状态下也能坚持，同时保持开放的心态，重新校准自己的目标。我知道，坚持战斗永远是最难但也最值得迈出的第一步。

当然，在你上完瑜伽课，或是在海滩上漫步时，要保持开放的心态是很简单的；但当你正饱受折磨时，这一点就变得困难起来。而在工作中、在学校里遇到磨人的挑战时，也是一样的道理。也许你正面对着一次 100 道题的测验，也知道自己已经被前 50 题难住了。在那个时间点，想维持必要的自律，要求自己继续专注地考试或许相当困难。但这一点相当关键，因为我们可以从每一次失败中汲取经验，哪怕那只是一次为下个考试做准备的测验而已——因为下一次考试即将来临，这是可以确定的。

开始跑第 4 圈时，我并没有多么坚定，只是抱着走一步算一步的心态。第一个坡跑了一半后，我头晕目眩，不得不坐在一棵树下休息。两个选手先后跑过我身边，要查看我的状态，我却摆摆手让他们继续跑，告诉他们我没事。

是的，我没事。我就像寻常时候的阿科什·科尼亚一样。

从那个位置，我能看到前方小山的山顶，并鼓励自己至少走到那个地方。如果之后还想放弃，我就会告诉自己，我很乐意退出，没跑完"伤痛 100"也没什么可耻的。我一遍遍地对自己如是说，因为这就是我们的限速器在起作用。即使在阻止你实现目标的时候，它也会让你心安理得。不过一旦爬上了山顶，更高、更开阔的视野就会给我一个新的视角，让我看到更远处，并决定再多走一段满是泥泞、乱石丛生、盘根错节的路——在永远放弃之前。

我来到那里，低头看着那长长一段下坡，尽管难以下脚，但它还是显得比上坡容易多了。就算没有意识到这一点，我也已经来到了能够思考策略的阶段。在第一次爬坡时，我过于昏沉、虚弱，整个人陷入了困顿，大脑思维不畅，根本无心思考策略问题。当时的我只想退出。而只要多走一点点，我就重启了我的大脑。我冷静下来，意识到我可以将比赛分割成块，以这种方式比赛可以给我希望，希望使人欲罢不能。

我以这种方式给比赛分了段，得到了 5% 的补给，发掘了更多能量，靠着它们撑到了凌晨。我太累了，几乎站着都能睡过去，而这在遍布弯路和下坡的越野赛中极其危险。任何跑者都能轻易地陷入无意识的梦游状态。糟糕的越野路况能让我保持清醒。我摔倒过好几十次，鞋也跑得不成样子。我感觉自己就像在冰面上跑，避无可避的摔倒让我不适，但至少它能让我醒着。

以这样跑一会儿再走一会儿的方式，我终于跑到了 77 英里处，进入了最艰难的阶段。此时，我遇到了卡尔·梅尔策——"竞速山羊"——他正在我身后爬山。他头上戴着一盏灯，腰上还系着一盏，腰包上还有两瓶水。在淡粉色的晨光中，他的身影冲下斜坡，穿过了一段会让我跌跌撞撞、要攀着树枝才能站得住的地带。在离终点线还有 3 英里的地方，他就要套我的圈了，他的速度创下了这个赛事新的纪录——22 小时 16 分钟；但我记得最清楚的，还是他在以每英里 6 分 30 秒的速度奔跑时那优雅的姿态。他轻盈地掠过泥沼，周身如有禅意。他的双脚几乎只轻轻点地而过，那真是一幅令人赏心悦目的图景。"竞速山羊"就是那个活生生的答案，那个足以回答在拉斯维加斯马拉松之后一直盘旋在我脑中的答案——

我能做到什么？

看着这个硬汉飞一般滑过那片最难跑的区域，我意识到，在这个世界上还存在着另一个完全不同层级的运动，而我也有进入其中的潜质。事实上，我们人人都有。我并非在否认基因对于运动能力的影响，也不是在说人人都有潜力用 4 分钟跑 1 英里，像勒布朗·詹姆斯一样扣篮，像斯蒂芬·库里一样投篮或是在 24 小时内跑完"伤痛 100"。我们的基础不同，极限也不同，但我们人人都有远多于自己所知的能量，当说到超级马拉松这样的耐力运动时，人人都能达到他们过去曾以为无法企及的高度。为了达到这个高度，我们必须改变自己的大脑，与自己的本性抗争，发掘更多的潜能，取得更高的成就。

我们必须移除我们的限速器。

在跑"伤痛100"那天，在看到梅尔策像个超人般奔跑后，我痛苦不堪地跑完了自己的第4圈，并花了点时间看他在团队簇拥中庆祝胜利。他刚刚取得了史无前例的成就，而我则还有一圈要跑。我双腿麻木，双脚肿痛，不想再继续跑了，但也知道这是我的痛苦在作祟。我真正的潜能还未被发掘。现在回头看看，我会说我已经付出了60%的努力，这意味着我才刚刚用掉了自己一半多的能量。

我想坐在这儿告诉你，我拼尽全力跑完了第5圈，但在极限运动的世界里，我仍不过是个过客。我还不是自己头脑的主宰。我还在实验室里探索着，我的第5圈，也是最后一圈的每一步我都是走过来的。我花了8个小时，但雨已经停了，夏威夷热带的温暖阳光令人心旷神怡——我跑完了。我以33小时23分钟的时间跑完了"伤痛100"，堪堪跑进36小时的时限，排在第9名。只有23名运动员完成了整个比赛，而我就是其中之一。

赛后的我因为过于疲劳，被两个人搀扶到了车里，凯特不得不用轮椅将我推进了房间。回到房间后，我们还有事要做。我想尽快完成"恶水"的申请，连个盹儿都没打，我们就把这次比赛的成绩填了上去。

几天后，科斯特曼发来邮件告诉我，我已经获得了参加"恶水"的资格。那感觉真是太棒了。这也意味着，在接下来的 6 个月里，我有两份全职工作要做。我是一名海豹突击队队员，同时还要全心全意地为"恶水"赛做准备。这一次，我会采取策略和种种具体措施，因为我知道，要想发挥出最佳水平——要想突破40% 的能量，让自己的全部潜能倾力而出——我就必须先给自己这个机会。

"伤痛 100"时，我没有好好研究过比赛，也没做足准备。我之前还没有跑过那么艰难的路线，在比赛的初始阶段也没有人支援，连水源都没有。我没带两盏头顶灯——它们能帮你熬过漫长阴冷的夜；尽管自认已经全力一搏，但我甚至连能将潜能发挥到百分之百的门道都还没找到。

"恶水"则不同。我夜以继日地收集资料。我研究地形，留意着温度和海拔的变化，并把它们列成了表。我不仅对空气温度感兴趣，还钻研得更深入了，所以我知道，在死亡谷最热的时候，其地表会有多热。我在谷歌上检索了比赛的视频，一看就是几个小时。我读了那些跑完全程的选手的日志，记录下他们遇到的阻碍和训练的技巧。我驱车北上前往死亡谷，在那里考察整条比赛路线。

亲眼近距离观看，才能看到这条路线的凶险。前 42 英里路面一马平川——你要跑过上帝高高架起的火炉。这将是我跑得最轻松的一段，但想要跑下来，我就需要两台支援车辆，每隔 1/3英里轮流充当降温站。这个想法让我激动不已，但话又说回来，我还没真正开始跑。我还听着音乐，坐在摇下车窗的车里，窗外是沙漠里繁花盛开的春日。我舒服得如在天堂！而关于比赛的一切全都是我的想象！

我标记下设置降温站的最佳地点，还记录下了哪里路宽、哪里不能停留，以及加油站和其他能买水、买冰的位置。这样的地点不多，但都能找到。在跑完沙漠路线后，我就能从炎热中逃离，代价则是开始与海拔作战。比赛的下一个阶段，是一段通向高4800英尺的汤恩山口的上坡路，全长18英里。那时的天将会烈日炎炎，开完那段路后，我停下车来，闭上眼想象着整个过程。

调查是准备的一部分，想象则是另外一部分。跑过汤恩山口这段上坡后，我将会面临一段足以粉碎骨骼的9英里下坡路。站在山口，我能想象到这段路从这里延伸下去。我在"伤痛100"中学到的一点就是，跑步下坡真的很伤人；而这一次，我要跑的是柏油路。我闭上眼，敞开心扉，试图感受自己股四头肌、小腿、膝盖和腿骨处的疼痛。我知道我的股四头肌会承受下坡带来的冲击，因此我写下了增肌。我的大腿需要练到如钢铁般的结实程度。

从72英里处开始，有一段爬上达尔文山口的上坡路，这段路会像地狱般难走。我必须半走半跑地完成这段赛程，但到那时，太阳也即将落山。我将在孤松镇上迎来寒意，从那里开始我可以赶回一些时间，因为那里的路又恢复了平整，此后则将是爬上惠特尼山口路的13英里路，最后到达海拔8374英尺的终点。

不过，"赶回一些时间"这话，写下来容易做起来难。但至少，我记下了。这些笔记和我做好标注的地图一同组成了我的"恶水"文件夹，我像复习ASVAB考试一样钻研着它。我坐在餐桌边，一遍遍熟读资料，想象着每英里我能做到的极致；但我也知道，我的身体还没从夏威夷的比赛中恢复过来，而这也影响到了我为"恶水"所做准备中另一个甚至更重要的环节：体能训练。

我急需体能训练，但我的肌肉依旧疼得厉害，这让我无法接连跑几个月。时光飞逝，我需要更努力地训练并成为尽可能强壮的跑者，而我无法如愿训练的事实正在削弱我的自信。再加上我报名参加"恶水"的消息已经传开了，在得到海豹突击队部分战友支持的同时，我也承受了一些负面影响，尤其是当他们发现我还不能跑步的时候。但这没什么稀奇的。谁没有过梦想得不到朋友、同事或家人支持的时候呢？我们中大多数人都曾想要追梦，直到身边的人告诉我们追梦的危险和不利，告诉我们自身的限制和别人的前车之鉴。有时，这些建议出于他人的善意。他们真的相信他们是在为我们好。但如果你听从了他们的建议，这些人就会劝你放弃梦想，而你的限速器也会助他们一臂之力。

这就是我发明"饼干罐"这个概念的原因之一。我们必须创建一个体系，让它不断提醒我们能做得多好，因为生活并不会在我们摔跤时伸出援手。我们的去路遍布荆棘，常常腹背受敌，想要攀登高峰，我们只能活成自己创造出的理想模样。

时刻做好准备吧！

我们知道生活的艰辛，当遭遇不公时，我们还会为自己遗憾。基于此，请接收下面的"戈金斯自然法则"：

● 你会被取笑。

● 你会感到不安。

● 你也许不会一直名列前茅。

● 在某种情况下，你也许是唯一的黑人、白人、亚裔、拉丁裔、女性、男性、同性恋或_____（请填上自己的状况）。

● 你会在某些时刻感觉孤立无援。

克服它！

我们的大脑无比强大，它是我们最有力的武器，但我们却放弃了对它的使用。如今的我们能比从前接触到更多的资源，却无法取得前人的那般成就。**如果想成为在这个软弱社会中抵抗那些主流的少数人，你就得有孤身作战的意志，必须靠开阔的头脑创造一个全新的自我**。可笑的是，头脑开阔往往被视作新生代或柔软的象征。去他的吧。头脑开阔、找到出路可是老派的作风。那是稳扎稳打的开拓者的作风，也正是我的作风。

我找朋友斯托克斯借来了他的自行车（斯托克斯也毕业于BUD/S 235班）。我不再跑步去上班，而是骑自行车通勤。在海豹突击队五队崭新的健身房里有一台椭圆机，我每天都会上机锻炼一到两次，而且穿着5层衣服！死亡谷的热浪不是儿戏，因此我才做了模拟。我会穿上3到4条运动裤、几件套头运动衫、一件卫衣、一顶羊毛帽，再将整个人套进一件戈尔特斯外套里。在椭圆机上走了两分钟，我的心率就达到了每分钟170次，我一次会这样训练两个小时。在此之前或这项训练之后，我会跳上划船机，划大约30000米——将近20英里。我从不会只锻炼十几、二十分钟。我的整个思维都是到达极限的。只能如此。在我完成训练后，别人会看到我把衣服拧干，那样子仿佛刚从河里捞出来一样。大多数人都觉得我疯了，但我之前的 BUD/S 教官——银背大猩猩，疯狂地欣赏这一点。

那个春天，我被任命为海豹突击队陆地作战训练的教官，被派驻到我们位于加利福尼亚州尼兰的基地。这是加利福尼亚州南部沙漠中糟糕的一小片地区，拖车停车场里到处游荡着失业的冰毒瘾君子。在离墨西哥边境 60 英里的内陆水域索尔顿湖区域，零零星星地住着吸毒的流浪者，那就是我们唯一的邻居。每当我在街上进行 10 英里的负重跑，并与他们擦肩而过时，他们就会盯着我看，仿佛我是从他们幻觉世界中来到现实世界的外星人。不过，穿着 3 层衣服和 1 件戈尔特斯夹克、在最高 100 华氏度高温下跑步的我，看上去确实像个远道而来的邪恶使者！那时，我的伤已经好到可控的程度，我会一次跑 10 英里，再背着 50 磅的负重在尼兰附近的山上徒步几个小时。

我训练的队员们也觉得我是外星人，有些人甚至觉得我比冰毒贩子还可怕。他们以为我在沙漠另一头真正的战争中经历过什么。他们不知道的是，那个战场其实在我的脑中。

我驱车回到死亡谷训练，穿着桑拿服跑了 10 英里。那天热得像见了鬼似的，但世界上最艰苦的比赛就在眼前，我也已经跑了两次 100 英里赛。我知道那是什么感觉，而一想到还要再跑 35 英里，我惊呆了。当然，比赛还是很好的，能建立全方位的自信，还能筹到数万美元；然而，我还是不太确信自己是否拥有完成比赛所需的特质，于是我才发明了这样野蛮的体能训练来磨砺自己。

当你完全孤立无援时，要推动自己前行，需要付出很多努力。因为深知每天有什么在等着我，我很痛恨早起。那是种相当孤独的感觉，但我知道，在"恶水"的赛道上，我会进入一个痛苦难以忍受、难以克服的阶段。或许是在跑到 50 或 60 英里时，或许是更晚一点，但我总会经历一个想要退出的时刻。为了坚持比赛并发掘我那 60% 的潜能，我必须扼杀那一瞬间想要放弃的决定。

在漫长孤独的高温训练中，我开始解剖那个想要放弃的大脑。我意识到，如果要将潜能发挥到极致，成为士兵基金会的骄傲，我要做的远不止在那个简单问题浮现时回答它。在它稍有一丝苗头之际，我就必须将其扼杀。在我问自己"为什么"之前，我就需要饼干罐让自己确信，不管我的身体说什么，我都要对痛苦免疫。

因为，没有人是在一瞬间退出超级马拉松或地狱周的。早在他们敲响黄铜钟前很久，人们就已经做出了退出的决定。因此，我必须足够专注，才能更早察觉身体和大脑开始退却的时间，在陷入致命的旋涡前及时找到出路。这一次，像我在圣迭戈一日跑时那样忽略疼痛、无视事实是没有用的。**要想发挥出百分之百的潜力，你就得列出你的弱点。**不要忽视它们，而要做好准备，因为在任何耐力项目中或任何高压环境下，你的弱点都会像恶业一般浮现出来，堆积成山，将你压垮——除非，你先发制人地对付它们。

这是一项关于认知和想象的练习。你必须认识到自己将要做什么，明确标出你不喜欢的部分，并花时间想象你可能遇到的每一个障碍。我很怕热，因此在准备"恶水"比赛时，我会想象出新的、更残忍的自虐式训练方法（又或者这不是训练，而是真的酷刑）。我告诉自己，我对痛苦免疫，但这并不意味着我感受不到疼痛。和其他所有人一样，我也会痛，但我专注于忽视痛苦、战胜痛苦，这样才能避免被它击溃。2006 年 7 月 22 日上午 6 点，当我走向"恶水"的起跑线时，我已经将自己的限速器调整到了80% 潜能的程度。在 6 个月的时间里，我让自己的极限能力翻了一番。你知道这向我证明了什么吗？

去他的吧。

"恶水"的起始时间并不一致。新手在早上 6 点出发，老手在 8 点开跑，真正有竞争力的选手则在 10 点才开始启动——这个时候的死亡谷气温正处于峰值。克里斯·科斯特曼就是个滑稽的浑蛋，但他不知道，他已经给了另一个浑蛋一个相当大的战术性优势——不是我，是阿科什·科尼亚。

比赛前夜，阿科什和我在炉溪酒店相遇了。所有运动员都住在那里。他也是第一批出发的选手，比我上次见他时状态好了许多。尽管阿科什在"伤痛 100"中遇到了问题（不过他还是以 35 小时 17 分钟的成绩完成了比赛），但我知道，他是条汉子，因为我们都在率先出发的一组，我就让他带我一起穿过沙漠。真是个糟糕的想法！

一开始的 17 英里，我们是肩并肩跑的，看上去就像一对奇怪的组合。阿科什身高 5 英尺 7 英寸，重 122 磅，是个匈牙利人；我是场上个头最大的，高 6 英尺 1 英寸[1]，重 195 磅，又是唯一的黑人。阿科什得到了赞助，穿着一件带品牌名的彩色衣服。我则穿着破旧的灰色上衣和黑色运动短裤，戴着一副流线型的欧克利太阳镜。我的双脚缠着压力胶带，穿着一双破旧但弹性不减的跑鞋。我没穿海豹突击队或士兵基金会的衣服，更喜欢低调行事。我就是个融入全新痛苦世界的影子。

尽管阿科什速度很快，但这份热我还能受得住。一部分原因是现在还早，而且我之前也为应对高温做足了训练。到目前为止，我们是第一组出发的选手中表现最好的两个，当我们在早晨 8 点40 分经过炉溪酒店时，一些 10 点出发的选手已经出了酒店，其中包括斯科特·尤雷克——"恶水"上届冠军、纪录保持者和超马传奇。他一定知道我们的时间掌握得不错，但我不确定他是否刚刚意识到，这将是他面对的最严苛的竞赛。

不久后，阿科什就和我拉开了一段距离。在第 26 英里处，我开始再次意识到，我出状况出得太快了。我有点头晕，轻飘飘的，肠胃也不舒服——我得在路边排泄。这一切事实都表明，我已经严重缺水。我的脑子里，不好的念头一个接一个打转，想放弃的理由也一个接一个涌现。我没听从这些声音，而是积极应对自己的脱水问题，灌下了比预想中更多的水。

下午 1 点 31 分，我经过了位于烟囱井的 42 英里节点，比阿

---

1. 作者之前写自己身高 6 英尺 2 英寸，此处则写 6 英尺 1 英寸，原文如此。

225

第一次参加"恶水"的我

科什落后了整整 1 个小时。我已经跑了超过 7 小时 30 分钟，那时已几乎只剩走了。跑过死亡谷令我骄傲。我歇了一会儿，上了趟卫生间，换了身衣服。我的双脚肿得比预想中的厉害，右脚大拇指已经和鞋边摩擦了数个小时，因此停下休息实在是种甜蜜的解脱。我感觉左脚上冒出了一个血疱，不用脱鞋我都一清二楚。大多数运动员都会穿大一点的鞋跑"恶水"，甚至会在大脚趾一侧开个洞，留出肿胀的空间并减少摩擦。我没这么做，而且我还有 90 多英里要跑。

我徒步走完了 18 英里的全程，登上了海拔 4850 英尺高的汤恩山口。正如预计的那样，太阳在我登上山口时落山了，气温下降，我加了层衣服。在军队里，我们总说我们的实际表现会不如预期，会比训练时更差；而当我带着脚上叫嚣的血疱开始在弯弯曲曲的高速公路上徒步时，我进入了在尼兰附近沙漠进行长途负重训练时的节奏。虽然没有在跑，但我速度稳健，并坚持了很长一段路。

我遵照自己的计划，跑完了全长 9 英里的下坡，股四头肌为此付出了代价，左脚也是如此。我的血疱每分每秒都在变大。我能感觉它就快要变成一个热气球那么大了。要是它能像老卡通片里一样，挤破我的鞋子，一直膨胀到能带我飞上云端、飞到惠特尼山顶，那该有多好啊！

现实可没这种幸运。我一直在走，除了身边的工作人员——包括我妻子（她是工作团队的队长）和我母亲等人在内——我见不到其他任何人。脚下是仿佛延伸到世界尽头的路，我在闪烁着星光的黑暗苍穹下前行。我已经走了太久，以为会看到一大群选手跑过，将我落在身后；然而，没人出现。四下仅有的生命迹象，就是自己炽热呼吸的节奏，我那卡通血疱的叫嚣，还有加利福尼亚夜色中作为越野路线标志的远光灯和红色尾灯。最后直至太阳升起，我们一行人终于抵达了 110 英里处。

疲惫又缺水的我跑得汗流浃背、风尘仆仆。这时，一群马蝇开始一只一只地向我冲来。很快，一只变成了两只，两只变成了 4 只、10 只、15 只……它们在我的皮肤上拍打着翅膀，叮咬我的大腿，还爬上我的耳朵。这糟糕的情景过于壮大，变成我要面临的最终考验。我的工作团队轮流拿着毛巾拍掉我身上的蝇虫。我又回到了个人最佳状态。我已经跑过了 110 多英里的路途，还剩下"仅仅"25 英里要跑，没道理被一群飞行的小恶魔拦住去路。

它们能拦住我吗？我继续向前，我的团队继续拍打着马蝇，如此持续了 8 英里！

自从在 17 英里处看着阿科什跑远后，我就再没有看到过其他运动员，直到第 122 英里时，凯特跑到了我身边。

"斯科特·尤雷克离你只有两英里了。"她说。

我们已经跑了超过 26 小时，而阿科什已经跑完了。但尤雷克此时就在我身后，这意味着我的时间控制得相当好。我没跑太多路，但在尼兰的负重训练让我徒步的步伐既迅捷又稳健。我能劲头十足地徒步 15 分钟，并在移动中补充营养、节约时间。赛后我计算了所有参赛者的分段和完成时间，这才意识到，我最大的恐惧——高温，事实上助了我一臂之力。它是个伟大的均衡器，让那些跑得快的选手慢了下来。

尤雷克正追在身后的事实让我振奋不已，我拼尽全力跑上了惠特尼山口路，开始了最后 13 英里的爬坡。我回忆了赛前上坡靠走、平地靠跑的策略，而脚下的路则像滑入云端的蛇一般蜿蜒曲折。尤雷克并非专门在赶超我，但他确实就在我身后。阿科什比赛用时 25 小时 58 分钟，而今天的尤雷克没有发挥出他的最佳水平。时间分秒流逝，一点点带走他卫冕"恶水"的希望，但他还有一个战略性优势——他提前知道了阿科什的用时，也知道他的分段用时。阿科什则没有这一优势，在高速公路上的某个地方，他停下来打了半小时的盹儿。

尤雷克不是独自在跑。他身边紧跟着一名出众的领跑员，名叫杜史特·奥尔森。据说，奥尔森在比赛中也跑了至少 70 英里。

我听说他们就跟在我身后，在某些公路弯曲折回的地方，我甚至能看到他们。最后，在第 128 英里——整场比赛中最艰难道路上最陡峭的地点，他们赶到了我身后。我停下脚步，走到路边，为他们欢呼喝彩。

尤雷克是当时史上速度最快的超马运动员，但在比赛后期，他的速度并没有多快。那是一种持续不断的坚持。他用坚实的脚步，一步一步劈开了险峻的高山。他穿着黑色运动裤和蓝色无袖衬衫，还戴着一顶白色棒球帽。在他身后是用大花手帕扎着及肩长发的奥尔森，两人的穿着一致。尤雷克像是一头骡子，而奥尔森就是他的鞭策。

"加油，尤雷克！加油，尤雷克！这是你的比赛，"在经过我时，奥尔森这样对尤雷克说，"没人比你强！没有人！"奥尔森一直这样说着，提醒尤雷克全力以赴。尤雷克驱使着自己向山顶冲锋，将难以逾越的柏油路甩在身后。这一幕真是令人赏心悦目。

尤雷克最终以 25 小时 41 分的成绩完成了比赛，赢得了 2006 年"恶水"比赛的冠军。阿科什比他慢 17 分钟，他一定在懊恼自己不该小睡，但那不是我该担心的事。我还有自己的路要跑。

惠特尼山口路上，有长达 10 英里的一段路全是暴晒在烈日下的岩石峭壁，此后才能跑到雪松和松木的荫蔽之下。在尤雷克和他团队的激励下，最后 7 英里路我几乎全程在跑。我利用臀部推动大腿向前，每跑一步都痛苦万分，但在 30 小时 18 分 54 秒的奔跑和徒步之后，历经汗水和折磨洗礼的我，终于在一小群人的欢呼声中冲过了终点线。我曾有 30 次冒出放弃的念头，不得不

2007 年，我和阿科什在第二次参加"恶水"后合影——我排名第三，
而阿科什再次名列第二

在心里一步步撑完了这 135 英里，但在那一天完成比赛的 90 名
选手中，我排名第五。

　　我步履沉重地走上林间的草坡，躺倒在一片松针叶上，凯特给
我脱掉了跑鞋。那个血疱几乎占领了我的左脚。它大得就像第 6 个
脚趾，颜色和质地如同莓子泡泡糖一般。我对着它目瞪口呆，凯特
则解开了我脚上的胶带。随后，我一瘸一拐地站上领奖台，从科斯
特曼手中接过奖牌。我完成了这个星球上最艰难的比赛之一。我想
象过这一幕不下 10 次，想象着我会志得意满，但事实却并非如此。

　　科斯特曼将奖牌递给我，与我握手，并采访了我，但我已经

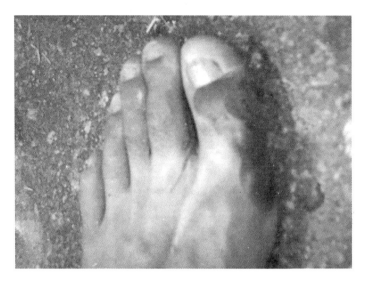

我跑完"恶水"后脚上的血疱

开始有点恍惚。在他说话时，我回想起最后的爬坡和那个8000米之上的山口——那里的胜景仿佛不似人间。我能一路看到死亡谷。在又一段可怕旅程接近终点的地方，我看到了自己出发的起点——那真是我这挫折人生的最佳隐喻。我又一次被击倒，被20种不同的苦痛折磨，但我还是再次穿越了烈焰、得到了涅槃，我得到的奖赏远不止一块奖牌和与科斯特曼拿着话筒交谈的几分钟。

这是一段全新的旅程。

我闭上眼，看到了尤雷克和奥尔森，阿科什和卡尔·梅尔策。他们全都有我所没有的东西。他们知道如何榨干自己的最后一滴能量，让自己赢下世上最艰难的比赛；而我，也是时候亲自

Chris, I'm sure you get plenty of requests for rookie waivers to enter the race, but I'd really appreciate it if you and your folks would give this serious consideration. This request is not for myself but is on the behalf of a guy that works for me...This is where I introduce a man who is going to put in an entry application – Dave Goggins. I put him through BUD/S in 2001 and quickly identified him as incredibly talented. His strength and endurance are extraordinary. He graduated SEAL training and volunteered to go to Army Ranger School where he graduated as the honor man, no small feat...Because he is an instructor on my staff...it is nearly impossible for him to complete the pre-requisites for entry. He is simply the best endurance athlete with the greatest mental toughness I have ever seen. I would put my reputation as a Naval Officer and SEAL on the line to say he would successfully complete the race and finish in the top 10%...If accepted he would like to run under the U. S. Navy SEAL Team logo as well as raise money for the Special Operations Warrior Foundation (SOWF). Thanks for your consideration.

Very Respectfully,
SBG

大猩猩写给科斯特曼的邮件。他说得对：我确实以前 10% 的成绩完成了比赛！

图注：

克里斯，你一定有许多关于新手参赛的豁免请求信要处理，但如果你和你的团队能够认真考虑此事，我将不胜感激。这个请求并非为我个人，而是为我的一名属下而写……我愿在此向你介绍一位即将申请参赛的人——大卫·戈金斯。2001 年，在我执教期间，他通过了 BUD/S 训练，我很快认定他天赋出众。他拥有超于常人的体力和耐力。从海豹突击队训练毕业后，他志愿进入陆军游骑兵学校，并以"荣誉军人"的身份毕业，这是一个不小的成就……由于正在担任我团队中的教官一职……他几乎不可能完成获得参赛资格的前置要求。简单来说，他是我见过耐力最强、心志最坚的运动员。我愿以海军军官和海豹突击队成员之名为他担保，他将成功以前 10% 的名次完成本次比赛……如果能得到参赛资格，他将作为美国海豹突击队队员参赛，同时为特种作战士兵基金会（SOWF）筹集资金。若能多加考虑，再次敬表谢意。

SBG 敬上

找寻这种感觉了。我像疯了一样准备比赛，我了解自己，也了解地形。我预判了自己想放弃的时刻，回答了那些简单的问题，将比赛坚持了下来，但要做的还有很多。还有更高的山峰等待我去攀登。凉风掠过树梢，枝叶沙沙抖动，我的汗水在风中蒸发，疼痛被轻风抚平。这风在我耳边低声诉说着一个秘密，它如雷贯耳地在我脑中不停回荡：

没有终点，戈金斯。没有终点。

挑战#7

现在的主要目标，是将限速器从你的脑中慢慢地移除。

首先，让我们快速回顾一下这整个过程：在 1999 年，我的体重高达 297 磅，我第一次跑步跑了 1/4 英里；快进到 2007 年，我在 39 小时里不停歇地跑了 205 英里。我并不是一夜之间就做到的，也不期望你能马上做到。你的工作就是超过你平时的停止点。

无论你是在跑步机上跑步还是做俯卧撑，都要坚持做到精疲力竭、疼痛难忍的那一刻。你的大脑会祈求你停下。随后，你要将这一刻向前推进 5—10 个百分点。如果在一次锻炼中，你曾最多能做 100 个俯卧撑，那么现在就做到 105 个或 110 个。如果你每周通常跑 30 英里，那下周就多跑 10% 的距离。

这种循序渐进的提升可以防止你受伤，并让你的身心慢慢适应新的负荷。它还能重置你的基础——这很重要，因为你接下来的每周，都会在上一周的基础上增加 5%—10% 的负荷量。

在挑战生理极限的过程中，你会面临许多痛苦和折磨，它们会成为你控制自己内心对话的最佳训练。同时，你通过持续挑战生理极限所得到的坚强意志和自信，将会使你在生活的其他方面受益匪浅。你会意识到，当在体能挑战中没有完全发挥实力时，你也很可能在学习或工作中同样没有发挥出全力。

最重要的事实是，**人生就是一场大型的头脑游戏；而在这场游戏中，你唯一的对手就是自己**。将这一过程坚持下去，很快你就会发现，那些过去你曾认为不可能的事，现在的你每天都能做到。

Chapter 8

无须天赋

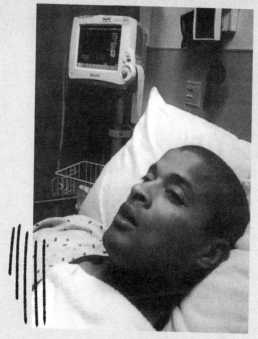

我的心脏上有个洞啊！我是靠这一个
永远只能充满一半的油箱在跑。而我
的一生，都是人能突破极限、发掘全
部潜能的铁证。

那是我人生中第一场长距离铁人三项比赛的前夜，在科纳岛那座规模庞大、造价 700 万美元的沙滩别墅里，我和母亲站在露天平台上，望着在海面上闪动的粼粼波光。多数人知道科纳岛——一座位于夏威夷西海岸的美丽小镇，是要拜铁人三项世界锦标赛所赐。尽管世界各地都会举办各种奥林匹克距离和较短距离的铁人三项比赛，数量远超这里，但将这项运动在国际范围内发扬光大的，还是科纳岛最初的铁人三项比赛。它以一段 2.4 英里的游泳开始，随后选手要骑 112 英里自行车，最后以一场马拉松跑收尾。加上暴烈莫测的狂风和严酷熔岩地面反射的灼灼热浪，这项比赛会让绝大多数参赛者陷入痛苦的深渊——但我不在其列。**我来到科纳，是来进行一场不甚出名却更为严酷的比赛的——我来这里，是为了夺得"超级铁人"的称号。**

　　在未来 3 天内，我要环绕着整个夏威夷主岛，游 6.2 英里，骑 261 英里的车，再跑双程马拉松。这一次，我仍是为特种作战士兵基金会筹集资金。因为在"恶水"赛后接受了出镜采访并见诸报道，我收到了一位素未谋面的百万富豪的邀请。对方请我住进他荒诞的沙上宫殿，完成 2006 年 11 月在这里举行的超级铁人三项世界锦标赛。

这是一次慷慨之举，但我专注于发掘最好的自己，他的盛情并未惊艳到我。在我的概念里，我还没有接受他的邀请。真要说起来，住在他的房产中，只会增加我肩头的压力。他永远不会邀请过去那个混账的我和他一起在科纳奢享时光；他邀请我，只是因为我已经成为像他那样的有钱人想要结识的人。但我依旧很高兴自己能让母亲过上更好的生活，无论何时受邀，我都会请她和我一起体验。她受过的苦比我知道的任何人都要多，我想以此告诉她，我们已经爬出了那条水沟；但同时，我依旧时时谨记着水沟中的那种滋味。我们再也不用住在月租 7 美元的巴西城里了，但我依旧在为那段岁月买单，余生也都会如此。

比赛从科纳中心区沙滩旁的长堤上出发——这里也是铁人三项世界锦标赛的起点，不过并没有太多人围着我们看。和参加铁人三项世锦赛 1200 人的规模相比，我们的比赛全场只有 30 人参与，真是小巫见大巫！这个规模小到我能看清每个竞争者的样子，还能打量、评估他们的水平——正是通过这种方式，我注意到了海滩上坚毅的人。我一直记不清他的名字，但我会永远记得他，因为他坐着一辆轮椅。平心而论，他虽身陷轮椅，但风姿挺拔。

他真是太了不起了！

从开始 BUD/S 训练起，我一直在寻找这样的人——想法异于常人的男男女女。特种作战部队令我诧异的一点就在于，有些人竟活得如此主流——在日常生活中，他们并没有驱使自己不断突破。我想和那些每周 7 天、每天 24 小时无时无刻不在思考和训练的"异类"待在一起，而不是仅仅安于日常安排。那个男人完全有理由待在家里，但他已经做好准备要完成世界上最艰难的比赛——99.9% 的人甚至连考虑都不会考虑的比赛——还仅仅靠他的两条胳膊！对我来说，他就象征着极限比赛的意义，这也是为什么在"恶水"赛后，我就彻底沦陷在了极限运动之中。这项运动不需要天赋，只关乎心志和努力。残酷无情的挑战一个接一个袭来，永远要求你做得更好、变得更强。

但这并不意味着我为这场比赛做好了充分准备。我还没有自己的自行车。3 周前，我找另一个朋友借了一辆，那是一辆"格里芬"超高端自行车，为这个个头比我还大的朋友量身定制。我还借了他的夹式鞋，只比小丑鞋小一点点。我用厚袜子和压力胶带填满了鞋里的空隙，没花时间学习自行车机械知识就出发来到科纳。换胎、修链条、修辐条——所有这些我如今掌握的知识，当时的我都一无所知。我做的仅仅是在超级铁人三项开赛前 3 周，借了一辆自行车，骑了 1000 英里。我在清早 4 点起床，上班前会骑行 100 英里。周末我会每天骑行 125 英里，骑完车后再跑一段马拉松的距离；不过，我只做了 6 次游泳训练，其中仅有两次在开放水域完成，而在超级八角形比赛中，我的一切弱点都将暴露无遗。

在超级铁人三项赛中刚刚起水的我

　　10公里的游泳原本只会花掉我两个半小时的时间，但事实上我游了3个多小时，还很痛苦。我穿着一件有浮力的无袖泳衣，但腋下太紧，不到半小时我的胳肢窝就磨得痛起来。1小时后，我泳衣浸透咸水的边缘已经变成了砂纸，将我的皮肤一点点磨破。我的泳姿在自由泳和侧泳之间来回切换，绝望地寻找舒服的姿势而不得。我的手臂每划动一次，我两侧的皮肤就会被生生划破，沁出鲜血。

　　而且，大海汹涌得可怕。我呛着海水，胃里翻江倒海，就像一条在新鲜空气中窒息的鱼，吐了至少6次。在疼痛、虚弱和强大水流的共同作用下，我游得歪歪扭扭，将泳程拉长到了7英里

241

半。承受这一切，仅仅是为了游 6.2 英里。当我跟跄着爬上岸时，双腿站都站不直，视线也晃得像在地震中坐跷跷板一样。我不得不躺下，随后爬到卫生间，再一次吐了。其他选手则聚集到转换区，跳上自行车，风驰电掣般驶向了熔岩地。在第一天结束前，我们还要骑 90 英里，当他们已经纷纷启程时，我却仍旧跪在地上。就在此时，那些简单的问题又冒了头：

我究竟为什么要在这里？

我又不是铁人三项运动员！

我被磨得痛死了，弱到爆炸，而且骑行的第一段全是上坡路！

你为什么总要这样对自己，戈金斯？

这些话听起来满腹牢骚，但我知道找点安慰能帮助我冷静下来，于是便不再关注轻松开始骑行的选手。我必须将注意力集中到我的腿上，安抚我纷乱的大脑。首先，我一点一点地慢慢吃下了一些食物。接着，我处理好了腋下的伤口。绝大多数铁人三项运动员不会换衣服，但我换了一身。我穿了条舒适的骑行短裤，又穿了件莱卡衬衫，15 分钟后我站了起来，骑上车，向熔岩地进发。前 20 分钟，我依然感觉恶心，边蹬边吐，补充流食之后又吐。在整个过程中，我给了自己一个任务：坚持战斗！坚持得足够久，直至在比赛中站稳脚跟为止。

10 英里后，上坡路延伸到了一座巨大火山的山脊，坡度更大了。我彻底摆脱了刚出水时软绵绵的双腿，找回了动力。骑手们像雷达上的敌机般出现在我眼前，我将他们一个一个地甩在了身后。胜利包治百病。每超过一个浑蛋，我的虚弱就减轻了一分。刚刚开始骑行时，我排在第 14 名；但在接近 90 英里车程终点线时，我身前只剩下了一个人——加里·王，比赛的大热选手。

冲向终点线时，我能看到来自《铁人三项》杂志的记者和摄影师正在采访他。他们谁也想不到我这个黑人浑蛋会出现，全都仔细打量着我。"恶水"结束后的 4 个月来，我常梦想着自己赢下一场超马比赛；在从加里和那些记者身边经过时，我知道这一刻已经到来，有了更大的期待。

第二天早晨，我们排成一排准备进行下一阶段的比赛：171英里的自行车骑行，沿途穿过群山并返回西海岸。加里·王在比赛中有一个同伴——杰夫·兰道尔，又被称作"陆地之鲨"——两人并肩骑行。加里之前参加过比赛，了解地形。我是初次参赛，到第 100 英里时，我落后第一名大约 6 分钟。

和往常一样，我母亲和凯特是我的坚实后援。她们在路边给我递备用水瓶、能量包、蛋白饮料，我则边骑边摄入，以此补充糖分和电解质。自从在圣迭戈吃麦普乐和乐之饼干出问题后，我对营养的态度就更科学了。眼前渐渐出现了这一天要爬的最大的坡，我需要准备好发力冲锋。在骑行中，山脉会带来痛苦，而我则负责应对痛苦。坡度一点点攀升，我低下头、铆足了劲蹬车。我的肺部剧烈起伏着，心跳如一条振动的低音线。当骑到坡顶路口时，母亲在一旁停下大喊："大卫，你还落后第一名两分钟！"

收到！

我蜷缩成符合空气动力学的姿势，以超过 40 英里的时速冲下山坡。我借来的格里芬配备有流线型把手，而我俯身越过把手，将全部注意力放到了白色虚线和我完美的身姿上。当路面变平后，我依旧全速前进，将速度保持在大约 27 英里每小时，死死地咬着"陆地之鲨"和他的同伴不放，紧追不舍。

直到我的前轮爆胎。

还没来得及反应，我就翻过把手腾空而起，就这样摔下了车。眼前的一切仿佛变成了慢动作，直到右侧身体着地、肩膀被撞得狠狠钝痛后，时间似乎又重新飞速流逝。我的脸一路在柏油路上摩擦着，直到我停止滑动，在震惊中仰倒在地。母亲猛地刹住车，跳下车飞奔而来。我身上有 5 处受伤流血，但没感觉到哪里骨折。损坏的只有我已经摔成两半的头盔、四分五裂的太阳镜和借来的自行车。

我骑车的时候轧过了一颗螺丝钉，它刺穿了我的轮胎和轮圈。我毫不关心自己受的伤、肩膀上的痛或是从我手肘、脸颊上流下的血。我满脑子只想着车。我又没做好充分准备！我没有备用的部件，对如何换胎也一窍不通。我之前租了一辆备用自行车放在母亲租来的汽车上，但比起格里芬，它又重又慢，甚至连踏板夹都没有。于是，我打电话请求大赛官方的技工来修格里芬。在我们的等待中，时间一分一秒流逝，宝贵的 20 分钟就这样过去了。技工赶到后发现他们也没有修补我前轮的备用品，我只好跳上那辆笨重的备用车，继续骑行。

我尽力不再去想霉运和错失的机会。我需要后来居上，在今天结束前重回极具竞争力的位置，因为在第三天我们要跑双程马拉松，而我确信自己是这个领域最强的跑者。在距离终点线还有16英里的地方，自行车技工追上了我。他把我的格里芬修好了！我再次换上格里芬，花了8分钟时间追上了领先的人，以第3名的成绩完成了这一天的比赛，比第一名慢了22分钟。

我为第3天拟订了一个简单的计划：奋力出发，建立起对加里和"陆地之鲨"的极大领先优势，好在我撞上那堵不可避免的极限之墙时，也能和他们拉开足够的距离，一路保持领先直至终点。换句话说，我压根没有什么计划。

我以能拿到波士顿马拉松参赛资格的速度开跑。我跑得很卖力，因为我想让对手们见识到我的实力，为我建立起的巨大优势而胆寒。我知道我会在某个地方撑不住，这就是超马。我只是希望，在撑不住之前，我能坚持得足够久，久到加里和"陆地之鲨"只能竞争第二名，完全丧失问鼎冠军的希望。

但事情不太如我所愿。

在第35英里时，我已经痛苦不堪，比起跑步我走得更多。到40英里时，我看到两个对手的后援车都停了下来，他们的后援队队长甚至能看得到我。我表现出了极大的弱势，这增强了加里和"陆地之鲨"的信心。我跑得太慢，耗费了太多时间。幸运的是，在第45英里时加里也坚持不住了，但"陆地之鲨"却坚如磐石，依旧对我紧追不放，而我却再没有什么能与他抗衡。相反，当我备受折磨、跌跌撞撞地走向科纳中心区时，我的领先优势消失殆尽。

最后，"陆地之鲨"给我上了至关重要的一课。从第一天起，他就按自己的节奏跑着。我在第三天跑步前期的冲刺没有打乱他。他化解了我这个拙劣的计划，专注于自己的节奏，等着我的体力消耗殆尽，侵占了我的心神。我是那一年超级铁人三项赛第一个冲过终点线的人，但根据总时间计算，我并没有赢下比赛。尽管跑步得了第一名，但我的总成绩慢了 10 分钟，屈居第二。"陆地之鲨"夺得了"超级铁人"的称号！

我看着他欢庆胜利，深知自己是怎样浪费掉了取胜的机会。我失去了自己的有利位置，从未从战略角度评估过比赛，也没有任何后备方案。后备方案是能在我生活中方方面面都派得上用场的通用工具。随海豹突击队在伊拉克执行任务时，我是导航员，而"后备点"（backstop）则是一个导航术语，指我在地图上画的标记，即我们已经错过转弯点或已经偏航的警示。

比方说，你正在导航穿过一片树林，要一直走到山脊，然后转弯。在军事行动中，我们会提前研究地图，在图上标注出要转弯的点，并在转弯点后 200 米处再标一个点，在这个点后 150 米处继续标第三个点。后面的那两个点就是你的后备点。一般来说，我会用地形特征，比如道路、溪流、乡野间的巨大悬崖或是城镇上的地标性建筑做标记，这样一来，当我们遇到这些地标时，就会知道我们已经偏航。这就是后备方案的作用——让你掉转方向，重新规划路线，重新选择完成同一任务的方案。在伊拉克时，不想出 3 种后备计划，我是绝不会离开基地的。准备好一条首选路线，两条备用路线，标好后备点，我们才能在首选路线被阻断时掉头重新启程。

在超级铁人三项第三天的比赛中，我试图靠纯粹的意志力取胜，有勇无谋。我没有评估自己的状态，没有尊重对手的意志，也没有做好时间管理。我没首选方案，更别提取胜的备用方案，正因如此，我才不知道自己的后备点在哪里。如今回头想想，我应该更关注自己的时间，应该在分段的赛程中设置自己的后备点。当看到自己第一段马拉松里程跑得有多快时，我就应该有所警醒，放慢速度。前半程跑得慢一点，也许能给回到铁人赛场熔岩地段的我留足冲刺的能量。那才是你震慑对手心神的时候——在比赛的终结时刻，而非开赛时刻。我是跑得很拼命，但如果能跑得更聪明一点，将自行车故障处理得更妥善一点，我就更有赢面。

　　不过，拿到第二名也不是什么坏事。我为有需要的家庭筹到了很大一笔钱，也为海豹突击队在《铁人三项》杂志和《竞争者》杂志上赢得了赞誉。这引起了海军高层的注意。一天早上，我被告知要去面见埃德·温特斯少将——一位两星少将，也是海军特种作战司令部的最高长官。当你是一个现役军人，听到有少将要见你时，一定会惴惴不安。他本不该找我的。我们有一条专门的指挥链，防止海军少将和像我这样的现役军人直接对谈。这次会面毫无预兆，我感觉自己可能犯了什么错。

　　由于积极的媒体效应，我于2007年接到命令加入了征兵部门；在接到要去少将办公室的命令时，我已经代表海豹突击队做了多场公开演讲。但我与大多数征兵官不同，不仅仅是照本宣科。我总会在演讲中即兴讲点自己的故事。等在少将办公室门外时，我闭上双眼，飞速回忆着过去，试图想起我是在什么时候、做了什么越界的事、如何让海豹突击队蒙羞。我如坐针毡，风声鹤唳，制服也被汗打湿了——这时，他打开了办公室的门。

"戈金斯，"他说，"很高兴见到你，进来吧。"我睁开眼，跟着他走进去，保持立正姿势站得笔挺。"坐。"他微笑着说，示意我坐到他办公桌对面。我坐下来，依旧挺着身子，也避免和他产生眼神交流。温特斯少将打量着我。

他年近六旬，从外表看十分随和，但依旧身体挺拔。要成为少将，就意味着万里挑一。他从 1981 年起就加入了海豹突击队，在海军特种作战研究大队任作战官，并在阿富汗和伊拉克任指挥官。每到一处，他都出类拔萃，属于海军部队中最强壮、最聪慧、最敏锐并最具超凡魅力的人，同样符合某种标准。在美国海军部队中，温特斯少将就是那种绝对的内部人物，而我则是那种你能直接接触到的外部人员。

"嘿，放松，"他说，"你没惹麻烦。你的征兵工作做得相当好。"他指了指他整洁桌面上的一份文件，里面装满了关于我的各种信息，"你将海军部队呈现得相当出色。不过，依然有些人需要靠我们更好的宣传工作才能触达，因此，我希望你能提供帮助。"

这时我才终于明白了，一位两星少将需要我的帮助。

他说，我们海豹突击队所面临的问题是，对美国非裔的招募工作做得十分糟糕。我早就知道这件事。尽管全美 13% 的人口是黑人，但在整个特种部队中，黑人所占的比例仅为 1%。仅有 36 名美国非裔从 BUD/S 毕业，我便是其中之一。造成这一情况的原因之一在于，我们在征召黑人进入海豹突击队的工作上还未切中要点，也没有找到合适的征兵官。军队喜欢将自身视为一种纯粹的精英领导体系（其实不然），正因如此，上述问题数十年来才一直被忽视。最近我给温特斯少将打过电话，他也持有相同观点。黑人招募问题最初是在布什第二个任期内被五角大楼提出，并交给他解决的。

"我们错过了能让更优秀的人加入我们、打造更优质军队的机会，"他说，"我们需要派遣部队去一些地区，在那里，如果士兵们像我这样，就会十分被动。"

在伊拉克，温特斯少将以建立精锐反恐部队著称。这是特种部队的首要任务之一：训练盟军部队，让他们有能力控制诸如恐怖主义、毒品走私等社会问题，维护国境线内的和平稳定。2007年，基地组织已经进入非洲，与当地已经存在的包括博科圣地和青年党在内的极端组织网络结成了同盟。据说，我们要在索马里、乍得、尼日利亚、马里、喀麦隆、布基纳法索和尼日尔组建反恐部队。2018年，我们在尼日尔的行动成了国际新闻——4名美国特种部队士兵在一次伏击中丧命，这项任务也由此引来了公众的关注。但早在2007年，几乎没人知道我们要卷入西非事宜，也没人知道我们人手短缺。坐在他办公室里时，我所听闻的是，是时候需要黑人加入特种部队了，但我们的部队高层却对如何征召更多黑人束手无策。

一切对我来说都是新消息。我不知道任何关于非洲威胁的事，唯一知道的敌对地区就是阿富汗和伊拉克。也就是说，当温特斯少将将这一切告诉一无所知的我时，军队的问题就正式成为我的问题。他说，我将要向自己的队长和少将汇报，出发征兵，一次到访 10—12 个城市，目标则是提高有色人种的应征入伍数。

我们一同到达了这次任务的第一站——位于华盛顿的霍华德大学，这或许是美国历史上最著名的黑人大学。我们到访后要向橄榄球队做宣讲，尽管我对历史上的黑人大学几乎一无所知，但我知道上这种大学的学生通常不会将参军视为理想的职业选择。鉴于美国的历史和猖獗至今的种族主义，在这些机构中，黑人的政治思想较为"左倾"，如果要为海豹突击队征兵，多的是比霍华德大学更有参军意愿的地方。但这项新任务需要的是去往敌对地区工作的人，而非大众化的热情。我们每一站都在寻找一到两名真正的强者。

少将和我身穿制服走上场，我留意到了观众眼中的怀疑与不屑。温特斯少将本打算介绍我，但台下观众的冷漠告诉我，我们必须另辟蹊径。

"一开始你有点怯场，"温特斯少将回忆道，"但到了宣讲时，你看着我说：'长官，我能搞定。'"

我开门见山地讲起了自己的故事，跟那些运动员说起了你已经知道的那些经历。我说，我们要找有决心的人，要找明知艰辛将日复一日地存在却仍甘之如饴的人，要找想成为更好的运动员、在人生旅途中活得更聪慧更能干的人。我们想要找寻渴望荣誉、心怀抱负、心胸开阔到足以面对自己最深恐惧的人。

"你做完宣讲之后，现场静得连根针掉在地上都能听到。"温特斯少将说。

从那时起，只要能达到一定的征兵量，我就有权安排自己的行程、预算和操作空间。我必须自己撰写征兵材料，而在得知大多数人自觉无法加入海豹突击队之后，我拓宽了思路。我想让听过我宣讲的每一个人都知道，就算不参军，他们仍能达到远高于自己设想中的高度。我会确保完整地讲完自己的人生经历，这样一来，如果有人有任何借口，我的故事都能成为对其的反驳。我的主要动力在于传递希望，我想告诉大家，无论参军与否，**任何人都能改变自己的命运——只要他们保持开放的头脑，摒弃捷径，竭尽所能寻找最艰难的挑战**。我像在淘金般寻找着那些和我一样的人。

在 2007 年到 2009 年，我每年都有 250 天出差在外，在高中和大学里向 50 万人做宣讲。在混乱街区里的内城高中，在数十所历史上的黑人大学，在文化、形态、渊源各异的学校里，我向各种各样的人做宣讲。一路走来，我从四年级时无法站在 20 个孩子的教室里流畅说出自己名字的那个我，成长为如今的自己。

十几岁的孩子们四处走动，聊着废话，但听到我演讲的孩子们都能将我的话听进去，因为无论去到哪里，我都会参加一场超马比赛，并将我的跑步训练和比赛纳入我的整个宣讲计划中。我常常会在周中抵达一个城镇，发表演讲，随后在周末参加一场比赛。在 2007 年的某段时间里，我几乎每个周末都会跑一次超马，有 50 英里赛、100 公里赛、100 英里赛甚至距离更长的比赛。我满心只想宣传我所热爱的海豹突击队传奇，还想活成真实鲜活的传奇模样。

从本质上说，我有两份全职工作。我的日程挤得满满当当，尽管知道留出弹性空间管理自己的时间，能有助于我的能力训练和超马比赛，我仍然会每周花 50 小时工作，每天从早上 7 点 30 分干到晚上 5 点 30 分。我的训练时间则是在工作时间的基础上额外增加的。

每个月我都要去至少 45 所学校宣讲，并在活动结束后提交一份活动复盘报告，详细说明我组织了多少项单独活动（如礼堂宣讲、锻炼活动等）、我与多少孩子交谈过，其中又有多少人对我们真的感兴趣。这些报告会直接递交给我的队长和海军少将。

我很快发现，我是自己的最佳支柱。有时我会穿着一件带有三叉戟的海豹突击队 T 恤，跑 50 英里前往一场宣讲会，大汗淋漓地出现在目的地。或者，我会在演讲的前 5 分钟做俯卧撑；又或者，我会带着横杆上台，边宣讲边做引体向上。没错，你在社交媒体上看到的我的所作所为并不新鲜。11 年来，我一直过着这样的生活！

无论去哪儿宣讲，我都会邀请有兴趣的孩子在上学前或放学后和我一同训练，或是成为我跑超马时的助手。消息传得很快，媒体——当地电视台、报纸和广播——也蜂拥而至，尤其是我正从一个城市跑向下一个城市的时候。我必须口齿伶俐、衣着整洁，还要在我参加的比赛中夺取佳绩。

我还记得自己到达科罗拉多，要举行传奇的"莱德维尔 100"

越野跑。新的学年刚刚开始，在到达丹佛的第一晚，我标出了在我花名册上的 5 所学校，它们都在我想要参与的越野跑路线附近。每到一个学校，我都会邀请孩子们和我一起训练，但也警告他们我会起得很早。每天凌晨 3 点，我会开车到越野跑起点，和所有勇敢参与的学生会合，并在 4 点开始攀登科罗拉多 58 座海拔在 14000 英尺以上的山峰之一。随后，我们会冲刺下山，以此锻炼我们的股四头肌。早晨 9 点我会来到下一所学校，之后是再下一所。当下课铃响后，我会和橄榄球队、田径队或游泳队一起运动，随后跑回山间训练，直至日落。所有这一切，都是为了招募坚毅的运动员，同时为世界上最高水平之一的超马做好适应场地的准备。

比赛在周六早晨 4 点开始，从莱德维尔城（一座工人阶级的边境滑雪小镇）出发，穿过海拔在 9200 英尺到 12600 英尺之间、美丽而崎岖的落基山脉小道。当我在周日凌晨两点跑完时，一个来自丹佛、就读于我此前宣讲过的一所学校的少年，就在终点线等着我。那场比赛我表现平平（只跑了第 14 名，而非我惯常的前 5），但总会确保自己取得一个强有力的收尾。当我冲向终点线时，他咧嘴笑着向我走来，说："我开了两个小时车赶过来，就是为了看你冲线！"

我进而明白，你永远不知道自己正在影响谁。我不值一提的比赛成绩对那个少年而言，没有太大意义，因为我已经让他看到了一个充满可能的新世界，也让他感受到了积蓄在自己身体里的能量。他跟着我从他高中的讲堂来到了莱德维尔，因为他要找寻实证——我完成了比赛这个事实——以此证明，冲破极限、发掘潜能是有可能做到的。当我慢下来并用毛巾擦汗时，他向我讨教，希望有朝一日能在他家后院的山间奔跑一整天。

这样的故事还有好几个。数十个孩子前来找我，在麦克诺顿公园越野赛中担任我的支援人员——这是一场在伊利诺伊州的皮奥里亚城外举行的 150 英里比赛。有 24 名学生随我一起在北达科他州的迈诺特训练。1 月，我们一起在日出前跑过冰冷的苔原，那时的温度只有零下 20 摄氏度！有一次，我在亚特兰大一所以黑人为主的学校演说，离开时，一位母亲带着自己的两个儿子来找我。她的两个儿子一直梦想着成为海豹突击队的一员，却一直将这个心愿深埋心底，因为在那一带，参军不被认为是什么了不起的事。暑假开始后，我带他们飞回圣迭戈，和我一起居住、训练。我会在凌晨 4 点叫醒他们，在海滩上按少年版第一阶段的程度训练他们。他们过得并不轻松，却了解到了想要践行海豹突击队精神所需要付出的代价。无论我走到哪儿，无论学生们对参军有没有兴趣，他们都会问我他们是否具备和我一样的身体条件。他们能在一天内跑完 100 英里吗？要做到什么程度才能发掘自己最大的潜能？我是这么告诉他们的：

我们的文化已经沉迷于走捷径、找窍门和高效率之中。人人都在追求一劳永逸、事半功倍的诀窍。不可否认，这种态度也许会让你取得一定的成功——如果你幸运的话，但它不会磨砺你的头脑，也不会让你掌控自己的人生。要想主宰自己的大脑，拆除人生的限速器，你就必须一头扎进艰苦的工作中去。因为只有当职业精神成为你的支柱时，热情、痴迷甚至天赋，才能变成有用的工具。

职业精神是帮助我取得一切成就的最重要的因素，其他任何因素都要居于它之下。说到艰苦的工作，无论是在健身房还是在职场上，40% 定律都能适用。对我来说，一周 40 小时的工作时间就是 40% 的努力，或许令人满意，但换句话说，也就是平淡无奇。不要只满足于一周 40 小时的工作。一周有 168 小时的时间啊！这意味着，你可以将这些时间用于额外的工作，此外还能坚持锻炼。这意味着优化你的营养、高质量地陪伴妻儿，也意味着像每天执行 24 小时的任务一般规划你的人生。

我最常听到说自己锻炼得不如预想中多的借口，就是没有时间。看吧，我们都有工作职责，谁也不想缺觉，也要花时间陪伴家人，否则就会出乱子。我明白，但如果这就是你的境况，你就必须赢在早晨。

在海豹突击队全职工作时，我会最大限度地利用黎明前的时间。当妻子还在睡梦中时，我就会出发跑 6—10 英里的路程。我的装备在前一天夜里就已经全都准备妥当，午餐也打包好了，工作服放在工作地的储物柜里。一般情况下，我会在凌晨 4 点就外出跑步，5 点 15 分回来。因为这样的运动强度还不够，而我们家又只有一辆车，我就会骑上我的自行车（我终于买了自行车！），骑行 25 英里去上班。我会在每天早晨 7 点 30 分开始工作之前先冲个澡，然后从早上 7 点 30 分工作到中午；午休前或午休后，我会在工位上吃午餐，而在午休时间，我会到健身房锻炼或是去沙滩跑 4—6 英里；下午我继续工作，下班后则跳上我的自行车、骑行 25 英里回家。等到晚上 7 点到家时，我这一天已经跑了大约 15 英里，骑了 50 英里，还在办公室里工作了一天。我总会回家吃晚饭，并在晚上 10 点睡觉，如此循环往复。在周六，我会睡到早上 7 点才起，锻炼 3 个小时，并用剩下的时间陪伴凯特。如果没有比赛，周日就是我的活跃恢复日。我会在低心率状态下进行轻松的骑行，使心率保持在每分钟 110 次以下，以此促进健康的血液循环。

或许你会觉得我是个特例，或是个有强迫症的疯子。好吧，我不会和你争论这个。但，我的朋友麦克又如何呢？他是一名工作于纽约市的一流金融顾问。他的工作压力很大，工作日的工作时间远超 8 小时。他有妻子和两个孩子，还是一名超马运动员。他是这样做到的：每个工作日凌晨 4 点起床，趁家人仍在睡梦中时，他会跑上 60—90 分钟，骑自行车进行通勤，并在回家后上跑步机快跑 30 分钟。在周末，他会外出跑更长的距离，并会将这一切对自己肩负的家庭责任的影响降至最低。

他有权有势，腰缠万贯，本可以轻松维持现状，享受他汗水换来的甜美果实；但他找了一条保持艰辛的路，因为他的汗水本身就是他甜美的果实。他会尽最大可能减少那些会挤占自己日程的无谓事项，留出时间做真正有意义的事。他的优先级清晰明确，还会确保自己专注于优先事项。我在这里说的不是普通的优先事项。他一周中的每个小时都会专注于一个特定的任务，当这一小时开始时，他就会倾注以百分之百的专注。我也是这样做的，因为这是唯一能最大限度压缩被浪费时间的方法。

为你的整个人生做一个评估吧！ 我们都会在无意义的事情**上浪费掉太多的时间**。我们会在社交媒体和电视上虚耗光阴，一年到头，如果像计算缴税额一样将被浪费掉的时间列表计算，你会发现它们加起来足有数周时间那么长。你应该这样计算一下，因为如果得知这一事实，你就会关闭你的 Facebook 账号，切断电视信号。当你发现自己正在做无聊的交谈，正在卷入不能使自己受益的活动中，赶紧脱身！

多年来，我活得像个僧侣。我不会见太多人，也不会在太多人身上花时间。我的日常很满，日程很紧。我一周发一到两次动态，从不看其他人的动态，因为我没有关注任何人的账号。这就是我。我不是说你要和我一样无情，因为我们可能有着不同的目标。但我知道，你也有自己的目标，你也有提升空间，否则你就不会读我的书了。我向你保证，如果你能开始审视、管理你的日程，你就会找到更多能用来工作的时间，减少无意义的浪费。

要减少自己的无谓事项，全靠自己。你会花多少时间在饭后还在餐桌旁做无谓的闲聊？你会发多少无意义的短信、打多少无意义的电话？看看你的整个人生，列出你的职责和任务，为它们标上时间。你要花多少小时购物、吃饭、洗澡？需要睡多久？通勤状况如何？仅靠自己的能力能做到吗？**给每件事划定一段时间，一旦规划好了你的一天，你就会知道自己有多少弹性时间可以用于锻炼，又能如何将这段时间最大化了。**

或许你并不追求健身，但一直梦想着创业，又或者一直想学习一门你喜欢的外语、一样让你痴迷的乐器。很好，这适用于同样的定律。好好分析自己的日程，摒弃那些无意义的习惯，撤除无意义的事项，看看剩下的是什么。每天有 1 个小时吗？3 个小时呢？现在将这段时间最大化。也就是说，**你要列出自己一天中每个小时的优先任务。你甚至可以将时间压缩至每 15 分钟一段，另外，别忘了在你的日程中加上后备方案。**还记得在超级铁人三项世锦赛中，我是怎样忘记准备后备方案的吗？你的日程也需要这样的方案。如果一个任务超时了，确保自己知道这一情况，并立刻开始转入下一项优先任务中。将你的智能手机用于高效管理而非点击弹窗。打开你的日程提醒，设置提醒时间。

如果能审视、管理自己的生活，略过无意义的事项，利用后备方案，你就能有更多时间去做需要做和想要做的事。但要记住，你也需要休息，要把休息排入日程中。听从身体的反应，在必要的时候小睡 10—20 分钟，每周找一天当休息日。在休息日，要让你的头脑和身体得到真正的放松。关上手机，关闭电脑，和朋友或家人一起闲逛，好好饮食，你才能恢复精力，重新投入工作。休息日不是用来沉迷电子科技，或是在桌前像个问号一样蜷成一团的。

24 小时任务的全部要点，就是要保持一种卓越的节奏，不是只为保持一个季度、一整年，而是要保持一生！这需要高质量的休息和恢复时间。因为没有终点线。学无止境，要想坚不可摧，你永远有要去加强的弱点。让自己变得足够强悍，去跨越征途，去做强有力的收尾吧！

★★★

2008 年，我回到科纳，参加铁人三项世界锦标赛。代表着海豹突击队的我正处于曝光的巅峰时期，指挥官基斯·戴维兹——我在海豹突击队见过的最优秀的运动员——和我一起被安排参加这个比赛。美国全国广播公司体育频道追踪着我们的一举一动，将我们在比赛中的竞争变成了主持人在介绍主要竞赛者之余，可以穿插其中的一个特别看点。

我们的出场就像好莱坞大片一样。当大多数运动员正专注于赛前仪式、为他们比赛生涯中最漫长的一日做好心理准备时，我们搭乘一架 C-130 运输机嗡嗡地来到赛场上空，从 1500 英尺的空中一跃而下，靠降落伞跳入水中，又被一艘快艇拉起，在距离开赛枪响只剩 4 分钟时游上了岸。这点时间，刚刚够我们吃一个能量棒，灌足水，换上我们海豹突击队的三叉戟队服。

现在你已经知道，我游得不快，戴维兹在 2.4 英里的泳程中对我保持了压倒性的优势。在自行车项目上我和他旗鼓相当，但在那天，我的后腰太紧张，骑到一半时不得不停下来做拉伸。等我骑完 112 英里、来到转换区时，戴维兹已经领先了我 30 分钟。在马拉松的前期，我没能很好地挽回劣势。我的身体在罢工，我不得不在前期走了一截；但我仍在坚持比赛，并在第 10 英里时找到了节奏，开始追回落后的时间。跑在我前面的戴维兹在某个地方卸了劲，我一点点追了上去。有好几英里路，我能远远看到他在缓步前行，柏油路上热浪袭人，他在这片熔岩地上痛苦不堪。

和基斯·戴维兹一起站在科纳铁人三项终点线上

我知道他想击败我，因为他是个骄傲的人。他是一名军官，一位了不起的指挥官，一位坚毅的运动员。我也想击败他。这就是海豹突击队的优良传统。我本会被他击溃，但随着我一点点靠近，我告诉自己，要学会谦逊。在还剩两英里多的地方，我追上了他。他看着我，眼神中掺杂着尊敬和滑稽的恼怒。

"该死的戈金斯。"他笑着说。我们一起跳入水中，一起开始比赛，也将要携手冲向终点。最后两英里，我们齐头并进，同时跨过终点线，拥抱在一起。这个镜头真是无与伦比。

★★★

我生命中的一切都尽如人意。我的事业蒸蒸日上、前程似锦，在体育界也赫赫有名，我还计划着担起海豹突击队队员的责任重返战场。但有时，就算人生一帆风顺，暴风雨也会不期而至，多番降临。混乱会毫无征兆地出现，而它一旦出现，就会让你难以招架。

要是运气好，问题或损失可以相对较小；当事情发生时，如何调整、如何坚持就全靠自己。但要是受了伤，或是出现了让你无法再继续此前热爱之事的复杂困难，你就要在别处重新聚集能量。我们从事的事业往往都是我们的强项所在，因为做自己擅长的事会很有意思。很少有人喜欢致力于自己的弱项。因此，如果你是一个了不起的跑者，却因为膝伤在接下来 12 周时间里无法跑步，不如抓住这个绝佳的时机练习瑜伽，提高身体的弹性和全身力量，成为一名更好、更不容易受伤的运动员。如果你是一个伤了手的吉他手，就可以坐在键盘前，用好的那只手弹琴，成为一名更多面的音乐人。**关键在于，不要让挫折粉碎我们的专注，不要让软弱主宰我们的大脑。永远做好准备，去适应，去重新调整，去以某种方式坚持下去，变成更好的自己。**

我坚持锻炼的唯一原因，并不是要为超马比赛做准备。我完全不想当运动员。锻炼能让我在人生路上磨砺自己的头脑。人生永远是一场最磨人的耐力赛，当你奋力训练、苦受折磨、磨砺心志之时，你就会变成更全面、更训练有素的竞争者，无论发生什

我的穿越美国自行车赛训练日志

么，都能找到出路，因为生活会在某些时候给你迎头痛击，有时甚至会将你置于死地。

我的两年征兵生涯原本将在 2009 年画上句号。尽管很喜欢花时间激励下一代人，但我还是期待着能够重回战场。但在离开这个岗位之前，我还有一件大事要做。我要参加一场传奇的耐力公路赛——穿越美国自行车赛，从圣迭戈的海滩出发，骑车前往马里兰的安纳波利斯。比赛在 6 月进行，因此从 1 月到 5 月，我一有空就会骑车。我在凌晨 4 点起床，上班前会骑行 110 英里，在漫长的一天结束后，下班再骑 20—30 英里回家。周末，我至少会安排一天时间来骑 200 英里，平均每周骑行超过 700 英里。

这次比赛大约要花两周完成，能睡的时间极少，我想为一生中最伟大的运动挑战做好准备。

随后，在5月上旬，一切天翻地覆。我的心脏就像一台出了故障的电器，仿佛在一夜之间开始怦怦乱跳。多年来我的静息脉搏都维持在每分钟30多次。但突然之间，它攀升到了每分钟70—80次，稍微动一动，它就会飙升到让我崩溃。我身上仿佛裂开了一个口子，所有能量都从我体内流走了。一次简单的5分钟骑行就能让我的心率直飙到每分钟150次。哪怕走上短短一段楼梯，心脏也会不受控制地跳个不停。

一开始我以为是过度训练导致的，去看医生时，医生也同意这个看法。但为了以防万一，他还是在巴尔博亚医院给我安排了一次超声波心电图检查。当我进去接受检查时，医生将他那无所不知的接收器涂上凝胶，在我胸口上滚动，摆出他需要的角度。我则向左侧躺，头部远离他的显示屏。他很健谈，在检查我的心室和心脏瓣膜时，一直在聊各种有的没的。情况似乎一切正常，他说。直到突然之间，当检查进行到45分钟时，这个话痨突然闭了嘴。我听到的不再是他的声音，而是许许多多咔嗒咔嗒、嗡嗡嗡嗡的声响。随后他离开房间，几分钟后和另一名医生又回到这里。他们点击着鼠标，放大了镜头，轻声交谈着，就是不让我听到他们的大秘密。

当穿着白大褂的人当着你的面，像研究谜题一样研究你的心脏时，你很难不去想你可能要完蛋了。一部分的我很想立刻知道答案，因为我吓得要死；但我又不想暴露自己的怯懦，便选择静静地让专业医生们继续工作。几分钟后，又有两个人走进了房间。他们中有一位心脏病专家。他接过仪器，在我胸口上滚动，又看了一眼显示器，点了点头。随后他像拍着自己的实习生一样拍拍我的肩膀，说："好，咱们聊聊。"

"你患有心房间隔缺损。"我们站在走廊里，他对我如是说。他手下的医生和护士们在走廊上来来回回，在我们两侧的房间里进进出出。我直直地目视前方，一言不发，直到他意识到我根本听不懂他在说什么。"你的心脏上有一个洞，"他揉揉额头，又摸摸下巴，"一个形状很好的洞。"

"心脏不会莫名其妙开洞的，对吧？"

"不会，不会，"他大笑道，"你这是天生就有的。"

他继续解释说，那个洞长在我的左右心房之间，确实是个问题，因为如果心室之间长有洞，含氧血和未含氧血就会混合到一起。氧是我们身体中每一个细胞生存所需的关键元素。按照医生的说法，我只能给我的肌肉和器官输送理想需氧量的一半。

这会导致脚部和腹部的肿胀、心悸和偶发的呼吸急促。这当然能解释我最近常有的眩晕感。医生说，这也会影响到肺部，因为这会给肺部血管带来超出其适应范围的血流量，使其更难从过度劳累和疾病中康复。我回忆起过去，想到了在第一次地狱周我感染双侧肺炎后康复时遭遇的一切。我肺部的积液问题从未彻底消退。在接下来的两次地狱周和参与超级马拉松后，我总会出现咳痰的症状。有时在夜里，痰液多得让我无法入睡。我就那样坐着，朝一个佳得乐空瓶里吐痰，好奇这个无聊的仪式什么时候才有个头。大多数开始沉迷于超马的人也许会面对过度劳累带来的伤，但他们的心血管系统则能调整得很好。而我，尽管能拖着伤痕累累的身体参与、完成那么多比赛，却从未如他们般感觉良好。我已经学会了忍受和克服，当医生继续下载各种必要文件时，我突然有生以来第一次意识到我一直都太幸运了。你知道，就是那种明明心脏里有个洞，但感谢上帝，这个洞还没有要了你的命的那种侥幸。

因为如果你像我一样患有心房间隔缺损，在你深潜入水时，本该顺着肺部血管、通过肺部过滤的气泡，也许就会从心脏上的那个洞里漏出去，成为极有杀伤力的栓塞，重新在你体内循环，可能阻塞脑部血管、引起中风，也可能阻塞心血管并造成心搏骤停。这就好像是在你体内带着一颗脏弹潜水，你永远不知道它会在何时何地爆炸。

在这场战斗中，我并不是孤身一人。每 10 个孩子中就有 1 个先天带有这一缺陷，但在大多数情况下，这个洞会自己长好，并不需要动手术。每年美国仅有不到 2000 名孩子需要动手术，但往往都是在学龄前就完成了，因为现在已经有了更好的监测技术。大多数和我年龄相近的患者，通常会在幼年时躺在母亲的怀中离开医院，在浑然不觉中与这一潜在的致命问题相伴着生活下去，直到像我一样在 30 多岁时开始深受其害。如果我忽视了身体的示警，就很可能会在某次 4 英里的跑步途中丧命。

这就是为什么，如果你身在军队并被诊断患有心房间隔缺损后，就不能再跳伞或戴水肺潜水。如果被人知道了我的状况，想要成为海豹突击队的一员是绝不可能的。而我甚至挺过了地狱周、"恶水"和其他一系列比赛，真是惊人。

"你能在这种情况下取得现在的一切成就，真是令我惊叹。"医生说。

我点点头。他认为我是一个医学奇迹，某种程度上就是一个例外，又或者仅仅是一个天赋异禀、好运爆棚的运动员。对我而言，这只是进一步的证据，证明我的成就并非拜于神赐或是优越的基因。我的心脏上有个洞啊！我是靠这一个永远只能充满一半的油箱在跑，而我的一生，都是人能突破极限、发掘全部潜能的铁证。

3 天后我躺进了手术室。

手术被搞砸了。首先，麻醉并没有完全生效，也就是说，当医生切开我的大腿内侧，在我的股动脉上插入一根导管时，我还半醒着。当导管到达我的心脏时，医生就会通过导管安置一块螺旋状贴片，按计划应该能补上我心脏上的洞。同时，他们还在我的咽喉里放入了一个摄像机，塞进去被卡住的时候我还有感觉，并由此忍受了长达两个小时的折磨。做完这场手术，我的问题按理说应该已经解决了。医生说，我的心脏组织需要一定的时间围绕着贴片生长并将其盖住；一周后，他开始允许我做轻微的运动。

明白，我心想着，一回到家就在地上做了几组俯卧撑。几乎同一时间，我的心脏发生了房颤，即 A-fib。我的脉搏从每分钟 120 下增加到 230 下，回落到 120 之后又飙升到了 250。我感到眩晕，不得不坐下来盯着我的心率监测仪，呼吸恢复了正常。我的静息心率又回到了每分钟 80 多次。换句话说，我的状况没有得到一点改变。我给心脏病专家打了电话，他说这是轻微的副作用，请我要有耐心。我按他说的又休息了几天，之后跳上自行车想从家里轻松骑行去上班。起初一切顺利，但 15 英里后，我的心脏再次开始房颤。我仿佛能看到我的脉搏又从 120 跳到了 230，毫无规律可言。凯特开车将我直接送到了巴尔博亚医院。几次看下来，很显然要么是安置贴片失败了，要么是贴片太小，盖不上整个洞，我还要再做一次手术。

海军对此十分保守。他们担心会出现进一步的并发症，建议我缩减自己原先的日程安排，接受新的常规工作，继续做征兵。是的，没错。但我还是在巴尔博亚找了一位更好的医生，他说在考虑再动一次手术前，我们还要再多等几个月。在此期间，我不能跳伞，不能潜水，当然也不能上战场，于是我只好待在征兵部门。毋庸置疑，这是一种完全不同的生活，我真为自己遗憾。毕竟，这个突如其来的变故改写了我的整个军队生涯；但我一直是在为生活而非超马比赛训练，我绝不会低头认输。

我知道，如果我一直带着一种受害者心态，就永远无法摆脱这种境况，我不想在家坐以待毙。于是，我利用这段时间好好完善了我的招募宣讲。我写出了精良的征兵活动复盘报告，在行政工作中也更注重细节。这听上去是不是挺无趣的？没错，实在太无趣了！但这是一份诚实且必要的工作，我以此打磨自己的头脑，直至可以重返真实的战斗。

但愿如此。

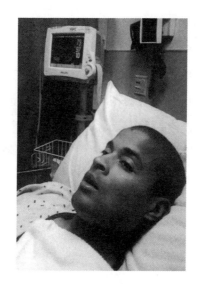

第二次心脏手术后的我

在第一次手术完成整整 14 个月后，我再次躺在医院的轮床上，盯着天花板上的荧光灯，被推去进行术前准备。这一次的手术，也没有完全成功的保证。当医生和护士帮我剃好毛发、给我做术前准备时，我想起了我在军队取得过的全部成就，心想，这样就够了吗？如果这次医生也治不好我，我会甘心就这样退役吗？这些问题在我头脑中盘旋，直至麻醉师给我戴上了氧气面罩，在我耳边轻声倒数。就在陷入无意识之前，我听到了从自己内心深处喷涌而出的答案：

去他的，不！

挑战#8

做好日程表！

是时候规划你的一天了。现在大多数人都成了善于处理多重任务的人，这也造就了一个半桶水的国家。**这将是一个持续 3 周的挑战。在第一周里，按照你平常的日程表行事，但请做好记录。**你是什么时间工作的？你工作时是不间断地持续工作，还是会有时停下来看会儿手机？你的进餐休息时间是多长？你什么时候锻炼、看电视或是和朋友聊天？你的通勤时间多长？是自己开车吗？我希望你能将这些用时详尽记录下来，并打好时间戳。这将成为你的基准，你会从中发现许多富裕时间。大多数人一天会浪费 4—5 个小时，如果你能发现并对这些时间加以利用，就能在增加效率的路上前进一大步。

在第二周，建立一个最合适的日程表，将所有事划分进15—30 分钟的格子里。有些事可能会占据几个格子或是一整天的时间，这没关系。当你工作时，同一时间只做一件事，专注于眼前的事情并坚持不懈地完成它。当到了日程表上该做下一件事的时间时，将上一件事放下，开始专注做第二件事。

确保你的进餐休息时间充足，但不能毫无限制，并以同样的原则安排锻炼和休息的时间。当到了休息时间，就要进行真正的休息，不要再查看邮件或是在社交媒体上瞎扯了。想要努力工作，让大脑得到充分的休息就是必需的。

将第二周的情况也同样用时间戳记录下来，你仍可能找到一些残留的死角。**在第三周，你就应该能制定出一个在不牺牲睡眠的情况下，将精力最大化的日程表了。**

Chapter 9

强中之强

DAVID GOGGINS

我将战争带向人群，目视我的不凡引爆
那些渺小的人心。我没有退缩，没有
为孤身一人流泪。我会采取行动，对
自己说"去他的"，将自己感受到的一
切偏见转化为炸毁高墙的炸药。

麻醉生效了，我感觉自己的时间正在倒退，直至回到过往的一幕之中。死寂的夜色中，我们正在雨林中穿行。我们的移动隐秘、无声而又迅捷。必须如此。先出击者胜，事实大多如此。

　　我们登上一个山口，在三叶丛林中高耸的桃花心木树冠下隐蔽起来，并通过夜视镜追踪目标的行踪。就算没有阳光，雨林依旧热浪袭人，我脸上的汗水就像窗玻璃上的露珠般滑落。那时我27岁，对《野战排》和《第一滴血》的狂热梦想已经化作现实。我眨了两次眼，呼出一口气，对准排长给出的信号开火。

　　我的整个身体都随着M60机枪的节奏往后回弹，这是一把带式机枪，每分钟可射击500—650次。随着100发子弹通过这架隆隆作响的机枪枪筒发射而去，肾上腺素流遍了我的全身、浸润着我的大脑。我的焦点收窄，心里只剩下自己、我的武器，以及我正毫无歉意向其开火的目标。

那是在 2002 年，我刚刚结束 BUD/S 训练，作为一名全职的海豹突击队成员，我已经正式成为世界上最健壮、最致命的战士和最坚毅的人之一。或者说，我就是这么想的。但这时，我还没有陷入超级马拉松那充满魅力的兔子洞中。刚发生不久的"9·11"事件，给整个美国的集体意识留下了伤痛，其涟漪改变了我们这类人的一切。战争不再是我们渴求的神话，而是在阿富汗的山地、村庄和城市之中真实上演。同时，我们正停泊在马来西亚，希望能够加入战斗。

我们就是按实战标准训练的。

从 BUD/S 毕业之后，我继续接受了海豹突击队资格训练，在那里，我正式得到了我的三叉戟标志，随后进入了自己的第一个排。在马来西亚，我们继续进行着丛林作战训练。我们在盘旋的直升机上利用绳索飞快爬上爬下。一些人受训成为狙击手；由于我是团队中个头最大的人——当时我的体重有 225 磅——我被分配到了携带"猪"的工作，"猪"就是 M60 机枪的昵称，因为它开火时的动静听起来就像是猪的咕噜声。

大多数人都很害怕"猪"，我却对它着了迷。这架武器的自重就有 20 磅，每条 100 发的子弹带都有 7 磅重。我会随身携带 6—7 条子弹带（一条装在枪上，4 条扎在我的腰间，还有一条装在小袋中、捆在我的背包上）、机枪和我那 55 磅重的背包，并被要求与其他人一样做到行动迅速。我别无选择。我们在作战时训练，模拟真实战场的实弹演练很有必要，因为这能让我们将海豹突击队的战场座右铭做到极致：射击，移动，交流。

从海豹突击队资格训练中毕业的我
（请注意三叉戟戳在我胸口、在衣服上留下的血迹）

这意味着你要一直保持射击的准度。我们不能用武器扫射，否则就会误伤队友；这就需要极强的肌肉控制力和对细节的关注，要随时了解自己正在瞄准的方向与队友的相对位置——在携带着"猪"的时候更需谨慎。在接到任务时，既能保持高水准的安全性，又能对目标造成致命打击，这才是海豹突击队每个队员应有的优良作战水准。

人们大多以为，一旦进入海豹突击队，你就会一直是其中的一员，但事实并非如此。我很快了解到，我们一直处在被评估的状态中，一旦成为不安全因素，无论是新人还是老兵，都会遭到淘汰！在第一个排时，我是 3 个新兵之一，另一个新兵就因为自己太不稳定而被剥夺了资格。10 天来，我们在马来西亚的雨林中穿梭，睡吊床，划独木舟，日日夜夜枪不离手，而他则落后了，拖着枪就像拖着《西方女巫传》里的扫帚一样。即便如此，他也没能完成任务，最后被开除出队。我们在第一排的长官对每个人一视同仁，我很尊重他们这一点。

"在战争中，没人能突然变成兰博[1]。"达纳·德科斯特最近这样告诉我。达纳是我在海豹突击队五队第一个排的二把手。近来他担任了 BUD/S 训练的作战指挥官。"我们把自己逼得那么狠，为的是当子弹真的飞来时，我们能仰赖于扎实优异的训练。我们的训练水准相当高，这一点非常重要，我们知道我们能战胜敌人。我们也许不能成为兰博，但可以无限趋向于那个水平。"

许多人为海豹突击队所使用的武器、所参与的枪战着迷，但这始终不是我最爱的一部分。我相当擅长使用武器，但更喜欢自己投入战斗。我说的是高强度的体能训练，而我的第一排也实现了这一点。在早晨开始工作前，我们往往会进行一段跑步—游泳—跑步的长距离训练。我们不只是长距离跑动，还会相互竞争，而我们的长官则会领在前头。我们的排长和他的副手达纳是整个排最优秀的两名运动员，而我的排领队克里斯·贝克（现在更名为克里斯廷·贝克，是推特上最著名的跨性别女性之一，常讨论少数群体议题！）也是个坚毅的浑蛋。

---

1. 电影《第一滴血》的男主角。

"真是有趣，"达纳说，"（排长和我）从没真正讨论过我们体能训练的准则，但就是会竞争。我想击败他，他也想击败我，大家对此津津乐道。"

达纳就是个疯子，我对此深信不疑。我还记得在我们启航途经关岛、马来西亚、泰国、韩国，前往印度尼西亚之前，曾在圣克莱门特岛上进行大量潜水训练。达纳是我的游泳搭档，一天早晨，他向我发起挑战，要我在不穿潜水服的情况下在 55 华氏度的水里进行潜水训练，因为在"二战"期间，海豹突击队的前辈们就是如此为诺曼底登陆日做准备的。

"咱们就老派一回，只穿短裤、带着尖刀潜水吧。"他说。

他身上有那种我仰赖的兽性本能，我也并不打算在这个挑战面前退缩。我们一同在东南亚游泳、潜水，在马来西亚训练精锐部队，打磨着泰国海军海豹突击队——他们的蛙人曾在 2018 年夏天救出了困在岩洞中的足球队孩子们。他们还曾卷入泰国南部的伊斯兰组织暴动中。无论被派驻到哪里，我最喜欢的都是做体能训练的早晨。很快，我们排里人人都开始相互竞争、彼此较劲，但不管我有多努力，似乎都无法赶上我们的两位长官，常常只能拿第三名。没关系。谁赢了不重要，重要的是几乎每天、每个人都比前一天的自己做得更好，而这正是我坚持的理念。一个相互竞争的环境，能够给我们排带来力量，提高我们的归属感和成就感！

这就是继 BUD/S 以来我梦寐以求的环境。我们都怀着海豹突击队的信念，我迫不及待地要看这股信念能在战斗中，将作为个人和作为团队的我们推向何处。但随着战争在阿富汗打响，我们能做的却只有紧绷神经，等待召唤。

我们在一个韩国保龄球馆里共同观看了对伊拉克的入侵。那真是太压抑了。我们苦苦训练，就是为了等待一个像这样的机会。我们靠体能训练夯实了基础，接受了大量关于武器和战略的训练。我们已经成为一支可以加入战斗的致命力量，但再度被忽略的事实令我们恼怒不已。于是，每天早晨，我们都将怨气发泄到彼此身上。

海豹突击队在世界各地的基地都会得到有如摇滚巨星般的欢迎与接待，有些人会参加类似规格的派对。事实上，绝大多数海豹突击队队员都喜欢在外彻夜狂欢，但我不同。自加入海豹突击队以来，我就过着一种斯巴达式的生活，认为夜里的工作就是休息、恢复，让我的身体和大脑为第二天的战斗调整好状态。我永远处于待命状态，这种心态赢得了一些人的尊重，但我们的排长却想让我放松一些，更加"合群"。

我对排长抱有极大的敬意。他毕业于美国海军学院和剑桥大学，聪慧过人，是一名坚毅的勇士，也是一位卓越的领导者，即将加入海军特种作战研究大队，拥有一个令人垂涎的职位。因此，他的意见对我很重要。事实上，他的意见对所有人都很重要，因为他要负责评估我们，他的评估会一路跟着我们，影响我们未来的军队生涯。

我的第一次纸面成绩非常扎实。他对我的技术和拼劲都印象深刻，但也私下跟我提点了几句。"戈金斯，你知道，"他说，"要是多和他们待在一起，就能更好地理解这份工作。跟兄弟们待在一块儿，听他们的故事——我就是这样学会了许多战场上的事。成为团队的一分子相当重要。"

他的话很扎心，很伤人。很显然，排长，可能还有其他一些人，都觉得我有些与众不同。这是当然的！我是从一无所有的过去爬到今天这个位置的！我没有读过海军学院，甚至不知道剑桥在哪里。我不是在泳池边长大的，只能自学游泳。我就不该成为一名海豹突击队队员，但我还是做到了，我以为这能让我成为团队的一分子，但现在我才意识到，我只是队伍中的一分子——不是兄弟中的一分子。

我必须靠下班后出门融入那些家伙来证明自己的价值吗？对像我这样内向的人来说，这个要求太高了。

我进入这个排，是因为我的高度奉献精神，我并不打算松懈。当大家在夜里外出作乐时，我则在埋头苦学战术、武器和战争知识。学无止境！在我看来，我一直在为甚至还未存在的机会做着准备。在当时，想经过筛选进入海军特种作战研究大队，就必须在两个排服过役，而当时的我已经在为这个机会做准备了。我不愿放弃本心，勉强自己遵循他们那不成文的规则。

海军特种作战研究大队（以及陆军三角洲部队）被认为是特种作战部队中的顶级精锐。他们承担着最重要的任务，比如突袭奥萨马·本·拉登。从那时起，我就下定决心，自己不会也无法满足于只当个可有可无的海豹突击队成员。是的，我们都是佼佼者，和普通人相比，我们都是硬汉；但现在，我自视为强中之强，如果这才是我，我就该成为这样的人。这或许会让我更不合群。那次评估后不久，我就第一次在早晨体训中成为头名，在最后半英里中超越了达纳和排长，一次也没有回头。

在一个排的服役会持续两年，在第一个排服役的末期，多数人都准备在进入下一个排之前先歇口气。从我们卷入的战争来看，参战是板上钉钉的事。我不想也不需要休息，因为强中之强是不会休息的！

在第一次评估之后，我开始研究军队的其他分支（不包括海岸警卫），研读特种部队的资料。海豹突击队喜欢自视为最强者，但我想亲身体验是否真的如此。我怀疑，在所有的军队分支里，都有几个能在最恶劣环境中出类拔萃的人。我想找寻这样的人，并和他们一同训练，因为我知道，他们能让我更进一步。此外，我还了解到，陆军游骑兵学校也被视作整个军队体系中的精英学校之一；因此，在第一个排服役期间，我曾7次向我的排长递交特别申请，希望能得到准许，在两次服役之间进入陆军游骑兵学校。我告诉他，我想汲取更多知识，成为一名更成熟的特种作战士兵。

前6次的特别申请都被忽略了。毕竟，我还是个新兵，有些人觉得我应该专注于海军特种作战部队，而不是试图溜进可怕的陆军学校。但在第一个排服完两年役后，我为自己赢得了声誉，第7次申请最终递交到了负责海豹突击队五队的指挥官面前。在他签字同意后，我进入了陆军游骑兵学校。

"戈金斯，"我的排长在告诉我这个好消息后说，"你就是那种想让自己变成战俘的混账，只为了看看自己究竟有多能撑。"

他说对了。他知道我正在成为哪种人——那种想不断挑战自己极限的人。我们握了手。排长进入了海军特种作战研究大队，很快我们就有重新见面的可能。他告诉我，当前有两场正在进行的战争，研究大队第一次向仅完成了一个排服役的士兵打开了招募通道。一直在寻求更多机会、全身心为不存在的机会做着准备的我，成为美国西海岸得到海豹突击队五队高层允许、经筛选加入绿队的少数人之一。这是研究大队的新兵培训部队；而这个时间点，恰在我准备离开、前往陆军学校之前。

绿队的筛选流程分两天进行。第一天是生理健康部分，包括 3 英里跑、1200 米游泳、3 分钟仰卧起坐和俯卧撑，还有一组最大强度的引体向上。我的表现一骑绝尘，因为在第一个排的经历已将我锻造成一名更强健的勇者、更出众的跑者。第二天是面试——其实更像是审讯。在我那一组的 18 人中，只有 3 个人通过面试进入了绿队，我就是其中之一。这意味着，从理论上讲，结束第二个排的服役后，我就离海军特种作战研究大队更近了。我简直等不及了。在 2003 年 12 月，正如预料中一样，我的特种作战生涯登上了新的台阶，因为我不断地证明着自己是强中之强，一直向着成为"真正的战士"这一目标进发。

几周后，我来到了位于佐治亚州本宁堡的陆军游骑兵学校。那是 12 月上旬，作为有 308 人的班级里唯一的海军士兵，我受到了教官的质疑，因为在我之前有好几个班里，总有几个海军士兵在训练中中途退出。那个时候，他们总喜欢将海豹突击队队员送进陆军学校作为一种惩罚，因此入学士兵应该不能代表海军中的佼佼者。我是自愿争取入学的，但教官还不知道这一点。他们以为我只是又一个自以为是的特种作战士兵，不出几个小时就能剥掉我的制服和荣誉，人人看起来都没什么两样。军官们失去了军衔，像我这样的特种部队新兵则变成了无名小卒，需要用一点一滴证明自己。

第一天，我们被分成 3 个队，我被任命为"亡命连"的第一军士长。得到这一任命，是因为原先的第一军士长在被引体向上折磨个半死后，又被要求背诵游骑兵誓词。他累得没背出来。对游骑兵而言，誓词意味着一切。我们的游骑兵教官气得面色铁青地打量着"亡命连"，我们全都立正站好，不敢轻举妄动。

"我不知道你们这是以为自己在哪儿，要是想成为游骑兵，最好给我了解我们的誓词。"他看到了我，"我知道，这儿有个不知道游骑兵誓词的海军。"

我已经将誓词研究了好几个月，当时已能倒背如流。为了达到效果，我清了清嗓子，大声背诵起来：

"我确认志愿成为一名游骑兵，我充分认识到我所选择的职业是危险的，我将永远努力维护游骑兵军团的声望、荣誉和高度的智慧。"

"真是太惊人……"教官想打断我，但我继续背了下去：

"事实证明，游骑兵是精锐之师，冲锋在海陆空战场前沿。我承诺做一名为国而战的游骑兵，愿为我的国家付出更多、变得更快、成为军中至强！"

教官点点头，揶揄地笑笑，这次没有打断我。

"我决不会辜负我的战友。我将永远保持警醒的头脑、强健的体魄、正直的品德。无论任务有多艰难，我将尽 120% 的努力承担更多重责！

"我将勇敢向世界展示，我是一名经过特别挑选、接受杰出训练的士兵。我们服从军令，着装整洁，爱护军备，争做他人榜样！

"我将积极为国作战，抗击劲敌。我训练有素，意志顽强，将在战场上击败敌方！游骑兵决不投降，决不弃战友遗骸而去，决不使英烈遗骸落入敌手，决不在任何不利境况下令国蒙羞！

"尽管会有牺牲，也许我会幸存，但我愿展现出游骑兵的毅力，不屈不挠，完成使命！

"游骑兵，精锐军！"

我背出了全部 6 段，他不可置信地摇摇头，试图继续维持脸上的笑容。"恭喜你，戈金斯，"他说，"现在，你是第一军士长了。"

他将我留在原地，留在整个队伍之前，一言不发。现在，带领团队成了我的职责，我要确保团队中的每个人都能在考验面前做好准备。从某种意义上说，我有点像领导，也有点像大哥，更是一名全职准教官。在游骑兵学校，光是自己争取毕业就已经够难了。而现在，我还要关照 100 个人，确保他们也能顺利毕业。

而且，我还不得不经历和其他人一样的进阶考验，但这还算简单的，事实上还能给我一个喘息的机会。对我来说，体能惩罚并非轻而易举就能完成，但我的完成方式已经发生了改变。在BUD/S，我总能带领队员前进，通常会对大家要求严格，但总的来说，我并不在意其他队的队员是能坚持下去还是选择退出。这一次，我不仅仅自己倾尽全力，而且还要照顾每一个人。要是看到有人在导航、巡逻、跑步或通宵中遇到困难，我会确保大家团结一致去帮助他。不是人人都想伸出援手的。训练太过艰苦，如此一来，有人就会在评分外的时间"划水"，找机会休息、偷懒。在我在游骑兵学校的 69 天里，我从不曾懈怠哪怕一秒。我逐渐成为一名真正的领导者。

游骑兵学校的全部关键点就在于，给每个人尝到带领高水平队伍的滋味。在野外的演习，就如同一场战场寻宝耐力赛。在 6 个测试阶段，我们会在导航、武器、绳索技术、侦察和整体领导力方面获得评分。而这一野外演习以其斯巴达式的残酷著称，有 3 个各自独立的训练阶段。

首先，我们会被分为 12 人一组的小队，一同在班宁堡山麓间度过 5 天 4 夜。我们的食物极为有限——每天只有一两块口粮——每天晚上也只能睡几个小时。我们要在规定时间里在站与站之间进行越野导航，并完成一系列任务，以此证明我们在某一项特定技能上的精通程度。小队成员将会轮流担任队长。

山地阶段的难度较班宁堡阶段而言，有了指数级的增长。在这个阶段，我们会被分为 25 人一组的小队，在北佐治亚州的山中导航；天知道，在冬季，阿巴拉契亚冷得有多要命。我读过关于携带镰状细胞性状的黑人士兵死于山地阶段的故事，军队方面想让我戴上有红色外壳的特殊胸牌，好在意外发生时发出医疗警报；但我是小队长，不想让我的队员觉得我是个病恹恹的孩子，就没戴上这块红牌。

在山中，我们学会了如何绕绳下降、如何攀岩等各种登山技术，也更精通伏击和山间巡逻。作为考验，我们进行了两场各自长达 4 晚、相互独立的野外训练演习，即 FTXs（Field Training Exercises）。在第二场 FTX 时，我们被卷入了一场暴风雪。时速高达 30 英里的大风裹挟着冰雪呼啸而过。我们没带睡袋，也没有暖和的衣物，同样面临食物短缺的困境。唯一能用来取暖的就是一件雨披和我们彼此，但这又成了问题，因为空气中处处弥漫着我们身上的酸臭味。在营养不足的情况下，我们已经消耗了太多能量，失去了脂肪，只能靠肌肉供能。那股腐烂的酸臭熏得我们直流泪，还引发了呕吐反应。能见度降到了几英尺距离。大家喘着、咳着，被折磨个半死，眼里全是恐惧。我还以为，那天晚上，一定会有人死于冻伤、失温或是肺炎。

在野外测试中，无论何时停下来睡觉，休息时间都很短，还需要保持四面的安全；但面对暴风雪，"亡命连"屈服了。队员们平素都是异常坚忍、十分骄傲的人，但此刻他们只求生存。我理解这种冲动，教官们也不介意，因为我们正处于极端天气之中；但对我而言，这给了我一个挺身而出成为表率的机会。我将这场严冬的暴风雪视作一个表现的平台，它能让我出类拔萃，成为强中之强。

无论你是谁，生活都会给你这样的机会，让你证明自己与众不同。在各行各业里，总有人享受这种鹤立鸡群的时刻，我总能一眼认出这样的人，因为他们通常都是独来独往的浑蛋。他们可能会在别人都在酒吧的午夜时分还留在办公室，可能会在结束 48 小时的工作后径直奔向健身房；还有人可能是野外女消防员，在连续 24 小时救火后放弃休整，继续打磨电锯。我们每个人都可以拥有这种心态——男人、女人、异性恋、同性恋、黑人、白人或是任何少数群体。我们每个人都可能是这样的人——在结束一整天的航班回到家中，发现家中乱成一团时，不会责怪家人或室友，而是立刻将屋子收拾整齐，因为我们不愿放弃那些未竟之责。

世界各地都有这类了不起的人存在。他们不需要制服。重要的不是他们来自多难毕业的学校，也不是他们曾取得荣誉和奖章；重要的是，他们像没有明天一般努力争取着今日，因为可能真的没有明天。**先人后己，做人有道——这才能使你脱颖而出。而为人之道的准则之一，就是化消极为积极，在坏事降临时做好凛然而出的准备。**

在佐治亚州的山顶那天，我心想，如果我们正处于实战之中，这样一场暴风雪或许就会成为敌方火力的完美掩护。因此我没有抱团取暖，而是做到极致，迎着冰雪的侵袭，像坚守职责般守着西方的边界，因为这就是我的职责！每分每秒，我都甘之如饴。我在狂风中眯起眼，冰雹痛击我的脸颊，而我朝着黑夜发出了来自我被误解的灵魂深处的呐喊。

有几个队友听到了我的声音，从树丛中探出身来，挺立起来，向北边走去。接着，又有人起身往东，随后有人往南坡边缘

285

走去。他们全都只裹着一件可怜的雨披，冻得发抖。他们中没人想这么做，但依旧选择起身完成职责。尽管这是游骑兵学校历史上经历过的最严酷的暴风雪之一，我们依旧完成了对各个方向的坚守，直至教官们通过无线电通信让我们离开严寒回到帐篷里——他们真的搭起了一座马戏团般的帐篷。我们列队进入帐篷，挤作一团，直至暴风雪过去。

在游骑兵学校的最后一两周被称为佛罗里达阶段。这是一次为期 10 天的野外训练演习，我们要 50 人一组，在狭长地带的一个个 GPS 点间进行导航。演习伊始，我们要从 1500 英尺高的空中通过静态线跳伞，进入沃尔顿堡滩附近寒冷的湿地。我们会蹚过河流，搭起索桥，再靠手脚划动回到对岸。我们身上总是湿漉漉的，水温大约是 30—40 华氏度。我们都听过一个 1994 年冬天的故事：那年冬天太冷，4 名准游骑兵在佛罗里达阶段死于失温。我们就在海滩附近，这里冻得要命，让我想起了地狱周。无论在哪里停下，大家都被折磨得快要疯掉，但和往常一样，我的注意力高度集中，拒绝示弱。这一次，我不是为了侵占教官的心神，而是为了给挣扎者们勇气。为了帮队友搭建索桥，我已经过了 6 次河。我带领他们一步一步走向终点，直至他们能向游骑兵高层证明自己的价值为止。

我们鲜有睡眠时间，吃得更少，不断执行侦察、打锚点、架桥、装设武器、准备伏击等任务，同时轮流带领这支 50 人的队伍。大家都筋疲力尽、饥寒交加、灰心丧气，不想在此多待一秒。大多数人已经到了极限，使出了百分之百的努力。我也一样，但就算没轮到我领队，我也会提供帮助，因为在游骑兵学校的 69 天中我领悟到，如果想要成为领袖，这就是你要付出的代价。

一位真正的领导者，会不停奔忙，憎恶傲慢，从不会轻视最薄弱的环节。他会为自己人而战，身体力行、以身作则。这才是强中之强的意义。这意味着成为翘楚，并帮助队员们突破极限。真希望我能在这一课上进一步深耕，因为在短短几周后，我就将面临领导力的巨大考验，却表现得不尽如人意。

游骑兵学校的要求极为严苛，标准极高，在 308 人的班级里只有 96 人顺利毕业，而其中多数人都来自"亡命连"。我被授予"荣誉军人"称号，同伴评价得到了满分。于我而言，这甚至意味着更多，因为我的同学们、我那些笨手笨脚的大兄弟，对我在艰苦条件下的领导力给予了很高评价——只要看看镜子，就能知道当时的条件有多苦了。

在游骑兵学校，我掉了 56 磅体重。我看上去就像死了一样，脸颊下陷、眼球突出，二头肌也没了。人人都憔悴不堪，有人连一个街区的距离都跑不下来。之前能一口气做 40 个引体向上的人，现在连一个都做不动。军方预料到了这一点，在佛罗里达阶段结束到毕业典礼前，给了我们 3 天时间吃胖，好与飞来的家人们完成毕业典礼。

最后一次演习结束后，我们径直向食堂蜂拥而去。我在自己的托盘上装满了甜甜圈、薯条和芝士汉堡，接着去找牛奶机。在穷困潦倒时喝了很多巧克力奶昔，我变成了乳糖不耐受体质，已

游骑兵学校"荣誉军人"证书

经多年未曾碰奶制品。但在那天，我就像个小孩一样，无法抑制自己对一杯牛奶的原始渴望。

　　我找到牛奶机，拉下摇杆，看着牛奶像松软的奶酪般流出，却心生困惑。我耸耸肩，吸吸鼻子。它闻上去很不对劲，但我记得自己还是像喝一杯新鲜的奶茶般将那杯变质的牛奶一饮而尽。这是又一所可怕的特种作战学校给我的馈赠，它让我们备受磨难，而到最后，所有成功幸存的人都对这杯变质的凉牛奶心怀感激。

288

★★★

多数人都会在从游骑兵学校毕业后请几周假用于休整和增重——大家都这么干。毕业典礼那天恰逢情人节，我飞抵科罗拉多，到我的第二个排报到。我再次将放弃休息视作成为强者的机遇。并没有别人在盯着我，但如果说到磨砺心智，有没有别人的关注其实无关紧要。我有自己赖以生存的强者标准。

在海豹突击队中停驻的每一站——从 BUD/S 训练到第一个排，再到游骑兵学校，人人皆知我是个坚韧的浑蛋。当第二个排的排长委任我负责团队的体能训练时，我备受激励，因为这意味着我将再次加入被驱使着倾尽全力、挑战自我的团队。在受到鼓舞后，我绞尽脑汁，想尽一切能帮助我们备战的方法。这次我们都知道，我们会被派往伊拉克；我将帮助团队成为战斗中最强的海豹突击队视为己任。这是一个很高的标准，由最初的海豹突击队传奇而设，至今仍像锚一般深深扎在我的脑中。我们的传奇告诉我们，我们是那种会在周一游 5 英里、周二跑 20 英里、周三爬海拔 14000 英尺山峰的人，而我的期待则高得突破天际。

第一周，大家在早晨 5 点集合，会进行一次"跑步—游泳—跑步"的组合训练，或是一次 12 英里的负重跑，接下来是一圈 O 形线课程。我们扛着圆木在堤坝上跑，做数百个俯卧撑。我让大家进行艰苦而真实的训练，这能让我们成为真正的海豹突击队队员。每一天的锻炼内容都比前一天要难，这样过了一两周，大家都被累垮了。每个在特种作战部队的阿尔法男性都想在自己经手的所有领域拔得头筹，但在由我主导的体能训练里，他们无法一直领先，因为我从不让他们休息。我们全都累个半死，暴露出了自己的弱点。这才是关键，但他们不想像这样每天接受挑战。到第二周时，出勤率低得出奇，排长和我们排的长官把我叫到一边。

"听着，老弟，"排长说，"这样很蠢。我们在干吗？"

"戈金斯，我们再也不是在 BUD/S 训练的时候了。"长官说。

对我来说，在不在 BUD/S 训练并不重要，重要的是践行海豹突击队的精神，每天都要去争取新的三叉戟荣光。这些人只想按自己的需求做体能训练，说穿了就是去健身房练肌肉。他们对惩罚性质的体能训练毫无兴趣，无疑，他们也不想被迫达到我的标准。他们的反应本不应该让我吃惊，但确确实实令我失望，让我不再尊重他们的领导力。

不是每个人都想在整个军队生涯里像野兽一样锻炼，我很理解这一点，因为我也不想！但让我和排里大多数人拉开差距的是，我不会被自己贪图舒适的欲望主导。我决心亲自上战场，发掘自己的更多潜能，因为我相信，我们的职责就是发扬海豹突击队的精神，日复一日地证明自己。海豹突击队在世界上广受尊敬，被视作上帝创造出的最英勇坚毅之人，但那次谈话让我发现，事实并不总是如此。

我才刚从游骑兵学校回来，那是一个人人都没有军衔的地方。哪怕是将军来上课，也要穿和我们所有人一样的衣服——入伍第一天进行基础训练时要穿的衣服。我们都是从头开始的蛆虫，没有未来、没有过去，从零开始。我爱极了这个概念，因为它传达出这样一个信息：无论我们在外面有多少非凡成就，在游骑兵眼中，我们一无所有。我将这一隐喻投射到自己身上，因为它永远适用于我。**无论你我在运动、事业或人生中取得过何种成就，我们都不能满足于此。人生就是一场逆流而上的比赛，不进则退。**诚然，我们需要庆祝自己的胜利，胜利蕴含着推动变革的力量；但在庆祝之后，我们就应该放下胜利，开始梦想新的训练方法、新的目标，从第二天起就开始重新启航。每天早晨醒来，我都像是回到 BUD/S 第一周、第一天时一般。

从零开始是一种心态，它会告诉你，你的冰箱永远不会满。我们可以一直走在生理和心理都变得更强壮、更敏捷的路上，可以永远向着更能干、更可靠的自己前进。**我们永远不该觉得自己已经做到了极限，因为永远有更多可以去做的事。**

你是一个经验丰富的水肺潜水者吗？很好，把装备收好，深呼吸一下，自由潜水 100 英尺试试。你是一个了不起的铁人三项运动员吗？不错，学学攀岩吧。你正在经历一场空前成功的职业生涯吗？太好了，去学习一门新语言，或是一种新技能吧。去修一个第二学位吧。要永远乐于拥抱无知，乐于回到课堂从零开始学习，因为这是能拓宽学识和经历的唯一通道，也是开阔头脑的唯一办法。

在第二个排待的第二周，我的长官和排长跟我摊了牌。听到他们说感觉我们没必要天天拼命自证，我感到震惊和失望。当然，这些年来与我共事的所有人都是相对坚毅、技术水平较高的人。他们喜欢工作和人际关系带来的挑战，也喜欢得到巨星般的对待。

他们都很享受自己海豹突击队队员的身份，但有些人对从零开始不感兴趣，因为能跻身于佼佼者之列，他们已经心满意足。在当下，这是一种非常普遍的想法。世界上的多数人——如果他们倾尽全力自我驱动的话——都很乐意仅仅将自己推到这个位置即可。一旦登上了舒适的峰顶，他们就会乐在其中，享受自己的成就。但这种心态还有另一个阶段，它名为软弱，而我对此无法容忍。

　　于我个人而言，我有自己需要维护的名誉，当其他人选择离开我定制的地狱训练时，我肩上的担子甚至会变得更重。我会逐渐增加自己的训练量，发誓要狠命练到让他们备感挫败。作为体能训练的领导者，这并不是我的工作职责。我本该激励大家更努力地训练才对。但正相反，我在他们身上看到了弱点，我要让他们知道这让我失望。

　　在短短一周内，我的领导力就比我在游骑兵学校时期退步了许多。我失去了态势感知力，也不够尊重我们排的队友。作为领导者，我试图强行推行自己的训练方法，却遭到了大家的强烈反对。没人愿意让步，长官们也是如此。我想，我们所有人都选择了对自己来说最轻松的一条路。我当时没发觉问题所在，仅仅是因为我训练得比从前更狠了。

　　有一个人和我志同道合。斯莱奇是在圣贝纳迪诺长大的硬汉，是消防员和秘书的儿子。和我一样，他自学游泳并通过了测试，获得了参加 BUD/S 训练的资格。他只比我大 1 岁，但这已经是他服役的第 4 个排了。他也是个嗜酒之徒，有点超重，想要改变自己的人生。在长官、排长和我谈话的那天早晨，斯莱奇在 5

点时已经现身，准备训练。而我则是在 4 点 30 分到达的，当时已经练得挥汗如雨。

"我喜欢你的锻炼模式，"他说，"我想一直坚持下去。"

"明白。"

从那时起，无论我们被派驻到哪里，无论是在科罗拉多、尼兰还是伊拉克，每天早晨，我们都遵从着这个训练模式。我们会在早晨 4 点会合并开始训练。有时这意味着我们要先跑上山坡，快速跑完 O 形线课程，然后扛着圆木跳上堤坝，最后跑下海滩。在 BUD/S 训练中，通常有 6 个人一起扛圆木，而我们只有两个人扛。又或者，我们会做每组数量渐次增加后又减少的引体向上，从每组 1 个一路增加到每组 20 个，再逐渐减回到每组 1 个。每完成一个大组，我们就会爬一根 40 英尺高的绳索。在早餐前完成 1000 个引体向上，成了我们新的魔咒。起初，斯莱奇连做 10 个一组的引体向上都很费劲；而在几个月内，他就已经减掉了 35 磅体重，10 个一组的引体向上，他已经能做 100 组！

在伊拉克，长距离跑不太现实，于是我们就在举重室里驻扎下来。我们会做数百个硬拉，还会在倒蹬机上一练好几个小时。这样训练，早已超过了"过度训练"的范畴。我们不在乎肌肉疲劳、筋疲力尽，因为在超过某个限度后，我们就是在训练自己的头脑而非身体了。我的锻炼计划不是为了让我们成为跑得更快的人，或是在行动中最强的人。我是要训练我们承受折磨的能力，这样才能在极端不适的境况中泰然自若。事实上，情况确实会在某些时候变得糟糕。

尽管排里的站队分明（斯莱奇和我是一边，其他人是另一边），我们在伊拉克还是很好地执行了任务。但在空闲时间，我们和排里其他人的差距越拉越大，我的失望也显现了出来。我周身环绕着一种裹尸布般的恶劣态度，这为我在排里赢得了一个名为"大卫·别惹我·戈金斯"的绰号；我从未清醒地意识到我的失望是自己的问题，而非我队友们的错。

这就是成为强中之强的弊端。你可以推动自己成长，让自己超越共事者的能力和现阶段的心态，这无可非议。但要知道，你假想中的优越感，只是属于自我的臆想之物。不要借此凌驾于他人之上，因为这无益于你们整个团队的进步，也无助于个人的自我成长。不要对无法跟上你的同事们发火，而要帮助他们追上来，带领他们一起前进！

我们都正投身于同一场战斗。我们都被舒适和表现撕扯着，在安于平庸和甘受折磨、成为更好的自己之间游移，一直如此。每一天，我们都要面对数十次甚至上百次这样的抉择。作为体能训练的领导者，我的工作不是要求队员们践行我所热爱的海豹突击队的精神，而是帮助他们成为最好的自己。但我从不听人意见，也没有起到领导作用。相反，我向我的队员们大发脾气。两年来，我一直扮演着一个硬汉角色，从未停下来静静思考、纠正自己的错。我有无数次的机会去修补这道也有自己责任造成的裂痕，但我从未这样做过。为此，我付出了代价。

我没能立即意识到这一点，因为在第二个排之后，我就被命令前往自由落体跳伞学校，成为一名袭击教练。这两个职位都是在为我进入绿队做准备。袭击事关重要，因为大多数被绿队刷掉的人，都是因为他们在室内阵地战中的草率表现才被踢出局的。在清扫建筑物时，他们移动速度太慢，太容易暴露自己，又或者过于激动、到处扫射，以致最后打到友方。教授这些技能，让我得以在有限的空间里变得更娴熟、隐秘而冷静。我期待着某天能收到前往弗吉尼亚州丹奈克的海军特种作战研究大队训练的通知书，但一直未能如愿。其他两名和我一起通过筛选的同伴收到了他们的录取通知书，而我的却迟迟不见踪影。

我向丹奈克的领导致电询问。他们让我再参加一次筛选，我这才知道原先的事已告一段落了。我思索起我所经历的筛选流程。我真的希望能做得更好吗？我做到了。但随后，我记起了真实的面试，那就像是一场审讯，两个人扮演着警察，一个唱红脸，一个唱白脸。他们没有细究我的专业技能或是海军知识。他们问的 85% 的问题都和我的作战水平无关。那场面试关注的是我的种族。

"我们是一群好小伙，"他们中的一个人说，"我们需要知道，要是听到关于黑人的笑话，你会怎么办，兄弟？"

他们问的大多数问题都围绕着这个主题，万变不离其宗。我微笑着想，如果我是那个最恶棍的浑蛋，那你们白人小子又做何感想？但我没这么说出口，这并非因为我被吓到了或是感到不适。在面试时，我比在军队里其他任何时候都要放松自如，因为这是我有生以来第一次遇到有人敞开天窗说亮话。他们没有假装这种事情并不存在——作为世界上最受尊崇的军事组织中屈指可数的黑人之一，会面临许多特别的挑战。一个人用他挑衅的手势和腔调试图激怒我，另一个人则冷静旁观，他们的表现都很真实。研究大队里已经有两三个黑人，他们告诉我，要进入他们的内部圈子，我必须签署某些条例。病态的是，我热爱这件事和随之而来的挑战。

研究大队是海豹突击队内部一块格格不入的硬骨头，他们想一直保持这种状态。他们不想教化任何人，也不想进步或改变，我知道自己的处境，也知道自己要投身到怎样的团体之中。这个团队会负责最危险、最顶尖的任务。这是一个属于白人的秘密世界，面试我的人需要知道，要是有人开始惹我，我会做何反应。他们需要确保我能控制好自己的情绪，一旦看穿了他们的用意，我就不会再被他们的举止激怒了。

"听着，我这辈子都在经历着种族歧视，"我回答道，"你们说的任何一句混账话，我都在此前听过不下 20 次，等着瞧，因为我会给你们迎头反击！"当时，他们显出欣赏这番话的样子。问题是，当你是黑人时，反击通常不那么奏效。

我一直不知道我没被绿队录取的确切原因，但这并不重要。我们不能控制自己生命的种种变数。重要的是我们会如何对待被收回或被授予的机会，这才能决定故事最终的结局。我没去想我已经通过了一次筛选，还能再通过一次，而是决定从零开始，参加三角洲特种部队的筛选——这是陆军版的特种作战研究大队。

三角洲特种部队的筛选十分严苛，由于这个团队难以捉摸的本质，我一直被它深深吸引。和海豹突击队不同，你从没听说过三角洲部队，他们的筛选包括一项 IQ 测试，一整套包括我的资质和参战经历在内的军事生涯履历考核，以及对我的评估。我在几天内将全部材料收集好，知道自己正在与来自军队各个分支中最优秀的军人们竞争，只有顶尖的人才能入选。过了好几周，三角洲部队传来了命令；不久之后，我就来到了西弗吉尼亚州的山中，准备和各路军队精英竞争一席之地。

奇怪的是，在三角洲部队的宿舍里，没有尖叫或呐喊，没有集合或教官。出现在那里的都是自驱力很强的人，给我们的命令则用粉笔写在一块挂在兵营里的板子上。前 3 天，我们不准离开营地，重点在于休息和适应；但到了第 4 天，体能训练就随着基础的筛选测试开始了，它包括两分钟俯卧撑、两分钟仰卧起坐，以及一段限时的两英里跑。他们希望每个人都能达到最低要求，达不到的就只能打包走人。从那时起，困难程度就立刻日益增加。事实上，第 4 天晚上，我们就开始了第一次公路行军。和三角洲部队的一切事宜一样，准确的行军距离是未知的，但我相信从头到尾大约有 18 英里的路程。

那时天又冷又黑，我们 160 人各绑着大约 40 磅重的背包启程。多数人一开始速度较慢，安于自己的节奏行进。而我一起步就跑得飞快，在最初 1/4 英里时就把所有人甩在了身后。我看到了一个成为强中之强的机会并抓住了它，跑完时比其他人领先了大约 30 分钟。

三角洲部队选拔是世界上最好的定向越野课。在接下来 10 天里，我们早晨做完体能训练，就会练习进阶的陆地导航技能，直至夜幕降临。他们会教我们如何读懂地图上的地形地势而非道路或小径，并以此从 A 点到达 B 点。我们学会了关于指幅和捷径的知识，一旦到了高处，就会想一直待在高处。我们还学到要跟随水流走。当你开始用这种方式读图后，地图就活了过来，我有生以来第一次变得擅长导航了。我们学习了如何判断距离，如何绘制自己的地质图。起初，我们会被指派给跟着我们一起进入野外的教官，他们的要求十分严格。之后几周，我们就要完全靠自己了。从技术上说，我们仍在训练和实践，但同时接受监视和评分，以此确保我们是在越野而非走现成的道路。

训练以一次为期 7 天 7 夜的最终越野拓展测试告终——如果我们能坚持到这个阶段的话。这不是一次团队作战。我们每个人都要自行使用地图和指南针导航，从一个目标点到达下一个目标点。每个点上都有一辆军用悍马，会有干部（我们的教官和评分员）告知我们时间和下个点的坐标。每天都是一次独一无二的挑战，我们从不知道还有多少个目标点才能完成测试。此外，还有一个只有干部们才知道的时间限制。在终点处，没人告诉我们是通过了还是没通过。有两辆被盖起来的悍马，我们会被带上其中一辆。表示通过的那辆会将你载去下一个营地，而表示失败的那辆则会开回基地，让你卷铺盖走人。大多数时候，在车停下之前，我都不确信自己是否真的通过了测试。

到了第 5 天，还有大约 30 人仍在接受三角洲部队的考察，而我就是其中之一。还剩 3 天，我顺利通过了每一项测试，比最低要求的时限快了至少 90 分钟。最后一项测试将会是一场 40 英里长的陆地导航越野，我很期待这场测试，但在此之前还有别的事要做。我跋山涉水，游走于山脊线上，从一个点去往下一个点，直到意外发生。我迷路了。我来到了错误的山脊上。我再次检查了地图和指南针，越过一个村庄，看到了南边正确的那条山脊线。

明白了！

第一次，时间成了我的劣势。我不知道时限是多少，但知道我没剩多少时间了，便飞一般冲下一道陡峭的山谷，却不慎失足。我的左脚夹在两块巨石间，我转了转脚踝，感觉它已经肿了起来。疼痛感立时袭来。我看了看表，咬紧牙关，尽可能快地系好靴子，接着一瘸一拐地爬上陡峭的山坡，向那条正确的山脊走去。

在最后冲刺阶段，我的脚踝肿得太厉害，我只得松开靴子减轻疼痛。我移动得很慢，心里认定我就要打道回府了。但我错了。我的悍马将我们送到了三角洲部队选拔的最后一站，我在那里给脚踝冰敷了一整天，心里明白，由于伤势，我可能无法完成第二天的陆地导航了。但我没有退出，还是按时出现并尽力争取能留下来，却在一个较早的目标点没赶上时限。一切都结束了。我没低头，因为受伤是很正常的事。我已经付出了一切，而当你倾尽所有时，你的努力是不会白费的。

三角洲部队的干部们就像机器人一样。在选拔期间，他们毫无人性可言；但当我准备离开营地时，其中一位负责的官员将我叫到了他的办公室。

"戈金斯，"他伸出手说，"你是条汉子！我们希望你能痊愈回归，再试一次。我们相信在未来某天，你会为三角洲部队增色。"

但未来某天是哪一天？在第二次心脏手术后，我从麻醉的迷雾中逐渐苏醒。我越过右肩，看着药物由静脉注射一路进入我的血管。我和医学仪器相连。哔哔作响的心脏监视器，用一种我无法理解的语言记录着数据。如果我能懂，就会知道我的心脏是否已经补好，我是否还能迎来那个"未来某天"。我将手盖在心脏的位置，闭上眼，聆听着种种信息。

在离开三角洲部队后，我回到海豹突击队，被派去担任一名陆战教官而非一名战士。起初，我士气低落。那些技术水平、忠诚度和体能都不如我的人能够参战，而我却只能停泊在无人地带，对如此迅速失控的事态百思不得其解。我仿佛触碰到了一块玻璃天花板，但到底是它一直就在那里，还是我造成了这一切？事实则介于这二者之间。

我意识到，从印第安纳州巴西城开始，偏见就无处不在。每个人心里、每个组织机构中都存在着一些偏见，如果在任何一个既定场景中，你是孤身一人，那么如何处理就完全取决于你，因为你无法让偏见消失。多年来，我借其鼓舞自己，因为身为少数族裔这件事能带来无尽的力量。它会让你榨干自己的一切，在面对不公的审视时相信自己。这会增加事情的困难程度，让每一次成功都格外甘甜。这就是我持续不断将自己置于这类环境中的原因，我知道置身其中的我将面临何种境况。**我从孤立无援中汲取能量。我将战争带向人群，目视我的不凡引爆那些渺小的人心。我没有退缩，没有为孤身一人流泪。我会采取行动，对自己说**

"去他的"，将自己感受到的一切偏见转化为炸毁高墙的炸药。

但这种原材料只能让你在人生中走这么远。我太具对抗性，一路上创造了许多本不必存在的敌人，我相信这就是阻止我成为海豹突击队精英的原因。在职业生涯的十字路口，我没时间细想那些错误。我必须找到更高的高地，化消极为积极。我不仅仅接受了当陆战教官的安排，还尽己所能地变成了最优秀的教官；而在工作之外的时间里，我通过对极限的追求为自己创造了新的机遇，这也让我停滞不前的职业生涯迎来了复苏。在得知我的心脏有先天问题时，我刚刚重回正轨。

不过，这件事也有好的一面。术后躺在病床上，我的意识时而清醒、时而模糊。医生、护士、妻子和母亲的交谈声像白噪声般彼此交织于一体。他们不知道我一直都醒着，听着自己受伤的心跳，暗自微笑。**我知道，我终于有了确切而科学的凭证，它证明，我就是生来不凡者中的一员。**

挑战#9

　　这个挑战是为世界上那些不寻常的人准备的。很多人认为，一旦他们获得了一定程度的地位、尊重或成功后，就能在生活中一直拥有这些。在这里，我要告诉你，你必须永远去寻求更多。伟大可不是什么只要你遇到就能伴随你一生的东西。这玩意儿就像热锅里的油一样，一瞬间就会蒸发掉。

　　如果你真的想成为强中之强，就需要在很长一段时间里持续保持卓越，需要持之以恒的追寻和永不停息的努力。这可能听起来很有吸引力，但需要你付出远超你目前所拥有的一切。相信我，这并不适用于所有人，因为这需要付出非凡的专注，并有可能打乱你生活的平衡。

　　这是要成为一个真正杰出人士所必须付出的。如果你的身边已经围绕着很多在各自领域中拔尖的人，那你要做什么特别的事才能脱颖而出？在平凡人中脱颖而出，成为小池塘里的大鱼，这很容易；但当你是狼群中的一匹狼时，要做到脱颖而出就困难得多。

这意味着你不仅要进入沃顿商学院，还要成为班级里的第一名。这意味着你不仅要从 BUD/S 毕业，还要在成为陆军游骑兵学校的荣誉学员之后完成"恶水"比赛。

点燃你在空气中所感受到的聚集在你、你同事和队友之间的自满情绪。继续给自己设置障碍，因为它会让你找到能使你变得更强壮的阻力，并在你意识到之前，就让你变得独一无二。

Chapter 10

为失败赋能

在 17 个小时的痛苦之后，2013 年 1 月 20 日凌晨 3 点，我做完了第 4020 个和第 4021 个引体向上，纪录是我的了。

2012 年 9 月 27 日，我站在洛克菲勒中心 30 号大楼二楼的一间临时健身房里，准备打破 24 小时内引体向上的世界纪录。不管怎么说，我的计划是这样。萨万娜·居特里也在那里，此外还有一位来自吉尼斯世界纪录的官员和马特·劳尔[1]（没错，就是那个马特·劳尔）。我再次准备向给特种作战士兵基金会筹集资金的目标发起冲击——这次能筹一大笔钱。但同时，我想打破这个纪录。为了做到这一切，我必须在《今日秀》节目的聚光灯下完成挑战。

我心里的目标是 4020 个引体向上——听起来太匪夷所思了，对吧？对我而言也一样，直到将这个数字拆解后，我才意识到，只要我能每分钟做 6 个引体向上，如此做 24 个小时，就可以完

---

1. 美国男演员。

成挑战。也就是说，我大约要每分钟做 10 秒的引体向上，再休息 50 秒。这不算简单，但考虑到我所付出的努力，我认为此事可行。在过去 5—6 个月里，我已经做了 40000 多个引体向上，为自己快要完成又一项巨大挑战而激动不已。在经历第二次心脏手术后的起起落落后，我需要这样一个成就。

好消息是，手术成功了。我在人生中第一次拥有了状态全满的心肌，也不急着跑步或骑行。我对康复的过程很有耐心。海军不允许我参与行动，为了留在海豹突击队，我不得不接受了一份没有任务部署、没有对抗的工作。温特斯上将让我在征兵部门多干两年，我依旧在各地，将自己的故事与有志者分享，致力于赢得人心。但事实上，我一心只想做自己受训去做的事，那就是战斗！我试过去射击场疗伤，但射中目标只会让我感觉更糟。

2011 年，在我因为心脏问题在征兵部门多干了 4 年，并在伤残名单上待了两年半后，我终于再次得到医学许可，可以重新参与部队行动。温特斯上将主动提出可以派我到我想去的地方。他知道我的牺牲和梦想，而我告诉他，我在三角洲部队还有未竟之事。他签字同意了我的申请，在 5 年的等待后，我的"未来某天"终于到来了。

我再次来到阿巴拉契亚参加了三角洲部队选拔。2006 年，在跑完第一天的 18 英里负重跑后，我曾从别人那里听到一些善意的传言。在三角洲部队选拔中，一切都是秘密。是的，选拔中确实有明确的任务和训练，但没人告诉你任务会持续多久、会是什么样的（就连 18 英里负重跑都仅仅是我基于自己的导航做出的近似预估值），只有选拔干部们知道他们会如何评估候选人。据传言，他们会将第一次负重跑作为一个基准线，以此计算你之后每次导航任务的时长。这意味着，如果你在第一天跑得狠，就要在接下来的选拔中自食其果。这一次参选，我已经知道了这个传言，本可以打安全牌，悠着点跑，但我不打算放弃非凡，只拿出一半的努力。我甚至更为拼命，好确保他们能看到我的极限。（据可靠传言所说，）我比自己此前的纪录快了 9 分钟。

与其听我讲述，不如听听其他参选人的说法。我联系了参加同期三角洲部队选拔的一位参选人，以下是他亲历负重跑的讲述：

在聊公路行军之前，我得先说一些行军前几天发生的事。参加选拔前，你不知道选拔会如何进行，大家都对选拔有所耳闻，但并不知道会确切发生的事……我还记得，在抵达机场等大巴的时候，人人都在闲聊。对很多人来说，那就像是和多年不见的老友团聚。这也是你开始审视他人的时候。我还记得，大多数人都在交谈或是休息，只有一个人坐在他的行李上，显得十分紧绷。后来我知道，那就是大卫·戈金斯。从一开始你就能看出，他是可以坚持到最后的人之一。我也是一名跑步运动员，因此我认出了他，但直到选拔头几天，我才将所有事联系到一起。

你会知道，有几件事是开课之前的必经之事，其中一件就是公路行军。我不知道具体的里程数，只知道会是相当长的一段距离，但在跑步过程中，我基本状态良好。在进入选拔之前，我的军旅生涯中绝大部分时间都是在特种部队服役，很少有人能在我之前完成公路行军。我背着背包，跑得十分惬意。在起步时，天有点冷，也很黑，起跑后，我处于自己最舒服的状态，并领先于人。在1/4英里内，有个人从我身边呼啸而去，我心想，他不可能一直保持那个速度。但我能看到，他的头顶灯不断向前远去；我认为，等他跑得受不了后，不出几英里我就能再一次看到他。

这场公路行军以其残酷程度著称：路途中有一个山坡，在爬坡时，我几乎能伸出手碰到前方的路面——它就是这么陡。当时，只有一个人领先于我，我看到他的脚印有我步幅的两倍那么长。我震惊了，确切的想法是，这是我见过最离谱的事：那个老兄是跑着上坡的。接下来几个小时里，我一直期待着在某个转角，看到他瘫倒在路边，但这一幕并未发生。跑完之后，我卸下装备，看到戈金斯正在闲逛。他已经跑完好一会儿了。尽管选拔是各自为战，他仍是第一个过来与我击掌的人，还说："干得漂亮。"

——T.，2018年6月25日的邮件

我的表现甚至给没参加选拔的人也留下了深刻印象。最近我从另一名海豹突击队队员霍克那儿听说，他服役期间的战友仍在谈论那场负重行军，仿佛那是一场当代传奇。从那次行军开始，我在三角洲部队选拔中一路高歌猛进、名列前茅。我的陆地导航技术比此前更好，但这不意味着选拔变得轻松。公路禁止通行，地面崎岖不平，我们只能日复一日地在陡峭的山坡上冲上冲下，在呵气成冰的低温里一个目标点接一个目标点地行进、读图，迎接无数看起来相似的山峰、山脊和线条。我们穿过浓密的灌木丛，越过深深的雪丘，蹚过结冰的溪流，穿梭于严冬中只剩枝条的参天大树之间。这很痛苦、很挑战人，但也很美。我一路披荆斩棘，通过了他们能设想出的每一个测试。

在选拔的倒数第二天，我像往常一样快速到达了最初的 4 个目标点。之前的多数情况下，我们一天要去 5 个目标点，因此在拿到那天第 5 个点的坐标时，我自信满满。在我看来，自己就是黑人版的丹尼尔·布恩 [1]。我画下了自己的点，信步走下又一个陡坡。有一种在陌生地域导航的方法是追踪电力线，我能远远看到有一条线直接引向了我的第 5 个目标点，也是最后一个点。我冲下田野，沿着线走，将理智抛在脑后，开始做梦。我知道我会完成最后一个测试——上次那个我因为前两天扭到了脚而无法参加的 40 英里陆地导航测试。我将毕业视作自己的囊中之物，在此之后，我就能再次在一个精英团队中奔跑、射击了。想象之时，这一切仿佛变得愈加真切，我的幻想将我带离了阿巴拉契亚山脉。

跟着电力线走的关键在于，你最好确认自己走在正确的线路上！根据我接受过的训练来看，我本该不断检查自己的地图，好在走错方向时重新调整回正确的方向，且不必浪费太多时间。但

---

1. 美国历史上最著名的拓荒者之一。

我自信得忘了这么做，也没有绘制后备点。等从幻想中清醒过来，我已经偏航到快要出界了！

我进入了恐慌模式，在地图上找到了自己的位置，匆匆赶回正确的路线，冲上山顶一路跑向我的第 5 个目标点，还有 90 分钟时间。但在接近下一辆悍马时，我看到另一个人正在朝我的方向跑来。

"你要去哪儿？"我边慢悠悠向前跑着，边问。

"我要去第 6 个点。"他说。

"什么，今天不是 5 个点？！"

"不啊，老兄，今天有 6 个点。"

我看了看表，还剩 40 多分钟。我跑到悍马车旁，记下了第 6 个点的坐标，研究起地图来。拜莽撞自大所赐，我有两个明摆着的选择。要么就是按规矩走并错过时限，要么就是打破规则直接走公路，给自己留下一线希望。对我利好的一点在于，在特种部队里，他们很欣赏有想法的射手，很欣赏为达到目的而另辟蹊径的人。我所能做的一切，就是希望他们能够对我手下留情。我画出了最有可能的路线，疯了一样开始跑。我越过丛林、跑上公路，只要听到不远处有卡车开来，我就躲起来。半小时后，在另一座山的峰顶，我能看到第 6 个点——我们的终点线。再看看表，我还剩 5 分钟时间。

我冲下山坡，全力冲刺，在还剩 1 分钟时冲过了终点。我才刚平复呼吸，我们就被分成了两拨，搭上了两辆被盖好的悍马。乍一看，我这组的队员们看上去都收拾得相当齐整，但考虑到我跑到第 6 个点时的时间和地点，在场的每个干部肯定都知道我作弊了。我不知道该怎么想，我是通过了，还是被淘汰了？

在三角洲部队选拔中，一种判定自己出局的办法，是在劳累一天后感觉到车子经过了减速带。减速带意味着你正被送回基地，就要提前走人了。在那天，当我们感觉到第一条减速带、希望和梦想瞬间破灭时，有人开始咒骂，有人眼中含泪。我只是摇摇头。

"戈金斯，你在这里做什么？"有人问。他震惊地看着我正和他坐在一起，但我已经接受了现实，因为在还没有完成选拔的时候，我就开始做起了从三角洲部队训练毕业、成为部队一分子的白日梦！

"我没按他们说的做，"我说，"我活该滚蛋。"

"什么鬼话！你是这儿最牛的人之一，他们犯了个弥天大错。"

我很感激他的愤慨。我也希望自己能做到，但我不能为他们的决定感到沮丧。三角洲高层不是在找能靠 A-、B+ 甚至是 C 通过训练的人。他们只接收 A+ 的学员，如果你搞砸了训练，以低于自己能力的状态完成训练，他们就会让你离开。在战场上，要是你开哪怕一秒钟小差，就可能付出自己和弟兄们性命的代价。我懂。

"不，犯错的是我。"我说，"能走这么远，靠的是我的专注和拼搏，而现在我要走人了，因为我分了心。"

★★★

是时候回归海豹突击队了。在接下来两年时间里，我在火奴鲁鲁一个秘密交通部门工作，它叫 SDV，也就是海豹突击队运输工具组。红翼行动是最著名的 SDV 任务，你只听说过它，因为这是一条大新闻。多数 SDV 行动是悄然进行的，恰在人们视线之外。我在那里适应得很好，重新参与作战的感觉很棒。我住在福特岛上，起居室的窗外就能看到珍珠港。凯特和我已经分手了，因此，现在我正过着名副其实的斯巴达式生活，依然在每天早晨5 点起床、跑去上班。我有两条路线，一条 8 英里，另一条 10 英里，但不管选哪一条，我的身体反应都不是特别好。才跑了几英里，我就会感觉脖子剧烈疼痛，还有眩晕。每次跑步过程中总会有几次不适，我迫于眩晕不得不坐下休息。

多年来，我一直怀疑我们所有人都有一个极限值，在跑过一定英里数后，我们的身体就会趋于崩盘；我很想知道自己是否已经接近了自己的极限。我的身体从没像现在一样紧绷过。我的颅底有个结节，我最初是在从 BUD/S 毕业后注意到的。10 多年过去，它已经是原先的两倍大小。我的髋部屈肌上也有结节。我去看过医生，做过全面检查，但它们不是肿瘤，更不是恶性的。当医生为我排除了致命的可能后，我意识到自己必须带着它们一同生活，并有好一阵子试图忘掉长距离跑。

当无法再进行你长久以来一直仰赖的活动或运动时——就像跑步之于我一样——人很容易就会陷入思维定式，完全不再做任何运动，但我没有这样的放弃心理。我转向了引体向上，重新开始了我过去和斯莱奇采用的锻炼模式。那是一种能让我推动自己前进的运动，也不会让我眩晕，因为我可以在每组动作之间喘息一会儿。过了一段时间后，我通过检索想看看是否有容易实现的引体向上纪录。就是在这时，我读到了斯蒂芬·海兰的纪录：在24小时之内完成4020个引体向上。

当时我已经是一名小有名气的超马跑者，但并不想只凭借这一项运动为人所知。谁愿意呢？没人将我当成一名全能运动员，但打破这项纪录，将改变人们的看法。有多少人能跑100、150甚至200英里，又能在一天内做完4000多个引体向上呢？我给特种作战士兵基金会打了电话，询问我是否能帮他们多筹一点钱。他们非常激动，而我知道的下一件事就是，他们通过关系网，用我的一个联系方式给我在《今日秀》报了名。

为了准备这次挑战，一周下来，我每天都会做400个引体向上，这会花我大概70分钟的时间。在周六，我会在3个多小时里，每组5或10个地做1500个引体向上，周日则会降到750个。这一系列准备工作使我的背阔肌、三头肌、二头肌和背部都更为强健，也让我的肩部和肘部关节为极限运动做好了准备，帮助我练出了大猩猩一般的握力，以及能让我的肌肉在过度疲劳后仍能长时间保持机能的乳酸耐受性。节目日期一天天迫近，我缩短了休整时间，开始每30秒做5个引体向上，如此重复两个小时。在此之后，我的双臂便会垂在身体两侧，像被过度拉伸的橡皮筋一样软弱无力。

在向纪录发起挑战的前夜，母亲和舅舅飞到纽约协助我，我们已经整装待发，直至最后一刻，海豹突击队几乎叫停了我在《今日秀》的出场。当时，一本关于聚焦奥萨马·本·拉登的亲述作品《艰难一日》刚刚出版。它由海军特种作战研究大队里的一名作战员所著，海军特种作战高层对此不满。特种作战员是不能将我们在战场上的工作细节公之于众的，队里有很多人都讨厌那本书。我接到了上头下达的直接命令，被要求退出节目，这简直不可理喻。我不会在镜头前谈论作战事宜，也不是在执行自我宣传的任务。我想为离世军人的家庭筹 100 万美元，而《今日秀》则是最大型的晨间电视节目。

到那时为止，我已经在军队服役超过 20 年了，我的履历从无污点，在此前 4 年时间里，海军一直将我的照片用在他们的宣传海报上。我被放到宣传栏里，接受过美国有线电视新闻网的采访，还在美国全国广播公司的镜头前，从一架飞机上跳伞。他们让我上了数十个杂志和报纸，以帮助推进征兵工作。现在，他们却要试图毫无理由地阻止我。要说谁知道什么能说、什么不能说，那就是我。当节目录制迫在眉睫之际，海军法务部门终于解决了问题，允许我参加节目。

采访过程很简短。我简单说了自己的故事，提到我正在靠流体节食，喝一种含有碳水的运动饮料作为我每天的营养来源，直到打破纪录为止。

"等一切都结束后，明天我们该给你做什么吃的呢？"萨万娜·居特里回应道。我哈哈大笑并配合了话题，看上去轻松自如，但别搞错了，我已经离开了自己的舒适区。我就要开始只身作战，尽管看上去并不是这样。到点了，我脱下衬衫，只穿着一条轻量的黑色跑步齐膝短裤和一双跑鞋。

"哇，你看上去就像镜子里的我一样。"劳尔向我做了个手势，开玩笑说。

"节目甚至变得更有趣了，"萨万娜说，"好了，大卫，祝你好运。我们会一直看着的。"

有人开始演奏《洛奇》的主题曲《去向远方》，我则走向引体向上杆。它被漆成亚光黑，缠着白色胶带，还用白色字母印着"不要显示弱点"的话。我戴上灰色手套，说了开始前的最后一句话。

"请给特种作战士兵基金会捐款，"我说，"我们正在筹集100万美元。"

"好的，准备好了吗？"劳尔问，"3……2……1……大卫，开始！"

随着他的话语，倒计时开始，我做完了一组8个的引体向上。吉尼斯世界纪录的规则十分明了：我必须在每次引体向上中充分拉直手臂，之后下巴必须超过横杆。

"开始了。"萨万娜说。

我对着镜头微笑，看起来十分轻松，但就连第一组引体向上都做得有些不对劲。有环境的原因。我像一条孤零零困在玻璃水族缸里的鱼，玻璃缸会吸引阳光，还会反射大量高热的节目灯光。

还有一部分是我技术的原因。从第一个引体向上开始，我就发现，这根横杆比我平时用的那根弹性要大得多。在这漫长的一天里，我没能使出惯常的力量。起初，我摒弃了这种归咎的念头——我必须如此。一根更有弹性的横杆意味着我要付出更多的努力，也给了我成为不凡者的又一个机遇。

一整天下来，在我下方的街道上，人们来来往往，挥手欢呼。我向他们挥手回礼，并遵照计划每分钟做 6 个引体向上——每一分钟都是如此。但拜那根摇摇晃晃的横杆所赐，这并非易事。我的力量正一点点消散，在做了数百个引体向上后，力量的消散占据了上风。之后的每一次引体向上都要耗费巨大的努力，需要更强大的握力，在做完 1500 个后，我的前臂剧痛无比。我的按摩师在每组动作之间为我按摩缓解，但肌肉中充满了乳酸，它们渗入我上半身的每一块肌肉。

又过了漫长的 6 个小时，已经在这里做了 2000 个引体向上的我第一次休息了 10 分钟。我比自己的 24 小时计划速度快了不少，日头西沉，气温下降。已经到了整个演播组收工下班的时间，现场只剩下我、我的几个朋友、一位按摩师和我的母亲。《今日秀》的摄像机已经架好，计时仍在继续，以确保我继续遵守规则。还剩 2000 多个引体向上要做，于是在这一天中，怀疑感第一次出现在我大脑中。

我没有任消极情绪叫嚣，试图重新调整心态，迎接后半程的运动。但事实是，我的整个计划已经失控了。我的碳水饮料没有为我提供所需的能量，我也没有备用计划，只好点了一个芝士汉

第一次挑战引体向上纪录时的我

堡吃。吃到真正的食物，感觉太棒了。同时，我的团队尝试着通过将横杆绑在橡木管道上来固定它，但事与愿违的是，长时间的休息没能修复我的身体机能，却起到了反作用。

我的身体垮了，疼痛感盘踞在脑中，因为我已经许下承诺，押上自己的名声要破纪录筹款，而现在我却已知道，我对此无能为力。我又花了 5 个小时做完了 500 个引体向上——平均每分钟只做了 2 个不到。以往的周日，我能在健身房用 3 小时轻松完成训练数量，而现在，只比这个数字多做 1000 个，我就已濒临彻底的肌肉失能。怎么可能完成挑战呢？

我试图强撑下去，但紧绷的肌肉和乳酸已经主宰了我的身体，我的上半身如同一块生面团般无力。在此前，我从未经历过肌肉失能。我曾在 BUD/S 训练中带着腿伤跑步，有一只脚扭了也能跑将近 100 英里，就算心脏有个洞，我都能完成数十种体能项目。但在那天夜里，在 NBC 大楼的二楼，我结束了挑战。在做完第 2500 个引体向上后，我几乎无法再将双臂举到足以握杆的高度，更别提让下巴高过横杆了。就这样，一切都结束了。再也不会有和萨万娜、马特一同庆祝胜利的早餐——再也不会有庆典了。我失败了，我在数百万人面前失败了。

那么，我屈辱而痛苦地低头了吗？绝对没有！对我而言，失败只是通往未来成功路上的垫脚石。第二天早晨，我的手机响个不停，于是我把它留在酒店房间里，去中央公园跑了个步。我需要充足的时间，聚精会神地回顾我做得好和不好的地方。在军队里，在每一次实战任务或战场演习结束后，我们都会填写复盘报告，这就像是活体解剖。不管结果如何，我们都会进行复盘；如果你要像我一样复盘失败，复盘报告一定是重中之重。因为当进入未知领域时，我们将没有书本可以学习，没有视频网络可以观看。我要研读的全部内容就是自己犯过的错，并考虑一切变量。

首先，我就不该上那个节目。我的动机很明确，增强人们的意识、为基金会筹款确实是个好主意，但我需要曝光度来筹集希望筹到的数目时，就会将钱放到第一位（这绝非良策），不会再聚焦于手头的事。为了打破这个纪录，我需要一个理想的环境，而现实状况则将我打了个措手不及。我也不够尊重这项纪录。我以为自己可以用一根被松松垮垮安装在皮卡后的生锈横杆打破纪录，因此哪怕在挑战前两天就试过那根杆子，我也没足够重视并更换器材，而正是我专注力的缺失和对细节的疏忽，让我接受了惨痛的教训。还有进进出出、来看热闹的人群，他们在我的每组动作之间请求拍照合影。这通合影的开始，彻底拖慢了我的安全进度。

很显然，我的休息时间太长了。我认为按摩可以消除肿胀和乳酸的堆积，但在这一点上，我也犯了错，我本该多吃一些盐片防止痉挛性疼痛。在挑战之前，讨厌我的人在网上找到了我，预测说我会失败，但我忽略了他们的话，没有充分认识到他们消极预判中蕴含的糟糕事实。我以为，只要训练得足够努力，我就能打破纪录；结果，我没能做好应有的准备。

你无法为未知的因素做准备，但如果能在挑战之前更加专注，你就很可能只需在挑战中应对一两个意外而不是 10 个。在纽约，有太多不确定因素，而它们常常会点燃你怀疑的火花。在那之后，我直面了讨厌我的人，承认自己的容错率很低。我重 212磅，比任何一个曾尝试挑战这项纪录的人都要重，我失败的可能性很高。

之后两周我都没有碰过引体向上杆，但一回到火奴鲁鲁，我就在家里的健身房中大练特练起来，并立刻注意到了横杆的不同。但我仍要忍住将一切怪在那根松垮横杆头上的冲动，因为就算它更牢固，也不能保证我多做 1521 个引体向上。我好好研究了体操运动员的镁粉、手套和绷带，取样试验。这一次，我想在横杆下安设一个风扇，在每组间隙给我降温。我还调整了我的饮食，不再只摄入纯碳水，而是增加了蛋白质和香蕉的摄入，以防止痉挛。等到要选挑战地点时，我知道自己需要回归最核心的自我，即远离浮华、低调行事。在一次前往纳什维尔的旅行中，我发现了一个地方，一家离我母亲家 1 英里远的 CrossFit[1] 健身房，老板是一位名叫南多尔·塔马斯卡的前海军陆战队队员。

在几次邮件交流过后，我来到位于布伦特伍德山的 CrossFit 健身房与他见面。健身房设在沿公路的商业区里，与塔吉特百货仅几门之隔，没什么特别之处。健身房里有黑色的垫子、一桶桶镁粉、成堆铁块，还有很多正挥汗如雨的硬汉。我走进去，做的第一件事就是抓了抓引体向上杆并晃了晃。和我希望的也一样，它固定在地面。哪怕是一点轻微的杆部晃动，都需要我调整自己的抓握方式；当目标是 4021 个引体向上时，一切微小的行为会聚集成一团被浪费的能量，让努力付之一炬。

“这就是我需要的。”我抓着杆说。

“是的，”南多尔说，“它们必须足够坚固，才能同时充当我们的深蹲架。”

除了强度和稳定性外，杆子的高度也很重要。我不想要矮杆，因为屈腿会导致抽筋。我需要足够高的杆子，这样我才能在踮起脚时抓住它。

我可以立刻断定，南多尔是一位能帮我完成这一挑战的理想共谋者。他曾是一名军人，后进入 CrossFit，和妻子等家人从亚特

---

1. 一家连锁健身品牌。

兰大搬到了纳什维尔，开了他的第一家健身房。愿意敞开大门、让一个陌生人占用他们健身房的人不多，但南多尔出于士兵基金会的原因，愿意让我使用健身房。

我的第二次挑战安排在 11 月，一连 5 周，我每天都在自己夏威夷家中的健身房里做 500—1300 个引体向上。在最后一次岛上训练中，我在 5 个小时里做了 2000 个引体向上，之后便搭乘航班前往纳什维尔，在挑战前 6 天抵达现场。

南多尔召集了他健身房里的成员们，作为我挑战的见证者和协助者。他准备好了歌单，备足了镁粉，还在后面设了一个休息室，以备不时之需。他还请来了一家媒体报道。在最后的备战日里，我在他的健身房里训练，一个当地的新闻频道则前来记录、报道。当地报纸也报道了此事。规模很小，但纳什维尔的人们越发好奇，尤其是 CrossFit 的拥趸。有些人前来感受现场氛围，我最近联系了南多尔，很喜欢他讲述的方式。

"人们已经奔跑了数十年，奔跑了相当长的距离，但 4000 个引体向上——人类的身体并不是为此而设的。因此，能有机会亲眼见证这样的事，真是太美妙了。"

在挑战前一天，我歇了一整天；挑战日出现在健身房时，我感觉自己身强体壮，已经做好准备迎接即将到来的鏖战。南多尔和我母亲已一同将万事安排妥当。墙上有一个漂亮的电子计时器，同时还能给我计数；此外他们还准备了两个装好电池的挂钟，以作备用。一块吉尼斯世界纪录的横幅挂在横杆之上，一名摄影专员，因为每一次引体向上都要被录下来，以备查验。我的绷带绑

322

好了，手套也很好用；杆子十分稳固。挑战开始后，我的表演一触即发，强劲有力。

数字也一样。我每分钟做 6 个引体向上，时间控制得恰到好处；在前 10 组动作中，我高高抬起身体，胸膛都高过了横杆。随后我记起了自己的挑战计划，要减少不必要的动作，避免浪费能量。在第一次挑战时，让下巴远远高过横杆让我备感压力，尽管这能为表演"增色"，但无助于我打破纪录。这一次我告诉自己，只要让下巴略微高过横杆即可，也不要在引体向上之外的任何事上使用双臂、双手的力量。我没有像在纽约时那样，伸手去拿水瓶喝水，而是将水放在一堆木箱上（那种用作跳箱的木箱），这样一来，我只需要转过身用吸管摄入营养即可。第一口吮吸之后我回头又开始做引体向上，从那时起，我就一直遵循计划，一个个往上累加数字。**我想的不只是 4020 个引体向上。我想做满 24 小时。要是能成功，5000 个也是有可能的——甚至是 6000 个！**

我一直保持着高度的警觉，留意着任何有可能突然出现、阻碍挑战进行的生理迹象。一切都很平顺，直到在近 4 个小时、1300 个引体向上后，我的双手开始摩擦起疱。在组间间隙时，我母亲给我戴了双乳胶手套，我才能继续保持最佳状态。这是我面临的一个新问题，我还记得自己挑战前在社交媒体上读到的所有怀疑评论。他们说，我的手臂太长了，我太重了，我的身形不够理想，双手要承受更多的压力。我忽视了最后一条评论，因为在第一次挑战时，我的手并没有出现问题；但在第二次挑战的过程中，我意识到了这一点，因为第一次的横杆很有弹性，而这一次的杆子更稳固、更有力，但随着时间推移，它的坚硬程度也对我造成了伤害。

尽管如此，我还是坚持了下去，在做完 1700 个引体向上后，我的前臂开始疼痛，而当我弯曲双臂时，我的二头肌也紧绷发疼。我还记得在第一轮尝试时的那些感受。这就是痉挛的开始，因此组间间隙时，我吃了盐片和两根香蕉，这缓解了我的肌肉不适。我的手掌情况却一直在恶化。

又做了 150 个引体向上后，我能感觉到手套下的手掌从中间裂开皮来。我知道我应该停下来解决这个问题，但也知道这也许会导致身体的僵化和机能的减退。我进退两难，不知该先解决哪个燃眉之急。我选择了继续按节奏做动作，并在间隙尝试不同的解决方法。我戴了两双手套，之后加到 3 双。我还尝试用了我的老朋友——布绷带，但没用。我不能将横杆用垫子裹起来，因为这会违反吉尼斯的规定。我所能做的，就是想方设法继续坚持战斗。

挑战开始 10 小时后，我碰到了瓶颈，每分钟只能做不到 3 个引体向上。疼痛磨人，我需要休整。我脱下了右手手套，一层层皮肤组织随之脱落。我的手掌看上去就像生汉堡一样。母亲打电话叫来了一位医生朋友，是住在附近的雷吉娜。我们两人来到后面的休息室等她，试图抢救我的纪录挑战。雷吉娜到来时做了伤情评估，接着拿出一支注射器，装好局部麻醉药，将针扎入我右手裂开的伤口中。

她检查了一下。我的心怦怦直跳，汗水浸透了我的每一寸皮

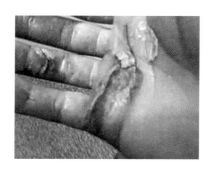

在第二次引体向上挑战中的我的手

肤。我能感觉到自己的肌肉凉了下来，变得僵硬，但我点点头，扭过身，她则将针头扎到深处。太痛了，但我忍住了本能想要发出的大叫。"不要显示弱点"仍是我的座右铭，但这并不意味着我能感觉到强大。母亲脱下我的左手手套，等待着第二次注射，但雷吉娜还在忙着检查我二头肌的肿胀情况和我双臂的肿胀痉挛。

"大卫，你看起来像是出现了横纹肌溶解。"她说，"你不该继续了，这很危险。"我不知道她到底在说什么，于是她解释了一下。

那是一种当一个肌肉组群在超长时间内过度运作后会出现的现象。肌肉缺乏葡萄糖并分解，肌红蛋白——一种在肌肉中储存氧气的纤维状蛋白质将流失到血液中。当这种情况发生时，肾就要将所有这些蛋白质全都过滤在外，如果超过其工作负荷，肾就会出问题。"横纹肌溶解可以致命。"她说。

我的双手在剧痛中抖动着，肌肉正在僵化，风险高到了极点。任何一个有理智的人都会扔掉毛巾放弃挑战，但我还能听到扬声器里传来的《去向远方》，知道我如今的困境就像拳击手洛奇的第 14 个回合。

去他的理智。我举起左手，让雷吉娜扎针。一波波疼痛席卷而来，巨大的怀疑感在我脑中炸开了花。她用一层层纱布和医用绷带给我的双手包扎好，又给我换了一双新手套。随后我离开这里回到了健身房，重新投入挑战。我已经做了 2900 个引体向上，只要我还在战斗，我就相信一切皆有可能。

我做着每分钟两到三个的引体向上，如此持续了两个小时，但感觉自己仿佛正抓着一根烧得通红、正在熔化的杆子，这意味着我已经开始在用自己手指的力量去抓杆。起初我用了 4 根手指，接着是 3 根。我能再做 100 个引体向上，接着又做了 100 个。时间一小时一小时流逝。我离目标越来越近，但随着身体横纹肌溶解情况的持续，崩溃近在眼前。我靠荡到杆上的手腕又做了几组。这听上去不可思议，但我还是设法做到了，直至麻醉失效。在此之后，哪怕是弯弯手指，我都感觉自己在用尖刀刺自己的手。

在做了 3200 个引体向上后，我算了一下，发现要是我能每组 1 个地做 800 组，就要花上 13 小时，压线打破纪录。我坚持了 45 分钟。剧痛太甚，馆内的氛围由乐观转为担忧。我还在试图尽可能少地示弱，但志愿者们都能看到我的手套和握法一团糟，知道出了大问题。当再次回到休息室休整时，我听到了厄运般的阵阵叹息。

雷吉娜和我母亲解开我手上的绷带，我能感觉到自己的皮肉像香蕉一样被剥开。我的两只手都皮开肉绽、可见真皮组织，也就是我们血管所在的位置。如阿喀琉斯之踵一般，我的天赋和我的弱点，就是双手。质疑者们是对的。我不是那种轻体重、能优雅从容做引体向上的人。我很有力量，而这种力量来源于我的抓握。但现在，我的手更像是生物学人体模型，而非鲜活的双手。

在情感上，我的损耗也很大。不仅仅是因为极端疲惫，又或是自己无法打破纪录，还因为有那么多的人都向我伸出了援手。我用了南多尔的健身房，感觉自己让所有人失望了。我母亲和我一言不发地溜出后门，仿佛正在逃离犯罪现场。当她开车驶向医院时，我克制不住地想，我能比现在做得更好！

当南多尔和他的团队取下时钟，解下横幅，扫掉镁粉，将沾满血迹的绷带从引体向上杆上剥下时，母亲和我正陷在急救候诊室的椅子里。我拿着残破的手套，它看上去就像是从 O. J. 辛普森犯罪现场里捡到的一样，浸透了血。母亲看着我，摇了摇头。

"嗯，"她说，"我知道一件事……"

在长长的停顿后，我将脸转向她。

"什么事？"

"你会再挑战的。"

该死，她会读我的心。我已经开始在做我的"活体解剖"，只要流血的双手恢复到一定程度，我就会在纸面上做一个完整的复盘。我知道，在这次失败的废墟之中，埋有等待着我去挖掘的宝藏。我只需要将一切像拼拼图一样拼到一起。母亲无须我开口就知道的事实，是如此点燃了我的斗志。

我们中有很多人，身边人所说的话都迎合着我们对舒适的渴望。这些人宁愿处理伤痛、避免受更多伤，也不愿帮我们直面伤痛的磨砺，再次挑战。我们需要那些会说我们所需良言而非迎合我们的人，但同时，他们不会让我们感觉自己正在与不可能为敌。我母亲就是我最大的支持者。无论何时，只要我在人生道路上受挫，她总会问我，我会在何时、何地再次挑战。她从不说"嗐，也许事情不该这样"。

　　大多数战争的胜败都在我们头脑中发生。在身处掩体之后时，我们往往不是独自一人，我们需要在身边的人，需要他们的心灵、头脑和言辞，让我们重获自信。因为在某些时候，我们需要一些鼓舞的话，以保持自己的专注和能量。在那家医院，在我的掩体之下，我游移在怀疑之中。我还差 800 个引体向上，我知道做 800 个引体向上是什么感觉。那真是漫长的一整天！但在此番困顿中能陪伴我的，我母亲无可取代。

　　"别担心，"她说，"一回到家，我就会给那些见证者打电话。"

　　"明白，"我说，"告诉他们，我会在两个月后重新回去。"

　　在生活中，没什么礼物比失败更受人忽视、更不可避免。**我已经历过不少失败，也已学会享受这样的经历，因为如果辩证地看待和分析失败，你就会找到该在哪里做调整、该如何最终完成任务的法门。**我谈论的不是凭空在心里梳理问题。在第二次挑战后，我将一切都写了下来，但没有从明显的问题——我的抓握开始。一开始，我想到了所有进展顺利的事，因为在每次的失败中都会发生很多好事，我们必须承认它们并心怀感激。

在纳什维尔那次挑战中，最棒的收获就是南多尔的健身房。他的地下健身房对我来说就是一个完美的环境。是的，我会时不时出现在社交媒体上、聚光灯下，但我不是一个好莱坞式的人物。我的力量源于相当黑暗的地方，南多尔的健身房就不是一个虚伪的欢乐工厂。它在黑暗之中，汗水蒸腾，充满痛苦，体现真实。我在第二天就给他打了电话，问他我是否还能回去训练并再挑战一次纪录。我已经占用了他的大量时间、精力，还留下了一团乱麻让他善后，所以我不知道他会怎么回答。

"可以，"他说，"咱们开干！"再次得到他的支持，对我意义重大。

另一个积极的点在于我处理自己第二次崩溃时的方式。甚至在见到急救医生之前，离开垫子的我就已经开始走在回归的路上。那就是你的心之所归。你不能让一次简单的失败阻挠自己的使命，或是任由它一路侵占你的头脑、破坏你与亲近的人的关系。每个人总会有失败的时候，人生并不总是公平的，也不总会让你如愿以偿。

运气是任性的，它不会总按你的想法来，所以别总觉得你已为自己做好了设想，就应该获得成功。你那自傲的头脑重得像个累赘，应该砍掉杂余，轻装上阵。别总关注你觉得自己应得的东西，而应该关注你想争取的东西！我从不将自己的失败归咎于任何人，也没有在纳什维尔低头。我保持谦卑，摒弃了自己自以为是的心理，因为我深知我还没有取得自己想要的纪录。计分板不会说谎，我也没有自欺欺人。信不信由你，大多数人都喜欢自欺欺人。他们会将失败归咎于他人、倒霉或是纷乱的环境；而我没有，这一点是积极的。

在复盘报告上，我也将大多数挑战时使用的装备都列入了积极面中。绷带和镁粉是有效的，尽管横杆将我折磨得够呛，但它也帮助我多做了 700 个引体向上，因此我的方向是对的。另一个积极点则是南多尔健身房团体的支持。处于这样一群热情有礼的人之中，我感觉好极了，但这一次，我需要将志愿者人数减半。我想让室内的干扰尽可能少。

在列完所有的加分项后，是时候调整思维了。如果想尽善尽美地完成失败后的复盘，你也应该如此。这意味着细究自己在失败经历里，准备和实践阶段中的所思所想。我在准备阶段的投入和实战中的决心是毋庸置疑的，并未动摇；但我的信念感比我想象中更容易动摇，在为第三次挑战做准备时，做到不对自己产生怀疑至关重要。

这并不容易，因为在我第二次挑战失败后，网上质疑者的声音无处不在。纪录保持者斯蒂芬·海兰体重较轻、四肢纤长有力，还有一双结实的手。他拥有做引体向上的完美体形，而人人都告诉我，我太高大，身材过于魁梧，应该在将自己伤得更重之前停止挑战。他们说，计分板不会说谎。我离纪录还差 800 多个引体向上，这个数字大于我第二次挑战中多做的数量。有些人从一开始就预测说我的手会受不住，当这一点在纳什维尔成为现实后，它成为我一个极大的心理障碍。我有点怀疑那些浑蛋是不是说对了，我是否在挑战不可能。

随后，我想起了当年一位名叫罗杰·班尼斯特的英格兰中长跑运动员。在 20 世纪 50 年代，当班尼斯特第一次试图将 1 英里跑进 4 分钟时，专家们告诉他那不可能，但这并没有使他退却。他一次次失败，却仍在坚持；当他在 1954 年 5 月 6 日以 3 分 59 秒 4 这一历史性的成绩跑完 1 英里时，他不仅打破了一个纪录，也靠行动击碎了人们设好的阈值。6 周后，他的纪录又被打破，而到今天，已经有超过 1000 名跑步运动员做到了这一曾被认为在人类能力范围之外的壮举。

允许那些所谓的"专家"，或那些在某一领域比我们更有资历的人限制我们的潜能，这是我们的过失。我们热爱体育的原因之一就是，我们热爱目睹那些透明的天花板被击碎的时刻。如果想成为下一个击溃普遍观点的运动员，我就不能再听信质疑的声音——无论它来自外部还是我的内心。想要做到这一点，最好的办法就是认定这一引体向上的纪录已是我囊中之物。我不知道它会在何时正式属于我，或许是两个月后，又或许要花 20 年。但一旦认定自己能拿到它，并不给自己做时间上的设限，我就充满了自信，并从一切压力中得到了解脱，因为我的任务从试图挑战不可能，变成了向既定的方向努力。但想要抵达那里，我必须找到自己曾经错失的战术优势。

做一个战术性的回顾，是复盘活动中最后也是最关键的一步。尽管相较第一次挑战而言，我已经有了战术上的提升——用了一根更稳固的横杆，将浪费的能量降至最低——我依然剩下了800个引体向上没做。因此，我们需要更深入地研究这些数字。按每分钟6个引体向上的节奏，一分钟、一分钟地做，我已经失败了两次。没错，这是一条通往4020个引体向上的快速通道，但我从未抵达过终点。这一次，我决定做更慢的起步，走更长远的路。我还从此前的经验中了解到，我会在10个小时后陷入一定的瓶颈，应对时不能休息更长时间。10小时的标志已经打了我两次脸，每一次我都会停下5分钟或更长时间，而这会很快引我走向溃败。我需要真正完成自己的战术，将休息时间的最大值限定在4分钟内。

现在轮到了引体向上杆。是的，它也许会再次让我受伤，所以我需要想好一个变通之术。根据规则，我不能在挑战过程中改变双手的间距。从做第一下开始，双手间距就必须保持在同一个值。我唯一能改变的，就是保护双手的方式。在准备第三次挑战的过程中，我试过了所有不同类型的手套，也得到了可以使用定制海绵垫保护双手的许可。我还记得自己见过一些海豹突击队的队友在举重时会用海绵垫保护双手的事，并给一家公司致电定制了符合自己双手尺寸的海绵垫。吉尼斯官方批准了这一装备，在2013年1月19日上午10点，也是第二次挑战失败的两个月后，我回到了布伦特伍德山的CrossFit健身房。

我一开始做得较慢，每分钟轻松地完成5个引体向上。我没有用绷带缠住我的海绵垫，就这样垫着它们抓住横杆，似乎很有效。不到 1 个小时，海绵已经裹住了我的手，将它们与发热的铁杆隔绝开来。又或者说，我希望它们如此。在大约做了 2 个小时、600 下之后，我让南多尔循环播放《去向远方》。我感觉自己的身体咔嗒一下，变成了一个半机器人。

我在横杆上找到了一个节奏，在组间间隙时，我坐在举重床上盯着撒满镁粉的地板。我的视线缩窄，心里为即将到来的艰难时刻做着准备。当手掌上传来第一阵刺痛时，我知道糟糕的事要成真了。但这一次，多亏有之前失败的教训，我已经做好了准备。

这并不意味着我正享受其中。我没有感到一点乐趣。我已经做够了，再也不想做引体向上了，但实现目标、克服困难的过程不必充满乐趣。种子由内而外，以一种自毁的仪式突破自己，以此开启新生——这听起来很愉快吗？感觉很好吗？我在这个健身房里，不是为了找乐子或是做自己想做的事的；我来到这里，是为了从内部突破自己的极限——如果这就是想穿越一切心理、情感和生理阻碍所要付出的代价的话。

12 个小时后，我终于做完了 3000 个引体向上。这是挑战的一个重大分水岭，仿佛我已经迎头碰上了瓶颈。我处于恼怒与剧痛之中，双手再次开始开裂。我离纪录还有一大截距离，感觉房间里所有人都在看着自己。随之而来的是失败和耻辱的千钧之重。突然间，我回到了自己第 3 个地狱周时的牢笼之中，当时的我听到那是我的最后一次机会，将自己的小腿、脚踝缠好，然后鼓起勇气开始了一次新的 BUD/S 训练之旅。

将自己暴露在公众视线中，为仿佛正在溜走的梦想奋斗，这需要无比的力量和勇气。我们都在接受他人的注视。我们的家人和朋友都在看着，就算你周围都是积极的人，他们也会对你是什么样的人、你擅长什么、你应该将重心放到哪里有自己的见解。这不过是人的本能罢了，如果将其放任，你将会得到一些不请自来的建议，要是听之任之，它们很可能会抹杀你的抱负。我们身边的人通常不想伤害我们。那些关心我们的人，其实不希望我们受伤。他们想让我们安全、舒适、获得幸福，而不是在地下室盯着地板，回想那些梦想破灭的碎片时刻。那太糟了。那些痛苦之中蕴藏着无穷的潜力，如果能找出将一切拼回到一起的办法，你就能从中汲取无限能量！

　　我如计划的一样，将休息时间控制在 4 分钟内。这一时长足够我将自己的双手和那些海绵垫塞进厚手套里。但在回到横杆上时，我感觉自己变慢、变弱了。南多尔、他的妻子和其他志愿者看到了我的挣扎，但他们让我自行塞上了耳机，调到了《洛奇》频道，一次只听一段。我从每分钟 4 个引体向上掉到了 3 个，再次回到那种半机器人的恍然状态中。我变得丑陋又阴暗，想象着我的痛苦是由一个名叫斯蒂芬·海兰的疯狂科学家创造的产物，这个邪恶的天才目前正占有我的纪录和我的灵魂。就是他！这个浑蛋正从世界的另一头折磨着我，一切全靠我，如果想要侵占他的灵魂，我只能继续做下去，将他碾碎！

　　要说明清楚的是，我对海兰并无怨怼——我甚至都不认识他！我进入那种状态，只是为了找寻一种能让我不停向前的优势。我在自己的脑中想象着他，这并非出于自负或嫉妒，而是为了驱赶自己的怀疑。生活就是一场头脑的游戏。这仅仅是我在这场人生游戏中，为了赢下一场小游戏而使用的最新的策略。我必须设法找到一个优势，如果能找到站在你前进道路上的那个人，其效用将无比强大。

已过午夜，我开始缩减我与海兰之间的差距，但引体向上做得并没有变快，也并不轻松。我在心理和生理上都疲惫不已，出现了严重的横纹肌溶解现象，每分钟能做的引体向上数量也已减少到 3 个。当做完 3800 个时，我感到山顶就在眼前。但我也知道，自己有可能从每分钟 3 个，掉到一个也做不下去。在"恶水"比赛中，有很多关于已经跑到了 129 英里却无法跑完 135 英里比赛的故事！你永远不会知道自己会在何时达到极限，肌肉彻底疲劳。我一直在等待自己无法再举起双臂的那一刻降临。怀疑就像阴影一般追随着我。我尽力控制着它，让它无法叫嚣，但它挥之不散，一直跟随着我、敦促着我。

在 17 个小时的痛苦之后，2013 年 1 月 20 日凌晨 3 点，我做完了第 4020 个和第 4021 个引体向上，纪录是我的了。健身房的所有人都欢呼雀跃，但我依旧冷静。我又做了两组，总共完成了 4030 个引体向上，摘下耳机，盯着镜头说："我超越你了，斯蒂芬·海兰！"

在一天之内，我举起了相当于 846030 磅的重量，几乎是一辆太空飞船重量的 3 倍！大家欢呼着、大笑着，我则脱下了手套，消失在休息室里；令所有人吃惊的是，我并没有庆祝胜利的心情。

你对此也很吃惊吗？**你知道，我的冰箱从未满过，也永不会**

满，因为我过着一种被使命驱使的人生，一直在追寻下一个挑战。这种心态，就是我能完成打破纪录、完成"恶水"比赛、成为海豹突击队队员、从游骑兵学校毕业等一系列目标的原因。在我看来，我就是一匹不断追随着自己永远够不到的胡萝卜的赛马，永远在尝试着向自己证明自己。如果以这种方式生活并实现目标，成功的感觉就会平淡无奇。

与我最初挑战纪录的经历不同，这次的成功在新闻界并未激起太大水花，这没什么。我做这件事，不是为了他人的吹捧和奉承。我筹到了一些钱，也尽己所能地从引体向上中学到了一些东西。在 9 个月时间里做了超过 67000 个引体向上后，是时候将这一切放进我的"饼干罐"里，向前走了。因为，**生活就是一场想象中的游戏，它没有计分板，没有裁判，无休无止，直至我们被死亡埋葬。**

而我从生活中想要得到的全部，就是取得自己所认可的成功。那不意味着财富和名声，不是停满靓车的车库，也不是娇妻美妾成群；这种成功，是成为世上最坚毅的人。当然，一路走来，我的失败经历也在累积；但我认为，这一纪录证明我离成功很近了。**只要游戏还没有结束，在哨声响起之前，我就必须不遗余力地付出自己全部的心智、体力和灵魂。**

我将继续这永无止境的追寻，并会全力以赴。我想为自己赢得最终的安息。不管怎么说，我当时就是这么想的。因为我不知道自己已经离终点那么近了。

挑战#10

　　回想一下你最近的和最令你心痛的失败。最后一次找到那些日志，注销电子版，把它们手写下来。我希望你感受这个过程，因为你将要提交你迟来的复盘报告。

　　首先，写下你这次失败中所有好的事情，所有按计划进行了的事情，对自己尽量翔实、宽容。过程中肯定发生了很多好事，很少只有坏事发生的情况。记下你是怎么处理失败的，以及它是否影响了你的生活和人际关系，是怎么影响的。

　　在你这次失败的准备和执行的阶段，你是怎么考虑的？你必须了解自己在每个阶段是如何思考的，因为这关乎你的思维模式，而这正是大多数人所欠缺的地方。

　　现在将整个流程回顾一遍，并列出一个你能解决事情的清单。这可不是温柔宽容的时候，必须残酷而真实，将它们都写下来并仔细研究它们。然后查看你的日历，尽快安排另一次尝试。

如果这一失败发生在你的童年，而你不能重现曾经的少年棒球联合会全明星赛的场景，我还是希望你能完成这个报告，因为你很有可能利用这些信息来实现接下来的目标。

在你的准备阶段，将这份报告放在手边，参考你的"责任之镜"，做出所有必要的调整。到了执行的时候，将我们学到的所有能坚毅头脑的力量——饼干罐、40% 定律——都放在大脑前沿，控制你的思维方式，主导你的思维过程。整个人生都是一场头脑游戏，认识到这点，并拿下它！

如果你再一次失败了，那就这样吧。感受痛苦，并重复这些步骤，继续战斗，这就是一切。

Chapter II

如果……呢?

DAVID GOGGINS

一路走来，我越发让自己确信，我不会被自己生来就面临的谩骂、成长中遭遇的霸凌定义。但同样，我也不会被天赋所定义——我并非天赋异禀，也不会被恐惧和弱点定义。

比赛甚至还没开始，我就知道自己完蛋了。2014 年，国家公园管理局没有批准"恶水"一贯的路线，于是克里斯·科斯特曼便重新规划了路线。新路线不再始于国家公园死亡谷、途经 42 英里并穿越地球上最炎热的荒漠，而是从更远的内陆一处 22 英里长的坡道底端开始。这不是我的问题。问题在于，我比自己正常的比赛体重重了 11 磅，其中 10 磅的增长是在过去 7 天内发生的。我不是胖子，以常人眼光来看，我体形健康，但"恶水"并不是常人的比赛。为了出色完赛，我的身体条件必须达到顶峰，而现在远远无法达到。一切猝不及防地发生，因为在过去两年低于标准的跑步之后，我以为自己已经重新蓄好了力。

在过去的 1 月，我赢得了一场名为"冻水獭"的 100 公里冰川地带越野赛。它没有"伤痛 100"那么艰难，但也相差无几。它在威斯康星州举行，就在密尔沃基市外，整条路线就像一个斜向一边的数字"8"，起、终点位于其中心。我们在两个回环之间经过那里，得以从车里补足食物和其他必需品，并将它们和我们的应急物资一起塞进包里。外面的天气可能会变得极端恶劣，赛事组织方列出了一份我们必须一直随身携带的必需品清单，以防止我们死于脱水、失温或暴露于极端环境中。

第一圈是两圈中较大的那圈，我们出发时，气温在零华氏度。路线从未经过铲雪，有些地方已积起雪堆，而另一些地方则似乎有意覆盖着光滑的冰。这成了一个问题，因为我没有像绝大多数竞争者一样穿靴子或是越野鞋。我系紧我的标准跑鞋，后又将脚塞进一双廉价的钉鞋中，理论上说，这应该能抓住冰地，帮我保持直立。不过，冰还是占了上风，才跑了一个小时，我的钉鞋就断了。尽管如此，我依旧在雪深6—12英尺的越野赛中领先。在某些地方，雪堆还要高得多。自发令枪响后，我的双脚就又冷又湿，不到两个小时，它们就冻僵了，脚趾冻得尤为厉害。我的上半身也没好到哪里去。当你在冰天雪地里流汗，身体上的盐就会摩擦你的皮肤。我的腋下和胸膛都被磨红了。我浑身都是红疹，每走一步脚趾都疼得厉害，但这些疼痛对我而言都不算什么，因为我还在自由奔跑。

在第二次心脏手术后，我的身体第一次开始状态全满。我像其他所有人一样得到了百分之百的供氧，我的耐力和力量都更进一步。尽管路线滑得一塌糊涂，但我的技术也发挥了作用。我一路领先，在跑最后22英里环线时，我在车旁停下，吃了个三明治。我的脚趾疼得离谱，我怀疑它们被冻伤了，这意味着我将面临失去几个脚指头的风险，但我不想脱下鞋子查看。怀疑和恐惧再次在我脑中炸开，提醒着我跑完过"冻水獭"比赛的人只有那么一些，在这种寒冷之中，没有哪条道是安全的。天气是其他任何变量都无法比拟的存在，能飞速击溃一个硬汉。但我没有听从任何怀疑或恐惧的情绪。我开创了一种新的对话，告诉自己要强势完赛，等加冕冠军后再在医院里为我被截掉的脚指头担心。

我重新跑回赛道上。在这天早些时候，一阵明媚的阳光已经融化了部分积雪，但寒风将路线冻了个结实。跑在路上，我脑中闪过第一年参加"伤痛100"时了不起的卡尔·梅尔策。当时，我还只是个吃力跋涉的人。我先用脚跟踩进泥地，整个脚面踩踏泥地的动作增大了我滑倒的概率。卡尔就不会那样跑。他像一头山羊般移动，靠脚趾弹跳，沿着泥地边缘奔跑。等脚趾一踩到地面，他就会将腿立即抬到空中——这就是他看上去仿佛飘浮一般的原因。在这种设计之下，他几乎不会接触地面，同时还能保持头部与核心的稳定协调。从那一刻起，他的动作就如同刀刻斧凿般永远印在了我的脑中。我一直在回想这些动作，并在跑步训练中实践着他的技术。

人们都说，养成一个习惯要花66天时间。对我来说，这段时间要长得多，但最终我总能成功。在这些年来的极限训练和竞赛中，我一直在锤炼自己。一名真正的跑者会分析自己的跑步动作。我们不会在海豹突击队学习如何这么做，但因为身边常年环绕着诸多超马跑者，我得以吸收、练习那些乍一看似乎不太自然的技术。在"冻水獭"比赛中，我的重点在于柔和地着地：触碰地面的程度只要做到足够的爆发力即可。在第三次 BUD/S 训练和随后第一个排的经历中，在被视作队伍里擅长跑步的人时，我总是将头摇得像拨浪鼓。我的重量并不均衡，当我的脚着地时，我全身的重量都会压在着地的那条腿上，这就会导致我在湿滑的地面上尴尬地摔倒。经过成千上万小时的训练和试错，我终于学会了保持平衡。

在"冻水獭"比赛中，一切都派上了用场。我迅捷又优雅地沿着陡峭、湿滑的道路奔跑。我让头部保持平稳不动，奔跑动作尽可能小，并通过靠前脚掌奔跑实现无声无息的前进。当我提速时，状态就仿佛消失于一阵纯白之风中，如入冥想之境。我化身卡尔·梅尔策。现在，那个犹如飘浮在不可思议之径上的人是我。我在 16 小时内完成了比赛，打破了比赛纪录，赢得了"冻水獭"桂冠，而且我的脚指头一个也没有冻掉。

两年前，我在一次轻松的 6 英里跑中出现眩晕。2013 年的"恶水"比赛中，我不得不走了 100 多英里，以第 17 名的成绩完赛。我一直在走下坡路，以为自己能争夺冠军的日子早已过去。在"冻水獭"比赛后，我很想相信自己的状态已经回满，而我超马最高的水平则在将来。带着那样的能量，我开始准备 2014 年的"恶水"比赛。

那时我住在芝加哥，在 BUD/S 训练预备队当教官，这是一所教学员们如何面对他们将在 BUD/S 训练中残酷考验的学校。在服役 20 多年后，我来到了军队生涯中的最后一年，并被派到了一个向未来军人们传授智慧的职位上，这感觉就像个圆满的轮回。同

"冻水獭"比赛后我的脚趾

往常一样，我会跑 10 英里上下班，如果有可能，还会在午休时挤出时间跑 8 英里。在周末，我至少会跑一次 35—40 英里的路。一连数周下来，我每周都会跑 130 英里，感觉自己身强力壮。随着春日来临，我增加了耐热训练，会穿上汗衫、戈尔特斯夹克等四五层衣物，戴一顶帽子，再上街跑步。在我跑到工作地后，我的海豹突击队教官和同事们会震惊地看着我一层层脱下湿透的衣服，将它们塞进黑色垃圾袋里——它们能有将近 15 磅重。

如此持续 4 周后，我开始逐渐减量，从 130 英里 1 周减到了 80 英里 1 周，之后则是 60、40、20。减量的本意是在进食和休息时生成充足的能量，使身体能够修复所有损伤，让自己达到最佳比赛状态。然而，我却感觉到前所未有的糟糕。我不饿，完全无法入睡。有人说我的身体极度缺乏热量，有人说我可能是缺钠。我的医生给我的甲状腺做了检查，发现甲状腺有点问题，但问题不大，不足以解释我的糟糕状态。或许，答案很简单——我就是训练过度了。

在比赛前两周，我考虑过退赛。我担心自己的心脏又出了问题，因为就算只是轻松地跑跑步，我也会感觉到肾上腺素分泌得难以控制。哪怕只是缓慢跑，也会让我心律失常。在比赛前10天，我来到了拉斯维加斯。我计划了5次跑步训练，但每次都跑不到3英里。我吃得不多，体重却一直在飙升——全是水。我又找了一个医生，他确认我生理上一切正常。听到他的话后，我不打算退出比赛了。

在2014年"恶水"比赛的开阔路段和最初的爬坡途中，我的心率很高，但一部分原因是海拔问题；跑了22英里后，我最快跑到了第6名的位置。我惊讶又自豪地想，让我们拭目以待，看看我能不能下山吧。我从未享受过从陡峭山坡上冲下去的残酷，因为这会严重损伤股四头肌，但我同样认为，这能使我的呼吸得到重新调整并趋于平稳。我的身体排斥了这一点，我完全喘不过气。我跑到了坡底的平地，减速，最后走了起来。我的对手们逐渐超过我，而我的大腿却在不受控制地抽搐着。我的肌肉痉挛过于严重，股四头肌看上去就像是有个怪物在里面窜动一般。

而我还没有停下！我又走了整整4英里，最后向孤松镇上一家有"恶水"医疗组驻扎的汽车旅馆求助。他们给我做了检查，发现我有点低血压，但这很容易恢复。他们找不到能解释我这种状态的简单办法。

我吃了点食物，歇了会儿，决定再试一次。离开孤松镇的路是平坦的，我心想，要是能跑完这段，我就可以重回状态了；但在跑了六七公里后，我再次泄了劲，彻底筋疲力尽。我的肌肉颤动、抽搐着，心脏跳得七上八下。我看着自己的领跑员说："就这样吧，哥们儿，我跑不动了。"

我的支援车在我们身后停下，我爬进车里。几分钟后，我灰溜溜地躺到了刚才那家汽车旅馆的床上。我只坚持了50英里，但退赛的任何屈辱感——这不是我所习惯的感觉——被一种感觉到不对劲的本能吞没了。那不是我的恐惧，也不是对舒适的渴求。这一次我很确信，如果我不在这个坎上停下来休息，我将无法活着离开这里。

第二天晚上，我们离开孤松镇前往拉斯维加斯。整整两天时间里，我尽自己最大能力休息、恢复，希望我的身体能接近一个较平衡的状态。我们住在永利酒店，在第三天早晨，我出门慢跑，想看看我的状态如何。跑了1英里后，我的心已经跳到了嗓子眼，我便停了下来。我走回酒店，心里明白，尽管医生说我没事，但我一定是病了。我怀疑我病得很重。

那天夜里，我们在拉斯维加斯城郊看完一场电影后散步走向一个附近名叫大象酒吧的餐厅。路上，我感觉自己十分虚弱。我母亲先我几步在走着，在我眼中有了三重影子。我闭紧双眼，后又睁开，依旧能看到三个她。她开着门等我，当我步入凉爽的空调房中时，感觉好了一些。我们坐进一个卡座，面对面坐着，我恍惚到看不了菜单，就让她给我点菜。从那之后，情况变得更糟，当侍者给我们上菜时，我的视线再次模糊了。我强撑着睁大双眼，头昏眼花，母亲看上去仿佛虚浮在餐桌之上。

"你得叫辆救护车，"我说，"因为我要晕倒了。"

我很需要一些稳定感，便伏到桌上。但母亲没有打 911。她绕到我这一侧，让我靠到她身上，我们就这样走向门口，回到了车里。一路上，我将自己的病史尽可能详尽又简洁地告诉母亲，以防我失去意识后她只得向人求助。幸好，我的视力和精神都恢复了一些，得以撑到母亲开车送我来到急救室。

我的甲状腺从过去就有点不太好，所以医生一开始就检查了甲状腺。许多海豹突击队队员到了 30 多岁时，甲状腺都会产生问题，因为当你在地狱周或战场上那些极端环境中倾力投入后，激素水平就会失控。当甲状腺状况不太好时，眩晕、肌肉疼痛、虚弱等 10 多种常见的副作用就会出现，但我的甲状腺水平接近正常。他们也检查了我的心脏。拉斯维加斯的急救医生们说，我只是需要休息罢了。

我回到芝加哥，找了自己的医生做检查，他让我做了一系列血液检测。他的团队检查了我的内分泌系统，看我是否患有莱姆病、肝炎、类风湿性关节炎或其他一些自身免疫性疾病。检查结果出来了，除了甲状腺有点毛病，我一切正常，但这无法解释我为什么会在短短一段时间内，从一个能跑几百英里的精英运动员退化成一个只能勉强系好鞋带、跑上 1 英里都很费劲的废物。我正置身于医疗认知的范畴之外。我带着更多的疑虑和一张甲状腺药物处方单，离开了医生办公室。

日子一天天流逝，我的感觉越来越糟。一切都在朝着我施压。我起不了床，得了便秘，浑身疼痛。他们又做了一些血液检查，认为我患有艾迪生病，这是一种自身免疫性疾病，多发生于人体肾上腺素耗尽、身体无法产生足够皮质醇的时候。这种病在海豹突击队队员中很常见，因为我们的行动需要消耗大量肾上腺素。我的医生给我开了类固醇氢化可的松、脱氢表雄酮、瑞宁得等药物，但吃药只会加速我状态的恶化，在此之后，我看过的医生都束手无策。他们的眼神透露了一切。在他们看来，我要么是个怀疑自己生了病的疯子，要么就是个得了某种他们不知道的不治之症、正在迈向死亡的人。

我尽力强撑着。我的同事们对我的状态恶化一无所知，因为我一直没有示弱。在我的整个人生中，我一直在隐藏自己的所有不安和伤痛。我将自己的全部脆弱都锁在钢铁般的伪装之下，但当最终痛苦到无以复加的地步时，我甚至连床都下不了。我病恹恹地躺在床上，盯着天花板，心想，这就结束了吗？

我凝视着深渊，思绪回到了过去的日日夜夜、周周年年，仿佛手指正在翻动旧日的书卷。我找到了所有的高光时刻，并将它们汇聚到一起，在脑中不停循环。**我从小在毒打和谩骂中长大，没受过太多教育，每到人生的关键时刻，这个体制就会将我拒之门外，直到我占据主导权、开始改变为止。**从那时起，我开始过度肥胖。我结了婚，又离了婚。我做过两次心脏手术，自学了游泳，还学着双腿带伤跑步。我恐高，接着就来到高空学习了跳伞。水能把我吓破胆，但我还是成了一名技术型潜水员、一名水下导航员，这两者的难度远在水肺潜水之上。我参加了超过 60 场超马比赛，摘得了好几场比赛的桂冠，还打破了一项引体向上的世界纪录。读小学时，我说话还口吃，长大后，却已成为海豹突击队最值得信赖的发言人。我在战场上为国而战。一路走来，我越发让自己确信，**我不会被自己生来就面临的谩骂、成长中遭遇的霸凌定义。但同样，我也不会被天赋所定义——我并非天赋异禀，也不会被恐惧和弱点定义。**

我就是自己所克服的一切阻碍的集合体。尽管已经跟全国各地的学生讲过自己的故事，我也从未停下脚步太久，去感激我所讲述的故事或是我所建立的生活。在我看来，我没有时间去浪费。**我从未在自己的人生中停脚歇息，因为总有事情要做。**如果我一天工作 20 个小时，就会再锻炼 1 个小时、睡 3 个小时，我会保证锻炼时间。我的大脑不是为感激而生的，它为工作而生，会扫描地平线，追问下一步并去完成。这就是为什么我能取得累累成就。我总在追寻下一个伟大的目标；但当我躺在床上时，我的身体紧绷着，痛苦地抽搐着，我清晰地意识到了自己的下一步是什么——走向死亡。在过度使用多年之后，我的身体终于变得支离破碎、药石难医。

我要死了。

在长达数周、数月的时间里，我寻找着治愈自己的方法，但在精神宣泄的那一刻，我既不悲伤，也没有被欺骗感。我只有 38

岁，但已经度过了 10 倍于常人的人生，经历了比绝大多数 38 岁的人百倍折磨的生活。我并不为自己感到遗憾。在某一刻，我终将付出代价。我用数小时回顾了自己的一生。这一次，我并没有将手伸进自己的饼干罐里，希望在酣战中找到通往胜利的入场券。我不是在利用自己过往的人生资产，去夺取新的胜利。不，我已经结束了战斗，内心只剩感激。

我本不该是这样的人！我得在每个关键时刻战斗，我破碎的身体是我最大的勋章。在那一刻，我明白了，我是否还能再跑再作战，是否还能活下去，都不重要了；一旦接受了这一点，我随之便感到了深深的感激。

我的眼眶湿润了。这不是因为恐惧，而是因为我在人生的谷底，思绪清明地发现了真理。那个我一直严苛批判的孩子，他撒谎、作弊不是为了伤害别人的感情；他那样做，只是为了被人接受。他不遵守规定，是因为他没有能用以竞争的工具，却又耻于成为一个愚笨的孩子；他那样做，是因为他需要朋友。我害怕告诉老师们我无法阅读。我害怕那种与特殊教育绑定在一起的污点和耻辱感。我再也不会斥责那个孩子、批判年幼的自己了，我第一次理解了他。

从彼时走到此时，我一路独行。我错失了太多东西。我没拥有过多少欢乐的时光，幸福从不是我的选择。我的大脑让我面对接连不断的挑战。我活在恐惧与怀疑里，害怕自己寂寂无闻、一事无成。我不断评判着自己，也不断评判着自己身边的每一个人。

愤怒很有力量。多年来，我对世界一直怀有怒意，会将我过去全部的痛苦当成养料，将自己推向极端层面，却无法一直掌控这个度。有时，我的怒火会灼伤不如我坚强、不如我拼命的人，而我不会保持沉默、掩饰自己的批判。我会让他们知道自己的想法，而这会伤害我身边的一些人，使那些不喜欢我的人影响到我的军队生涯。在 2014 年秋天躺在芝加哥床上的那天早晨，我打消了一切评判的念头。

我将自己和自己认识的所有人，都从负罪感和苛责中释放了出来。曾出现在我过去人生中的无数憎恶者、质疑者、种族歧视者和施虐者，我不再恨他们了，如此而已。我很感激他们，因为他们也帮助塑造了今日的我。随着这一感觉越发延展，我的心平静下来。我已经战斗了 38 年，现在，在这仿佛是生命尽头的时刻，我找到了平静。

在这一生中，通向自我实现的路数不胜数，尽管大多数这样的路都需要极高的自律性，鲜有人走。在非洲南部，桑人会一连跳 30 个小时的舞，以此作为与神明沟通的渠道。在中国西藏，朝圣者们会起身、下跪，接着面朝地面俯身向前，如此重复着动作，将此作为一种仪式进行数周、数月时间，跋涉数千英里，最后来到神庙进入深深冥想。在日本，有一群禅僧会在 1000 天时间里跑 1000 次马拉松，只为通过痛苦与折磨追寻神启。我不知道自己那一刻的感觉是否能被称为"神启"，但我知道，痛苦打开了大脑中一道秘密之门，一道通向极致表现和美丽平和的门。

起初，当你超越自己感知能力之后，你的大脑会不停地向你叫嚣。它希望你能停下，好让你陷入痛苦和怀疑的循环，而这只会加剧你对自己的折磨。但当撑到了痛苦完全浸润大脑的那个极点，你就会纯粹起来。外部世界将会归零。边界消融，在内心深处，你会感觉到自己与自我相连，也与世间万物联结。这也是我当时的感受。那段时光中的一切联结和力量以一种更彻底的方式贯穿了我，而我则思索起自己的来处与过往。

在好几个小时里，我飘浮在宁静的虚空之中，周身是光，虽痛苦、不适，但感激之情也同样汹涌澎湃。在某一刻，我的思绪如高热般爆发。我微笑着，将手掌盖上我湿润的双眼，抚过我的头顶和后脑勺。在脖子上，我摸到了一个熟悉的结节。它比以前长得更大了。我又掀开被子，摸了摸髋屈肌上的结节——它们也长得更大了。

有可能就这么简单吗？我所遭受的一切都和这些结节有关吗？我回想起一节由专家讲授的关于拉伸、进阶身心训练的课程，那位专家名叫乔·西本斯蒂尔，是海豹突击队在 2010 年引荐到我们科罗拉多岛基地的。乔在大学时是一名矮小的十项全能运动员，梦想是进入奥林匹克运动队。但当你身高只有 5 英尺 8 英寸时，要对抗平均身高在 6 英尺 3 英寸的世界级十项全能选手，这并非易事。他决定锻炼自己矮小的身体，好越过自己的基因劣势，比那些个头更大、更强壮的对手跳得更高、跑得更快。在某个时间点，他能用蹲举方式举起两倍于自己体重的重量，每 10 个动作一组，一次能举上 10 组。但随着肌肉量的增长，他的肌肉也开始紧绷，而紧绷则会造成受伤。他练得越努力，就伤得越严重，只能越发频繁地去看理疗师。在试训之前，他被告知腿筋撕裂，奥林匹克梦也随之破灭。他意识到，自己需要改变锻炼的方式。他开始用大量拉伸训练平衡自己的力量训练，并注意到，只要在一个肌群或关节点上做某个动作到达一定的程度，疼痛就会逐渐消失。

他成了自己的小白鼠，为人体的每块肌肉和每个关节建立出了一套理想的动作。他再也不去看医生或理疗师了，因为他为自己找到了更有效的理疗方法。如果突然受伤，他就会用拉伸法自我治疗。多年来，他在精英运动员间建立了自己的客户群，声名远扬；2010 年，他被引荐给了一些海豹突击队队员。消息传到了海军特种作战中心，最终，他受邀前来向 20 多名海豹突击队队员介绍自己的拉伸动作。我就是其中之一。

他一边讲课，一边给我们做检查和拉伸。他说，多数人的问题在于过度使用肌肉却没有辅以恰当的弹性平衡，而那些问题足以回溯至地狱周时期——在地狱周时，我们会被要求做数千次抬腿，而后躺在冰冷的海水中任海浪冲刷。他估算，使用他的拉伸法，花费 20 个小时进行加强训练后，我们中大多数人的臀部就能恢复到正常动作水平；他还说，每天只需进行 20 分钟的拉伸，就能维持这一状态。理想的动作水平需要花费更多时间。当他开始检查我时，在仔细查看后，他摇了摇头。如你所知，我经历过 3 次地狱周。他开始为我做拉伸，并说我身体太紧，做拉伸时就像在拉钢缆一样。

"你得做上几百个小时的拉伸才行。"他说。

当时我不以为意，因为我没有做拉伸的计划。我痴迷于力量，我读到的一切内容都在表明，灵活性的增长意味着在速度和力量上等量的消亡。而我躺在床上等死时的视角，则修正了这一观点。

我撑起身子，跌跌撞撞地走到浴室镜前，转过身端详我头部的结节。我尽力站直了身体，但看起来我似乎矮了一到两英寸。我如今能做的动作水平空前糟糕。如果乔是对的呢？

如果呢？

如今，我的座右铭之一是，平和但永不自满。享受自我接受的平和心静是一回事，接受这糟糕的世界也属于这一范畴，但这并不意味着我就要躺平等死，放弃些微自救的尝试。过去的我不会如此，现在亦然，我不会在还没有为更好的结果抗争过的情况下就举手投降，接受不完美或错误的一切。我已经试过靠主流方法寻求治疗，但医生和药物只会让我感觉更糟。我手上没有牌了，只能试试靠拉伸让自己恢复健康。

第一个动作很简单。我坐在地上，试图像印度人的坐姿一样盘起双腿，但我的臀部肌肉太紧，膝盖停在耳朵附近。我失去平衡，仰面跌倒在地，费尽力气才重新爬起来再度尝试。我将这一动作保持了 10 秒钟，或许是 15 秒，之后才伸直了双腿，因为太痛了。

我下半身的每一块肌肉都绞痛、抽搐得厉害。汗从毛孔中沁出，但在短暂的休息过后，我再次盘起双腿，忍受了更多痛楚。就这样，我重复着盘腿和休息的动作，持续了 1 个小时，慢慢地，我的身体打开了。接下来，我做了一个简单的股四头肌伸展——一个我们在中学时都会学到的动作。我左脚单立，右腿弯曲，右手抓着右脚。乔是对的。我的股四头肌太壮实、太紧绷，我就像是在拉伸钢缆一样。同样，我维持这一姿势，直到疼痛感退至七分。接着，我休息了片刻，换边重复这一动作。

这个站姿帮助我舒缓了股四头肌，拉伸了我的腰大肌。腰大肌是连接我们脊椎和腿的唯一肌肉。它包裹在骨盆后部，支配着臀部动作，又被称为"战斗肌"或"逃跑肌"。如你所知，我的一生都在战斗或逃跑。还是个生活在有毒压力之下的小孩时，我就总在过度使用这块肌肉；到 3 次地狱周、游骑兵学校和三角洲部队选拔时，情况更甚；更别提战场上了。但我从未做过放松腰大肌的训练，身为运动员，我总在刺激自己的交感神经系统，拼命磨炼自己，使得腰大肌持续紧绷。尤其是在长距离跑中，睡眠不足和低温会加剧肌肉的僵化。现在，肌肉正试图从内部瓦解我。后来我才知道，我的腰大肌当时已经使我的骨盆出现倾斜，压迫着我的脊柱，将连接组织紧紧包住。它使我矮了两英寸。最近和乔联系时，我们谈到了这一点。

"当时你遭遇的境况，是 90% 的人会面临的，只不过你是一个极端，"他说，"你的肌肉太紧，导致血液无法进行良好的循环。它们就像冻肉一样。你无法给一块冻肉注射血液，这就是你状态下滑的原因。"

不做抗争是无法渡过难关的。每一次的拉伸都让我如坠火坑。我有太多炎症，身体肌肉太硬，最轻微的动作也会疼痛无比，更别说是为了分离股四头肌和腰大肌的长时间持续动作了。当我坐下进行下一个蝴蝶拉伸动作时，折磨更是翻倍。

那天，我拉伸了两个小时，睡醒后浑身酸痛难当，但还是继续做着拉伸。第二天，我拉伸了整整 6 个小时。我不停重复着这

3 个动作，随后坐在脚后跟上，同时拉伸两边的股四头肌，那真是极致的痛苦。我还做了一个小腿拉伸动作。每次拉伸刚开始时都很痛苦，但在做了一两个小时后，我的身体就会放松下来，疼痛感也会减轻。

不久后，我就开始每天拉伸 12 个小时。我会在早上 6 点起床，拉伸到 9 点，接着在坐班时时断时续地进行拉伸，尤其是在打电话时。我会在午休时继续拉伸，在下午 5 点下班回家后，我还会拉伸到睡觉时间。

我制订了一份拉伸计划，从我的颈部和肩部开始，随后拉伸至臀部、腰大肌、臀大肌、腿筋和小腿部。拉伸运动成了我的新爱好。我买了一个按摩球，以便软化我的腰大肌。我在关着的门上立起一块与地面成 70 度角的板子，用它来拉伸我的小腿。我已经受了两年的折磨，在持续拉伸几个月后，我注意到自己颅骨下方的肿块开始缩小，髋屈肌上的结节也一样，而我整体的健康和精力水平都有所提高。我还远远谈不上柔韧灵活，也没完全恢复到从前的状态，但除了甲状腺治疗外，我已经停掉一切治疗，越拉伸状态越好。我每天至少拉伸 6 个小时，如此坚持了数周、数月、数年时间。时至今日，我仍在坚持。

2015 年 11 月，我以一名海军军士长的身份从军队退役，也是唯一加入过战术航空控制小组、在一年内 3 次经历海豹突击队地狱周（还完成了其中两次训练）、从 BUD/S 训练和游骑兵学校毕业的军人。退役的一刻喜悲参半，因为军队在我的人生中占据着重要的部分。它塑造了我，使我成了一个更好的人，我也为它倾尽了所有。

当时，比尔·布朗也已前行。他像我一样作为边缘人长大，本不被寄予厚望，甚至在第一堂 BUD/S 课后就被质疑他智商的教官除名了。如今，他在费城一家大公司担任律师。"怪咖布朗"证明了自己，未来也将继续证明。

斯莱奇还在海豹突击队里。初遇他时，他还是一个大酒鬼，但在我们的训练之后，他改变了自己的心态。他从一个从不跑步的人，变成了一个马拉松运动员；从一个没有自行车的人，变成了圣迭戈骑得最快的自行车手。他完成了多次铁人三项比赛。人们都说，宝剑锋从磨砺出，我们证明了这一点。

肖恩·多布斯从未加入海豹突击队，但他成了一名军官。如今，他是一名中尉，也是一名可怕的运动员。他是一名铁人三项运动员，一名卓越的自行车手，一位海军高级潜水学校的荣誉军人，之后也拿到了学位证书。他取得这一切成功的原因之一，就是他从自己在地狱周的失败中得到了学习与成长，不再被失败所支配了。

大猩猩也还在海军，但他不再接触 BUD/S 训练的学员了。他目前负责数据分析，以便将海军特种作战中心打造成更智能、更强有力、更高效的团队。现在的他是个理论家，一个极具优势的理论家。但在他的体能巅峰时刻，我就在他身边，那时的他堪称硬汉。

在经历了布法罗和巴西城的黑暗岁月后，我母亲也彻底改变了自己的生活。她攻读了一个硕士学位，如今在纳什维尔一家医疗学校担任高级副总裁，并在业余时间作为志愿者为一个反家暴团体工作。

至于我，拉伸帮助我重获力量。在军队服役结束后，我仍处于恢复期，并通过学习重新认证成为一名急救员。我再次运用了自己从高中时就磨炼出来的死记硬背技巧，在班上成绩名列前茅。我还参加了得克萨斯州工程推广服务提供的消防训练课，并以班上的优等生身份毕业。最后，我终于再次开始跑步，这一次毫无副作用，当我重回理想身材时，我参加了几场超马比赛，并拿下了好几场比赛的冠军，其中包括 2016 年举行的田纳西州吉姆 40 英里跑和佛蒙特州 88 公里无限跑。但这还不够，因此我又成为蒙大拿州一名野外消防员。

在 2015 年夏天结束第一学期消防课程后，我来到纳什维尔探望母亲。午夜时分，她的电话响了起来。母亲像我一样，没有太多朋友，不会在这种时候接到什么电话，因此，这个电话要么是打错了，要么就是有紧急事情发生。

我能听到，电话那头是小特伦尼斯。我们已经有超过 15 年时间没见面、没联系了。在他选择回到父亲身边而非与我们共渡难关的那一刻，我们的关系就已破裂。在人生的绝大部分时间里，我觉得他的决定不可原谅、无法接受，但正如我所言，我已经改变了。这些年来，我母亲一直会告诉我他的基本近况。他最终也离开了我们的父亲和他肮脏的生意，攻读了博士学位，成了一名大学行政官员。他也是一个好父亲。

我能从母亲的声音里听出事情不对劲。我只记得母亲问："你确定那是凯拉？"挂上电话后，她解释说，小特伦尼斯 18 岁的女儿凯拉，之前正和朋友们一起在印第安纳波利斯闲逛。之后，几个不怎么熟的朋友出现了，随后爆发了可怕的流血冲突，有人开了枪，一颗流弹击中了一名青少年。

当他的前妻痛不欲生地给他打电话后，小特伦尼斯开车前往犯罪现场，到达时却被拦在黄色警戒线外，处在一片黑暗之中。他能看到凯拉的车和一具被盖住的尸体，但没人告诉他他的女儿是生是死。

母亲和我立刻出门。我飙着 80 英里的时速在瓢泼大雨中穿行，驱车 5 个小时径直赶往印第安纳波利斯。我们在他的车道上停好车后不久，他就从现场回到了家中。在现场时，小特伦尼斯只能站在黄色警戒线外，有警探拿着显示他女儿尸体照片的手机前来让他确认身份。他没有隐私、没有尊严，也没有时间哀悼——这一切都只能延后。他打开门，向我们走了几步，便开始号啕大哭。我母亲先走上前去。随后，我将哥哥拉进怀里，我们之间所有的纠葛都已不复存在。

佛陀有句至理名言：众生皆苦。我不是佛教徒，但我知道这句话的真义，相信你也一样。**为了存在于世间，我们必须对抗耻辱、梦碎、悲伤与离别。这不过是生命的本质。每个生命都有其特定的痛苦。你也一样。你无法阻止，且深知此事。**

作为回应，我们中大多数人都被设定为寻求舒适的样子，并以此麻痹自己、缓解苦痛。我们为自己挖掘了安全空间。我们会使用那些能加深我们信念的媒介，发展那些与自己天赋相匹配的爱好，并试图花尽可能少的时间做自己讨厌的事——这一切，都使我们变得软弱。我们过着被自己的想象设定了边界的生活，因为待在盒子里才舒适。不仅是我们，我们的家人也一样。我们创造并接受的边界，也成了他们用来看待我们的透镜，靠着这样的透镜，他们爱着我们、理解并欣赏着我们。

但对有些人来说，那些边界开始变得像束缚一般，当我们不再想被限制时，我们的想象便会越过高墙，追寻那些仿佛可以立刻实现的梦想。因为大多数梦想都是如此。我们会受到鼓舞，一点点做出改变，会在过程中受伤。打破桎梏，突破我们可感知到的极限，需要付出极大的努力——这通常是体力活——当你将自己推上边界，自我怀疑和痛苦便会带着能让你屈膝的强大力量向你致意。

大多数只靠鼓舞和推动的人会在这个时候放弃，而在回头后，他们的牢笼将变得更加狭窄，受到的束缚也会更紧。少数仍在墙外的人则会遭遇更大的痛苦、更多的怀疑，而这全拜那些我们以为是自己最大支持者的人所赐。当我要在 3 个月内减掉 106 磅体重时，所有和我聊过的人都说我不可能做到。"别抱太大期望。"他们都这么说。他们无力的话语，只会滋养我对自己的怀疑。

但击溃你的不是外界的声音，而是自己的想法。你所经历过最重要的谈话，是你与自己的对话。在你醒来时、走动时、上床睡觉时，你都在与自己交谈，并最终会付诸实践，无论谈话内容是好是坏。

我们都是自己最糟糕的痛恨者和怀疑者，因为在面对改善生活的大胆尝试时，自我怀疑是一种自然的反应。你无法阻止这样的念头在脑中产生，但你可以中和它及其他一切外部的干扰，只需要问：如果呢？

"如果呢"是一句体面的"去你的"，可以用于回应那些质疑你的成就或阻碍你前进的人。它能让消极因素闭嘴。它提醒着你，只有拼上自己的全力，你才能真正知道自己究竟能做到什么地步。它会让不可能的事产生一丝微乎其微的可能。"如果呢"是力量，是许可，能让你直面自己最黑暗的心魔、最糟糕的回忆，并接受它们成为你过往的一部分。当你做到这一点时，你就能将这一切用作自己的燃料，并去设想最大胆、最不可思议的成就，最终拿下它。

我们生活在一个满是不安、嫉妒之人的世界。其中有些人就是我们最好的朋友或亲人。他们恐惧失败，也恐惧我们的成功。因为当我们超越了曾认为可能做到的事、拓宽了我们的边界、成为更强大的人时，我们的光芒便会反射到他们为自己建造的高墙之上。你的光芒会让他们看清自己牢笼的边界和他们对自己的限制。但如果他们真的如你所想般是了不起的人，他们的嫉妒就会进化，很快，他们的想象或许就会冲破藩篱，改变他们的人生。

我希望这本书能为你带来这样的改变。我希望从此刻起，你已开始直面那些你过去未曾知晓的自我限制。我希望你愿意付出努力，突破限制。我希望你愿意做出改变。**你会感到痛苦，但如果接受了痛苦、忍受了痛苦，如果你磨砺了自己的头脑，就会达到一个痛苦无法伤你分毫的境界**。然而，这也如同一个陷阱：当你以这种方式生活下去，追逐痛苦的路便永无止境。

多亏了那些拉伸运动，43 岁的我，身材比 20 多岁时还要好。那个时候的我总是生病、受伤、紧绷，压力巨大。过去，我从未分析过自己总出现应力性骨折的原因，只会简单地包扎。无论是身体还是头脑出现不适，我都用同样的办法应对：包起来，向前进。现在的我比过去更聪明，而我依旧在前进。

2018 年，我回到山里，再次成为一名野外消防员。我已经 3 年没在野外工作了，从那时起，我已经习惯了在条件较好的健身房里训练，也习惯了舒适的生活。有人也许会称之为"奢侈"。当"4·16"大火爆发时，我正待在拉斯维加斯一个豪华酒店房间里，接到了消防电话。火灾始于科罗拉多落基山脉的圣胡安山，从 2000 英亩的草原火灾烧成了一头打破纪录的 55000 英亩烈火怪兽。我挂上电话，赶上一趟前往大章克申的直升机，随后跳上一辆美国森林局的卡车，驱车 3 小时来到了科罗拉多州杜兰戈市的市郊。在那里，我换上了我的绿色阻燃裤、黄色长袖衫，戴上了硬壳帽、户外眼镜和手套，抓起了我的超级锹背单刃手斧——

野外消防员最信赖的武器。我能用它挖上几小时地，这正是我们做的。我们不喷水。我们专攻隔离，也就是挖出防火线、清理灌木丛，通过消除可燃物，阻隔大火的去路。我们挖了跑，跑了挖，直至筋疲力尽。此后，我们又会从头来过。

在第一个白天和黑夜里，我们围着易受损的住宅挖掘防火线，而火墙就在不到 1 英里外大肆前进。我们透过树丛看着大火，在干旱森林里感受着烈焰的灼灼热浪。从那里开始，我们挖了 10000 英尺，在一个 45 度的斜坡上工作，并将沟壑挖得尽可能深，试图挖到不可燃的矿土为止。有一刻，一棵大树倒下，只差 8 英寸就能砸到我的同事——那就能要了他的命。我们能嗅到空气中的浓烟。我们的锯工——电锯专家——一直在砍伐已死和将死的树木。我们则将那些树木都拖到河床的另一边。在 3 英里多的范围内，我们每隔 50 英尺就将树木堆成一堆，每堆高 7—8 英尺。

我们就这样工作了 1 周，18 小时轮一次班，每小时的税前报酬是 12 美元。这里白天有 80 华氏度，夜里只有 36 华氏度。轮班结束后，我们会铺开垫子，就地睡在露天里，之后醒来继续投入工作。我 6 天没换衣服。团队中的绝大多数人至少比我小 15 岁。他们全都无比坚毅，是我遇到过最努力的人。尤其是其中的女性。没有人抱怨。当救火工作结束时，我们已经挖出了一条 3.2 英里长的防火线，宽得足以抵御烈焰吞噬这条山脉。

43 岁时，我的野外消防生涯才刚刚开始。我热爱这样刚毅的团队，并欣然成为其中一员，而我的超马生涯也正准备重启。我还年轻，能够继续负重前行，继续追逐桂冠。如今的我跑得比从前更快，也不再需要绷带或护具。在 33 岁时，我跑 1 英里要用 8 分 35 秒；而现在，我能轻松跑到 7 分 15 秒。我还在适应这具崭新、柔韧、火力全开的身体，还在适应全新的自己。

我的激情仍在燃烧，但老实说，要疏导愤怒，还需要一定的时间。愤怒再也不会主导我的心灵和大脑，变成了一种无意识的抽动。现在，我必须有意识地接近它。但在这种时候，我仍能感觉到所有的挑战和阻碍、心碎和艰辛，仿佛一切就发生在昨天。这就是为什么，你能在博客和视频里感受到我的激情。愤怒依然存在着，像疤痕一般烙印在脑中，像阴影般尾随着我，想要追上我、吞噬我，但最终，它只会助推我继续向前。

在未来，无论是失败还是成功——我很确信自己将迎来更多失败和成功——我都知道，我会继续倾尽所有，为自己设定对绝大多数人而言不可能实现的目标。**当那些浑蛋说我不可能做到时，我会死死地盯着他们，回敬一个简单的问题：**

如果呢？

致 谢

这本书在 7 年间经历了 6 次创作失败，直到它被介绍给唯一真正能理解我的激情、听懂我声音的撰稿人。我要感谢亚当·斯科尼克（Adam Skolnick），感谢他花费了无数时间了解我和我糟糕的一生，帮助我把人生中的所有零星片段整合成一个完整的故事，并出版成书。言语已经无法表达我对这本书的真实、脆弱和坦率所感到的自豪。

珍妮弗·基什（Jennifer Kish），我对你的感谢溢于言表，千真万确。只有你真正知道创作的过程对我来说有多么艰难，没有你的陪伴，这本书将不会存在。正因为有你处理这本书背后的其他事务，我才能在救火之余专心写作。有你作为我的后盾，我才能下定决心将自己的人生故事出版成书！因为你高尚的职业道德，我才有信心拒绝高额的出版预付版税——因为我知道你一个人就能抵上一整个出版社！我只想对你说：谢谢你，我爱你。

我的母亲，杰姬·加德纳（Jackie Gardner）。我们经历了一段艰难且糟糕的人生。我们曾无数次被折磨得体无完肤，没有任何人能给我们帮助，但值得自豪的是，我们最终都能找到方法挺过来。我知道有很多次您出于对我的关心，希望我能够停下自我折磨的步伐。但我感谢您从没有因为自己的感受而最终阻止我，使我得以发掘自己更多的潜能。对大多数人来说，这并不是对母亲表达谢意的话语，但只有您真正知道这句话所传递出的信息的分量。继续坚持下去，爱您，妈妈。

我的哥哥，特伦尼斯（Trunnis）。我们的生活和成长方式曾经让我们视彼此为敌，但当真的出了什么事时，我们则互相支持。不管怎么说，这对我而言就是真正的兄弟情。

非常感激以下的人，感谢你们准许我和亚当为了这本书对你们进行采访。你们的回忆帮助我将生活中的故事详尽展开，使我对我的人生进行了真实而准确的描述。

我的堂弟，达明（Damien），你是我最喜欢的玩伴，与你闲逛或只是做些蠢事，却使我度过了人生中一段美好的时光。

约翰尼·尼科尔斯（Johnny Nichols），我们的友谊是我在巴西城长大的岁月里唯一积极的事。没人能像你一样了解我在孩童时期所经历的黑暗。在我最需要你的时候，感谢你一直陪伴着我。

柯克·弗里曼（Kirk Freeman），我想感谢您的诚实。您是少数愿意告诉我我在巴西城所面对的残酷真相的人之一，我将永远心存感激。

斯科特·吉伦（Scott Gearen），直到今天你都不会知道你的故事和你的存在对当时只能看到黑暗的我有着多大的帮助。你不知道你对一个 14 岁的孩子有着多大的影响。有句话说得对：你永远不知道谁在关注着你。那天我碰巧在跳伞指导课的学校看到了你，这些年来，感谢你的友谊。

维克托·佩纳（Victor Pena），我们之间有太多的故事，但有一件事我必须说：无论何时，你永远在这里，并永远会对我付出所有。对此我表示深深的敬意，兄弟。

史蒂文·沙尔乔（Steven Schaljo），如果不是因为你，甚至都不会有这本书。你是海军最好的招募官。再次感谢你对我的信任。

肯尼·贝格比（Kenny Bigbee），感谢你是 BUD/S 里的另一个黑人。你的幽默总是恰到好处。坚持住，兄弟。

"白人大卫·戈金斯"——比尔·布朗（Bill Brown），你在最艰难的时刻奔赴远方战场的志愿，让我在最艰难的时期也获得了鼓舞。上次见到你，是我们在伊拉克执行任务时，我带着点 50 口径的枪，你端着 M60 机枪。希望在不久的将来能在美国见到你！

德鲁·希茨（Drew Sheets），感谢你在我第三次地狱周时，有勇气和我一起在船头。很少有人能知道那玩意儿有多重！谁能想到一个乡下人和一个黑人的关系能这么好？他们说的是对的：异性相吸！

肖恩·多布斯（Shawn Dobbs），你为这本书所做的事需要很大的勇气。我将自己展现给读者们，但你其实不必这么做！我所能说的只有感谢你允许我分享你的部分故事，它将改变一些人的人生！

布伦特·格里森（Brent Gleeson），我所认识的少数能真正做到"一日如此，日日如此"的人之一。只有极少数人才能了解到这件事的意义，坚持住，布伦特！

银背大猩猩，你是我最早认识的海豹突击队队员之一，你也为我设定了一个很高的标杆。感谢你在我的 3 次 BUD/S 课程和快速心率监测训练课程里对我的督促和推动！

达纳·德科斯特（Dana De Coster），我最好的游泳伙伴！在我待过的第一个排里，你的领导能力无人能及！

斯莱奇（Sledge），我只能说宝剑锋从磨砺出！我很感谢你，因为你是为数不多的愿意每天和我一起努力的人之一。你愿意违背常规，被人误解，只为了让自己变得更好。

摩根·拉特尔（Morgan Luttrell），从第一次在尤马相遇开始，我们就一直保持着联系。

克里斯·科斯特曼（Chris Kostman），你在不知不觉中推着我找到了另一个全新的自我。

约翰·梅茨（John Metz），感谢你允许一个毫无经验的人参加了你的比赛，它永远改变了我的人生。

克里斯·罗曼（Chris Roman），你的专业素养和对细节的关注一直令我惊讶。你是我能在地球上最艰难的徒步比赛中获得第三名的一个重要原因。

伊迪·罗森塔尔（Edie Rosenthal），感谢你为特种作战士兵基金会所提供的支持和所做的一切。

埃德·温特斯（Ed Winters）上将，很荣幸能与您共事这么多年。为海军上将工作无疑给我带来了不小的压力，也让我时刻保持最佳状态。感谢您的不断支持。

史蒂夫·维索茨基（Steve Wisotzki，简称"Wiz"），正义得到了伸张，对此我深表感谢。

霍克（Hawk），当你给我发了有关"13%"的邮件时，我就知道我们是志趣相投的人。你是世界上少数几个无须解释就能理解我和我的思想的人之一。

史瑞肯格斯特（Schreckengaust）医生，感谢你因为那个回声让我住了院，那玩意儿可能刚好救了我的命！

T.，感谢你推了我一把，兄弟！继续加油。

罗纳德·卡巴莱斯（Ronald Cabarles），继续以身作则，坚持下去。先锋游骑兵03-04班！

乔·西本斯蒂尔（Joe Hippensteel），感谢你向我展示了正确的拉伸方式，它真的改变了我的生活！

瑞安·德克斯特（Ryan Dexter），感谢你和我一起走了75英里，并帮我完成了205英里！

基思·柯比（Keith Kirby），感谢你这些年对我一如既往的支持。

南多尔·塔马斯卡（Nandor Tamaska），感谢你在我挑战引体向上纪录时向我和我的团队提供了你的健身房。我永远不会忘记你的热情好客、善良和支持。

丹·科特雷尔（Dan Cottrell），不求回报的付出很是难得。感谢你让我在40多岁时实现了自己的一个梦想——成为一个跳伞者！

弗雷德·汤普森（Fred Thompson），感谢你让我这些年来与你的完美团队共事。我在你和你的队员身上学到了很多，向你表示深深的敬意！

马克·阿德尔曼（Marc Adelman），感谢你从一开始就加入了团队，感谢你一路以来的每一个建议。今年要找到突破已知极限的方法，我为你的所有成就感到骄傲！

BrandFire——感谢你们天才般的创造力，也感谢你们创建了davidgoggins.com网站。

最后，我由衷地感谢Scribe Media的出色团队。在从最初到最后与塔克·马克思（Tucker Max）的每一次接触中，你和你的团队成员就像你们所说的一样，对我倾力相助。特别感谢我的出版经纪人——完美的埃利·科尔（Ellie Cole）教授，感谢扎克·奥布伦特（Zach Obront）协助制订了一个完美的营销方案，感谢我的编辑哈尔·克利福德（Hal Clifford）！

图书在版编目（CIP）数据

我，刀枪不入：掌控心智、力克万难的奇迹人生 / （美）大卫·戈金斯著；嘉嘉译 . -- 北京：中国友谊出版公司，2025.3（2025.6 重印）

ISBN 978-7-5057-5783-7

Ⅰ . ①我… Ⅱ . ①大… ②嘉… Ⅲ . ①大卫·戈金斯 – 自传 Ⅳ . ① K837.125.47

中国国家版本馆 CIP 数据核字 (2024) 第 013405 号

著作权合同登记号　图字：01-2024-5722

书名	我，刀枪不入：掌控心智、力克万难的奇迹人生
作者	〔美〕大卫·戈金斯
译者	嘉嘉
出版	中国友谊出版公司
发行	中国友谊出版公司
经销	新华书店
印刷	三河市中晟雅豪印务有限公司
规格	880 毫米 × 1230 毫米　32 开
	11.875 印张　256 千字
版次	2025 年 3 月第 1 版
印次	2025 年 6 月第 2 次印刷
书号	ISBN 978-7-5057-5783-7
定价	68.00 元
地址	北京市朝阳区西坝河南里 17 号楼
邮编	100028
电话	（010）64678009